명예란
무엇인가

HONOR

서양철학이
전하는
명예관

명예란
무엇인가

HONOR

서양철학이
전하는
명예관

박규철 외 7인 지음

한국학술정보

서문

'명예'(timē/honor)는 이성적이며 사회적인 존재인 인간이 자신과 타인에 의한 존중과 평가의 결과로 얻게 되는 가치의 감정이다. 따라서 명예는 어느 사회나 집단을 막론하고 조화롭고 균형감 있는 삶을 위해서, 그리고 올바른 자의식의 형성을 위해서 우리 인간이 반드시 갖추어야 할 덕목이다. 이러한 의미에서 동서고금을 막론하고 명예는 '인생에서 추구해야 할 최고의 가치' 가운데 하나로 간주되곤 하였다. 이처럼 명예 관념에는 한 사회집단에 속한 구성원들의 집단적인 가치의식과 윤리적 태도가 투영되어 있으며, 따라서 한 사회가 추구하고 있는 명예에 대한 분석과 해명은 곧바로 그 사회의 핵심가치에 접근하는 통로를 여는 것으로 볼 수 있다.

그런데 오늘날 우리 한국사회는, 자아와 자신을 둘러싼 세계를 올바로 파악하기 위해 꼭 필요한 가치의식인 명예 감정을 상실한 지 오래다. 우리 사회가 내포하고 있는 위험과 문제점은 무엇보다도, 자아와 자신을 둘러싼 세계를 올바로 파악하기 위해 꼭 필요한 가치의식, 즉 명예와 수치심의 상실과 부재에 있다. 한국사회는 지난 20세기 중반 해방과 더불어 진행된 정치·경제적 차원의 근대화 과정에서, 전근대적인 사고방식을 뛰어넘으면서도 개인적인 자존감과 상호 공존의 토대를 마련할 수 있는 새로운 가치창출에 실패하였다. 특히 한국사회에서는 경제성장이라는 목적이 수단을 정당화하면서 정치적인 부정과 비리를 일종의 필요악으로 간주했고, 사회 전반에 확산되는 불의와 타락을 사실상 방조했다. 다시 말해서 현재 한국사회가 겪고 있는 가치관의 혼란과 이에 따른 현실적인 부작용의 직접적인 원인은, 가정과 생계, 개인적인 출세 등 사적인 영역에 머물러야 할 많은 것들이 공적인 영역으로 흘러들어 왔기 때문이다. 그러나 진정한 명예는 현실적인 정치권력이나 재력을 통해서 세간에서 유명인으로 행세하거나, 부정한 방법을 동원해서라도 치부(致富)함으로써 도달할 수 있는 것이 아니다. 오히려 명예는, 내면적인 자긍심과 겸양지덕에 기초한 높은 수준의 노녁성과 자기 확신을 전제로 하는 개념이며, 나아가서 행위 주체가 사회의 구성원으로서 자신에게 주어진 임무를 충실히 수행하는 가운데 타인의 존경심을 자발적으로 유도함으로써 주어지는 것이다.

이러한 관점에서 볼 때, 명예 개념에 대한 철학적 고찰은 우리가 직면한 총체적인 사회적 분열과 미래에 대한 불안 그리고 극단적인 '도덕해이'(moral hazard) 현상을 극복하고, 나아가 새로운 가치의식과 윤리적 태도를 마련하는 과정에서 하나의 인문학적 토대 역할을 할 수 있을 것이다. 이에 현재 국내에서 활발히 연구 활동을 펼치고 있는 소장 및 중진 학자들이, 고대철학을 중심으로 서양 철학사에 등장하는 핵심적인 사상가들의 명예관을 소개하고 비판적으로 검토하는 기회를 마련하였다. 서양 고대철학자들의 명예관이 중점적으로 논구된 것은 다음과 같은 이유에서이다. 서양 고대사회와 그 안에서 활동했던 철학자들은 오늘날 세계인이 추구할 만한 명예의식의 모범적인 예를 제시했다고 볼 수 있다. 이들에 따르면, 진정으로 명예로운 사람은 스스로 올바른 인격과 이성적인 판단능력을 갖추고 타인과의 조화로운 삶을 위해 끊임없이 노력하는 자이어야 한다. 타인의 존재나 현실적인 압력에 굴종하는 것도 명예를 훼손하는 태도이지만, 자신의 내면에서 들리는 양심의 소리에 반하는 행동을 함으로써 내면적인 자긍심을 훼손하는 것은 더욱 치욕스러운 일로 간주되었다. 고대 그리스의 경우, 대표적인 인물로 소크라테스를 들 수 있다. 그는 "음미되지 않는 삶은 살 가치가 없다"고 말하며, 서양 철학사상 최초로 자신의 명예와 정신적 가치를 지키기 위해 목숨까지 버렸다. 명예로운 죽음은 불명예스러운 삶보다 낫다는 성찰적 인식을 행동으로 보여준 것이다. 그는 명예를 추구하는 사람은 올바른 인격과 이성적인 판단능력을 갖추고 세상에서 조화로운 삶을 살기 위해 노력해야 하며, 이에 반해 내면에서 들리는 양심의 소리에 반하는 행동은 가장 불명예스럽고 치욕적인 일임을 알았기 때문이다.

소크라테스와 마찬가지로 고대 그리스 사회에서 활동했던 대부분의 철학자와 지성인들은 인간이 마땅히 지녀야 할 명예와 수치심이 어떤 것이어야 함을 진지하게 논구한 사람들이었다. 그들은 진정한 명예란 내면적인 덕성의 함양과 밀접하게 연관되어 있다는 점에 특히 주목하였다. 명예가 누구나 추구해야 할 덕목으로 평가받을 수 있는 이유는, 자신이 소유한 부와 권력 혹은 타고난 정신적 능력을 세상에 과시할 수 있기 때문이 아니다. 반대로 명예를 추구하는 사람은 스스로 온전한 인격과 이성적인 판단능력을 갖추고자 끊임없이 노력하는 자이어야 한다. 이처럼 철학자를 비롯한 지성인들의 계몽을 바탕으로, 고대 그리스인들은 단순히 세상에서 유명인이 되는 것만으로는 진정한 의미에서 명예로운 인간이 될 수 없음을 자각하게 되었다. 로마 사회 역시 그리스에 못지않게 명예를 중시하였다. 주지하듯이 로마 지성계에 가장 큰 영향을 끼친 사상적 조류는 스토아(Stoa)이다. 고대 그리스의 전통을 계승한 스토아학파 철학자들에 따르면, 인생의 목적은 행복하게 사는 것이다. 여기서 행복이란 '자연과 합일하여 사는 것' 혹은 '자연에 의해 인간에게 부여된 이성적인 성향과 일치되도록 사는 것'을 의미한다. 즉 행복은 좋은 것을 말하며, 좋은 것은 덕이다. 따라서 행복은 자체로서 선한 덕에 내재하는 것이다. 나아가서 스토아에 따르면, 오직 '도덕적으로 선한 것'(honestum), 즉 '명예'만이 최고선이 될 수 있으며, 이 명예는 스토아학파의 네 가지 기본적인 덕목(四樞德)인 지식(scientia), 정의(iustitia), 용기(fortitudo), 인내(temperantia)

에서 나온다. 이러한 사상적 배경 속에서 로마의 지식인들은 어린 시절부터 미풍양속을 익히고, 진리를 탐구하여 지식과 지혜를 쌓고, 불의와 부정을 용납하지 않음으로써 정의를 추구했던 것으로 평가되고 있다.

이처럼 철학사 속에서 제시되었던 '명예'라는 감정에 관한 철학적·윤리적 차원의 논의는, 우리 사회가 겪고 있는 가치의 문제들을 극복하는 과정에서 이론적 토대의 역할을 할 수 있을 것이다. 그렇지만 이 책의 의미는 서양 철학자들의 명예관을 단순히 역사적인 순서에 따라 소개하는 데 국한되지 않으며, 명예의 본질과 가치에 관한 필자들의 수준 높은 사유를 보여 주는 역할도 수행하고 있음을 말하고 싶다. 이하에서는 이 책에 수록된 개별 논문들의 집필 의도와 내용을 간략히 소개함으로써, 책의 전체적인 구성 및 지향점에 대한 독자들의 이해를 도모하고자 한다.

김은중의 "호메로스에서 신화적 영웅의 명예 의식"은, 명예와 수치심이 경쟁과 인정을 근간으로 하는 정치공동체를 배경으로 어떻게 순기능을 할 수 있었는지를 호메로스의 양대 서사시인 '일리아스'와 '오디세이'에 대한 분석을 통해 보이고자 한다. 나의 행위의 명령자는 오직 나 자신인가? 아니면 나 자신 이외의 타자인가? 근대 이후 우리는 나 자신이라고 믿고 있지만 실제로 그럴까? 이 물음에 대한 답은 그리 간단치 않은데, 적어도 기록된 시원으로 올라간다면 우리는 호메로스(Homeros)를 만나게 된다. 즉 그는 인간의 행위가 어디에서 명령을 받으며, 인간의 행위에는 그의 자유(의지)가 개입되는지, 그리고 인간 행위의 책임 소재에 대한 서양에서의 초기 기록을 남긴 인물로 통한다. 필자는 호메로스의 작품에 묘사되는 영웅들의 행위와 그 행위의 원인에 대한 문제를 분석함으로써 그의 작품에 등장하는 영웅들이 어디까지 자유를 누리고 그들이 지는 책임은 무엇인지를, 자유와 책임의 뜻을 지닌 개념들을 고찰함으로써 분석하고 있다. 이러한 논의 전개과정을 통해 필자는 궁극적으로, 명예가 긍정적으로 작동하는 사회에 대한 한 가지 이상적인 모델을 제시하고자 한다.

박규철은 "플라톤의 대화편에 나타난 명예의 윤리학"에서, 명예의 본질 탐구에 초점을 둔 플라톤의 윤리학은 영혼의 승화를 통하여 인격의 도야를 강조하고, 폴리스의 공통가치 실현을 통한 공동체의 안정을 강조하는 윤리이론임을 밝히고 있다. 주지하듯이 그리스 사회에서는 개인보다는 폴리스가 우선시되었으며, 개인의 명예는 항상 공동체 가치들과의 연관성 속에서 이해되었다. 개인의 자기 정체성 역시 폴리스 공동체가 지향하는 명예에 기반을 두어 이루어졌던 것이다. 이러한 시대적 배경 속에서 플라톤은 소크라테스의 명예로운 삶을 형상화하였다. 소크라테스의 삶은 명예의 본질적 개념을 탐구하던 철학적 활동이었다. 이러한 탐구를 수행하면서 소크라테스는 소피스트들의 철학을 비판하였는데, 그의 명예 개념은 바로 이러한 소피스트 철학에 대한 비판을 통하여 형성되었다. 사실상 당대의 소피스트들은 자신들의 수사학을 통하여 돈이나 신체 그리고 권력과 같은 세속적인 가치들을 정당화하는 일에 몰두하였다. 하지만 소크라테스는 이에 맞서 개인의 이기심을 제거하면서 공동체의 안정을 확보할 수 있는 본질적인 가치 탐구에 매진하였다. 플라톤의 윤리학은 바로 이러한 소크라테스의 명예 탐구의 정신을 계승·발전시킨 것이었다. 그리고 그의 윤리학은 영혼에 대한 소크라테스의 이해와 밀접하게 연관되었다. 플라톤에게 영혼의 이성적인 부분은 비이성적인 부분보다 더 중요하였으며, 따라서 그는 영혼의 승화를 통하여 명예의 가치를 실현시키고자 노력하였다. 아울러, 그는 그것을 개인적 차원을 넘어서 보편적으로 적용시키고자 노력하였다.

김요한의 "아리스토텔레스의 aidōs와 timē 개념 분석"은, 자기 자신의 명예 관념 속에는 타인들의 의견들로부터 독립된 내재화된 자아상(internalized self-image)과 명예욕구가 담겨 있다는 점을 아리스토텔레스가 어떻게 설명하였는지 밝히려는 시도이다. 개인의 명예는 근본적으로 그 개인의 내적 자아상에 바탕을 두고 있으며 이 단계에서 자신의 눈에 비친 자아상을 제외하고 어떤 외적 평판에 연연하지 않는다. 따라서 명예 규약은 자신이 탁월성을 실제로 소유하려는 개인적인 결심을 요구하는 것이지 자신이 그것을 소유하고 있다는 것을 남들에게 과시해야 한다는 점을 함의하지 않는다. 이 점은 명예 개념이 개인의 내재화된 표준들을 형성하는 장치가 될 수 있음을 시사한다. 아리스토텔레스 명예이론의 또 다른 특징은, 그가 명예는 일종의 양심이란 형태에 근거한 내적 제재가 될 수 있음을 보여 주었다는 데서 찾을 수 있다. 따라서 이 연구는 아리스토텔레스의 작품 속에 나타난 명예·불명예의 본성과 특별히 『영혼론』에서 그것의 역할에 초점을 맞추고 있으며, 나아가 그것이 어떻게 도덕적인 탁월성과 연관될 수 있으며 또한 어떻게 외적·내적 제재로서 양심의 역할을 수행할 수 있는지를 밝히고 있다.

임성철은 "키케로에서 글로리아(gloria) 개념의 윤리적 기반"에서, 키케로가 gloria 개념을 통해 로마인의 전통적 가치 체계를 개혁하고자 하였으며, 이를 위해 '양 신분의 화합'을 슬로건으로 내세웠음을 밝히고 있다. 키케로는 철학의 사명을 무엇보다 이론과 실천 사이의 간극을 없애는 것으로 여겼는데, 특히 『의무론』에서 보여 준 실천 철학적 숙고는 희랍 철학을 이론적 패러다임으로 삼아 그의 정치적 이상을 실현하고자 한 철학적 열망의 표현이라 할 수 있다. 이러한 측면에서 vera gloria 개념은 개인에게는 유익함의 차원에서, 그리고 도덕적 선 그 자체와의 조화 가운데 이해될 수 있다. 이는 키케로가 시도한 도덕적 선과 유익함의 재통합 과정에서 드러난다. 이러한 의미에서 키케로는 gloria의 협력적 가치 체계 변환을 시도한다. 이 시도에서 부와 gloria와 관련해 개인의 유익함이 도덕적 선의 필연성을 수반해야 한다는 그의 정치 윤리적 소신을 밝힌다. 결국 키케로의 정치사상의 기본 노선인 '보수적 자유주의'는 현대인에게 실천적 차원에서 노블리스 오블리주를 이해할 수 있는 계기를 제공해 준다고 볼 수 있다.

서영식의 "스토아 철학자 에픽테토스의 명예론"은, 스토아 후기의 대표적인 사상가 중 한 사람이며 흔히 노예철학자로 알려진 에픽테토스의 명예에 관한 이해를, 그의 철학사상의 핵심개념인 '우리에게 달린 것'에 대한 논구를 바탕으로 고찰하고 있다. '우리에게 달려 있는 것'은 외부가 아닌 자기 자신과 직접 관련된 것이다. 또한 그것은 어떤 경우에도 자아의 의지와 능력을 통해 온전히 도달할 수 있으며, 따라서 도덕적 책임을 져야 할 영역이다. 에픽테토스는 이러한 차원에서 '우리에게 달려 있는 것'은 '자유'의 영역을 구성하는 것이며, 나아가 나 스스로 행하는 사태로서 행복과 불행을 검증할 수 있는 유일한 영역이라고 말한다. 이에 반해 세상의 명예는 단지 세상 사람들이 내리는 일종의 '평판'(doxa)에 불과하며, 어떤 경우에도 이성에 근거한 참된 진리를 알려 주지 못한다. 명예와 같은 평판은 우리가 스스로 만들어 낼 수 없는 것, 즉 '우리에게 달려 있지 않은 것'이다. (적어도 에픽테토스 당시의 관점에서는) 마치 우리의 외모가 마음에 들지 않는다 하여 바꿀 수 없듯이, 외부에서 유래하는 평판을 우리의 의지대로 변화시킬 수는 없는 것이다. 이와 같은 상황에서 우리는, 그 평판의 대상이 되는 것이 만약 좋은 것이라고 한다면 누군가가 거기에 이르렀을 때 기뻐해야 하고, 만약 나쁜 것이라고 한다면 거기에 이르지 못하였다고 화내는 일이 없어야 한다. 그럴 경우에만 우리는 '우리에게 달려 있는 것'과 관계할 때 좋고 나쁨을 가릴 수 있는 자격을 갖추게 되는 것이다.

최양석의 "마르쿠스 아우렐리우스의 정치적 지향성으로서의 명예"는, 아우렐리우스(Marcus Aurelius Antonius, 121~180)의 명예사상이 자체로서 보편적 리더십 이론의 원형을 제시함을 보여 주고 있다. 주지하듯이 아우렐리우스는 로마제국의 황제이며, 동시에 대표적인 스토아 철학자 중 한 사람이다. 즉 그는 개인적 명상이나 진리탐구뿐만 아니라, 대제국의 황제로서 세상을 올바로 통치해야 할 의무를 지니고 있었다. 따라서 그의 철학 안에는 적지 않은 경우, 현실적인 차원에서 세상을 올바로 인식하고 덕을 바탕으로 통치하기 위한 나름의 고민과 성찰이 담겨 있다. 아우렐리우스의 명예 개념에 대한 연구의 현재적 의미는, 세계가 세계화의 추세에 따라 점차 하나가 되어 가는 시대에 우리가 세계시민으로 살고자 할 때 직면하는 여러 문제들에 대해 나름의 합리적인 대책을 제시해 줄 수 있다는 데 있다. 비록 세상의 혼란 속에서 먼저 도덕의 합리적인 원리들이 요구된다 하더라도, 그러한 요구는 단지 이성의 요구로서 머물러서는 안 되고, 그와 같은 이성적인 바탕에서 명예와 같은 이 세상의 긍정적인 가치를 적극적으로 포용할 것을 필요로 한다. 이처럼 아우렐리우스의 명예 개념에 대한 심층적인 연구는, 이상적인 통치자와 관련된 한 가지 모델을 제시한다는 점에서 철학적이며 윤리적인 가치를 함축하고 있는 것으로 보인다.

송석랑은 "명예의 정치성과 현상학적 대안: '삶의 도덕적 권력'을 위한 고찰"에서, 정치적 삶의 텔로스인 명예는 좋은 삶을 지향하는 정치의 동력임을 설득력 있게 보여 주고 있다. 사회적 본성과 함께 언어적 본질을 소유한 인간은 '정치적 주체'일 수밖에 없는데, 명예는 이 '정치적 주체의 실천'을 고양토록 만드는 일종의 촉매 역할을 한다. 그러나 '좋은 삶'을 위한 '정의의 도덕적 원칙' 이념에 따라 그 주체가 정치적 행위를 했다 하여도 명예를 얻지 못하고 오히려 비난받을 수도 있다. 만일 그것이 단순한 오해 때문이라면 그의 명예는 자신이 속한 사회의 정치권력 내부에서 회복될 수 있을 것이다. 하지만 정치적 주체가 몸담은 사회의 정치권력이 말과는 달리 정의롭지 못하거나 '또 다른, 특히 대립적인' 정의관을 갖고 있을 경우에는 사정이 달라진다. 이럴 경우 정의의 도덕적 원칙에 따랐던 정치적 주체의 처지는, '자신에게 사실은 수치가 될 명예'를 그가 이미 거부했을 것이므로, 자신이 속한 사회의 정치적 권력이 내릴, 크거나 혹은 작은 핍박의 수모를 감수하는 희생의 시간을 겪거나 아니면 그 시간의 '당대 혹은 후대'에 존재할 사회의 또 다른 정치권력을 통해 명예를 수여받을 수 있거나 없거나 중 하나일 것이다. 그리고 이 경우 특히 전복의 정치를 추구하는 '혁명적 정치권력'의 정의와 내통하며 그 잠재적 정치권력으로부터 명예를 얻을 수 있는 '정치적 주체'의 처지는 '명예의 혁명적 정치성'을 함축한다. 그러나 들여다보면 여기엔 각자의 자리에서 서로 맞서며 '정의의 도덕적 원칙'의 우위를 고집할 상황이 초래하게 될 이데올로기적 대립과 갈등이라는 난감한 문제가 내재해 있다. 명예가 우리의 '좋은 삶'에 기여할 기재로 작동되기 위해선 명예를 수여할 정치공동체의 권력이 '정의의 도덕적 원칙'의 이념을 갖되 이데올로기적 폐쇄성이 아니라 우리의 삶으로 열려 있는 실존론적 정당성을 갖는 이념의 권력, 즉 '삶의 도덕적 권력'으로 존재해야 한다.

김혜련의 "명예로운 기술은 가능한가?"는 명예 개념의 특징을 기술 혁신의 문제와 연관해서 설명하고 있다. 특히 필자는 집단이나 개인이 명예 개념을 상이하게 이해하는 현상을 관찰하고, 그 관찰을 토대로 기술 혁신을 정당화하거나 매력적으로 만들기 위해 상이한 명예 개념들을 암묵적으로 차용하는 양상들을 분석하고 평가하고자 한다. 기술 혁신과 연관되는 명예는 은유적 의미의 명예이며, 따라서 필자가 사용하는 '명예 기술'은 통상적인 분류어가 아니라 은유적 또는 귀속적인 의미를 갖는 잠정적인 범주를 가리킨다. 고대에 창안된 명예 개념은 많은 영역에서 은유적 상태로 남아 있는 반면, 명예 은유는 그 어느 때보다 강력한 행위 매개체로 작용하고 있다. 특히 명예 은유는 오늘날의 정치, 스포츠, 마케팅, 그리고 기술 영역의 무대 뒤에서 숨은 설득자로 기능하고 있다. 이러한 논의를 통해 필자는, 도덕적으로 선하고 미적으로 즐거운 미래의 기술을 위해 어떤 종류의 명예 개념을 새롭게 창안해야 할 것인지를 모색하고 있다.

그런데 이 저술은 2009년 정부(교육과학기술부)의 재원으로 학술진흥재단의 지원을 받아 수행되었던 공동연구과제(KRF-2009-32A-A00040) "노블리스 오블리제 부재현상에 대한 패러다임적 대안으로서 그리스-로마 사회의 명예(time/honor) 개념에 대한 연구"[A Study on the Concept of Honour(timē/honor) in the Greco-Roman World-In Relation to the Paradigmatic Model of Noblesse Oblige]의 결과물을 한 권의 책으로 엮은 것이다. 2009년 과제가 선정된 이후 본 연구팀은 연구책임자의 기획 아래 일정 기간 공동 독회 및 토의를 거쳐 각자의 최종 연구결과물을 완성하였다. 또한 그것을 관련 분야 동료 교수들과의 토의 및 수정 작업을 거쳐 개별 연구논문 형태로 국내 철학전문 학술지에 발표되었다. 김은중 교수와 송석랑 교수는 『동서철학연구』 제60호에, 김요한 교수는 동(同) 학회지 제58호에, 그리고 김혜련 교수는 동(同) 학회지 제57호에 연구논문을 게재하였고, 박규철 교수와 최양석 교수 그리고 임성철 교수는 『인문학연구』 제82호에 논문을 게재하였으며, 서영식 교수는 『철학논총』 제68집에 논문을 게재하였다. 이 책은 바로 이러한 논문에 기대어 문장을 다듬어 고쳐 쓴 글이다.

책의 전체적인 기획은 연구책임자인 박규철 교수가 담당하였으나, 서문은 서영식 교수가 초안을 잡았다. 원고의 편집은 김요한 교수, 임성철 교수 그리고 송석랑 교수가 맡았으며 교정 작업은 김은중 교수, 김혜련 교수 그리고 최양석 교수가 담당하였다. 아울러 출판사 편집 관계자와 연구보조원들이 여러 작업에 힘을 보탰다. 이 자리를 빌려 수고해 주신 모든 분에게 감사드린다. 이 책이 독자들에게 명예에 관한 모든 것을 알려 줄 수는 없더라도, 이 개념의 철학적 의미와 가치를 전달하는 작은 길잡이 역할을 할 수 있기를 기대한다.

2012년 8월 19일

박규철, 김요한, 김은중, 김혜련, 송석랑, 서영식, 임성철, 최양석

차 례

제3부 현대 철학과 명예론

제1부

그리스 철학의 명예론

제1장 호메로스에서 신화적 영웅의 명예 의식

김은중

1. 들어가는 말

명예는 인간이 지닌 가장 근원적인 감정의 한 형태이다. 그것은 자기 자신에 대한 평가와 직접적으로 관련된다. 물론 인간은 자기 자신을 의식적으로 타자화하고, 스스로를 평가대상으로 삼는다. 그러나 명예는 타자화나 대상화 이전의 의식이다. 그것은 본질적으로 자신을 둘러싼 세상 안에서 활동하는 사람들과의 접촉 및 교류 과정에서 형성된다. 따라서 특정한 사회를 대변하는 도덕의식이나 가치관 혹은 정치나 사회체제가 변하더라도, 명예 관념의 형성과 관련된 자아와 타자의 기본구도는 동일하게 유지된다. 이런 관점이 유지되는 까닭은 고대 그리스와 로마 문명에서 명예 관념이 특히 다음의 특징을 내포하고 있기 때문이다.

첫째, 명예와 수치심은 자의식(self-consciousness)의 형성과 밀접하게 연관된다. 서양 고대문화에서 중요한 의미가 있는 자아(ego) 개념의 형성과 발전에는, 정의로운 생각과 행동에 토대를 둔 명예 개념이 큰 비중을 차지한다. 상고기 작품인 『오디세이』나 『신통기』 등에서부터 인간과 자연의 정의, 나아가서 초자연적인 것의 정의가 강조되기 시작했으며, 정의롭지 못한 인물이나 행동은 부도덕하며 명예를 더럽혔다고 간주하였다. 또한 소포클레스의 비극을 비롯한 다수의 고전기 문학작품에서 확인할 수 있듯이, 그리스 사회에서 형성된 자의식은 본질적으로 세상과 타인을 향한 자신의 명예와 수치 감정(죄의식)에서 유발되었다.

둘째, 명예 개념은 자신의 능력이나 업적을 과시하거나 이를 세상 사람들로부터 인정받음으로써 자기만족에 도달하는 차원이 아니다. 자신의 명예를 추구하는 사람은 동시에 타인의 명예도 존중하는 자세를 가져야 하는데, 이를 위해서는 타인에 대한 도를 넘어선 비판뿐 아니라, 자기 과시를 자제하는 겸손한 태도가 요청된다. 개인적으로 탁월한 능력을 겸양하고 절제하는 모습까지도 타인들의 의견과 평가의 대상이 되기 때문이다. 이처럼 명예 개념은 개인의 내면적인 덕의 함양과 밀접하게 연관된다.[1] 그리스와 로마 사회에서 명예가 인간의 중요한 덕목으로 평가받은 이유는, 명예를 추구하는 주체가 실제로 온전한 인격을 갖추고자 노력했기 때문이다. 명예는 단순히 자신이 소유한 것을 남에게 과시하려는 사적인 욕구를 의미하지 않는다.

셋째, 정치·사회적인 관점에서 명예는 바람직한 형태의 리더십을 형성하고 유지하는 과정과 밀접하게 연관된다. 서양 고대사회의 특징

---

1) 주지하듯이 고대사회에서 덕(aretē)은, 자신의 역할을 완벽히 수행할 수 있는 기능적 탁월함과 연관된 개념이며, 우리 인간의 경우에는 행위 주체가 이성능력을 토대로 자신의 판단과 행위결과에 대해 미리 숙고하고 검토하는 태도와도 관련되어 있다.

가운데 한 가지는, 인간과 조직 사이의 조화와 균형을 추구하는 사회였다는 점이다. 특히 폴리스의 지도자는 한편으로 명확한 자기 철학을 가져야 하며, 다른 한편으로는 자신이 이끄는 집단 안에서 가장 명예로운 자이어야만 했다.

『일리아스』와 더불어 고대 그리스 서사문학을 대표하는 작품인『오디세이』에서 주인공 오디세우스는, 고향으로의 무사귀환이라는 자신의 목표를 달성하기 위해 지도자가 갖추어야 할 여러 가지 덕목들을 정하고 이를 철저히 준수한다. 그는 여행 중에 발생하는 여러 가지 시련을 견디고, 거부하기 어려운 유혹을 물리침으로써 자타가 공인하는 명예로운 자가 되어 동료의 자발적인 복종과 헌신을 이끌어 낸다.

플라톤은 펠로폰네소스 전쟁에서 패한 후 나타난 아테네의 퇴행적인 모습들, 즉 전통적인 가치관의 급격한 붕괴, 극단적인 개인주의, 민주정의 분업화된 관리체계 안에서 발생하는 책임회피 현상 등을 예리하게 비판했다. 이런 병리현상을 극복하기 위해서는, 폴리스나 사회가 나아가야 할 방향을 명확히 정하고, 이를 달성하려는 강력한 의지를 지닌 리더의 등장이 요청된다. 철인왕으로서의 지도자 또는 통치자는 지속적인 노력을 통해 통치에 필요한 지식과 경험은 물론, 고도의 자기 절제 능력까지 갖춤으로써 내면적인 자긍심과 더불어 타인들로부터 무한한 존경과 찬사를 받는 명예로운 인간이어야 한다.

그리스 역사상 가장 탁월한 정치가로 꼽히는 페리클레스는, 아테네 시민이 개인의 선(agathon)보다는 국가나 공공의 선을 추구하는 것이 훨씬 중요하다는 점을 깨닫도록 하였다. 즉 그는 개인의 명예와 성공은 사실상 한 조직의 구성원들이 얼마나 서로 존중하고 협력하느냐에 달려 있다는 점을 일깨움으로써, 국가 구성원 모두가 자발적으로 국가의 과업에 참여하고 기꺼이 자신을 희생하게 하였다. 특히 그는 대내외적인 개방성, 민주적인 생활방식, 문화진흥, 인간의 잠재 능력에 대한 낙관적 태도와 같은, 아테네가 지닌 문화적 특성들을 명확히 설명하고, 펠로폰네소스 전쟁의 상흔에서 벗어나지 못한 대중들이 시민으로서의 명예심을 회복함은 물론, 조직이 공유해야 할 가치와 신념을 스스로 깨달을 수 있도록 유도했다.

이런 설명으로부터 유추되는 것은 명예가 인식의 영역에 속하는 것이 아니라는 사실이다. 서두에서도 언급했듯이 명예는 인간이 지니는 원초적인 감정의 한 형태이다. 이렇게 본다면 명예는 철학의 문제가 아니다. 하지만 명예는 비록 감정의 한 형태이지만 엄밀하게 철학의 문제이다. 이 글에서는 명예가 왜 철학의 영역에 있는가를 논증하려고 한다. 이를 위해서는 먼저 명예의 시원을 살피는 것이 필요하다. 그 시원을 살피면 명예가 왜 감정의 영역에서 출발했는지가 밝혀질 것이다. 그리고 고대의 개념 이해를 통해 명예가 왜 감정의 영역에 머물지 않고 철학의 영역으로 넘어왔는가가 설명될 것이다.

호메로스의 서사시 세계는, 시인의 언어에 의해서 신화적으로 재현되어 있다고 하더라도, 문명의 특정한 시기에 여러 조건과 함께 명예와 수치가 중요한 기능을 하는 세계였다. 물론 거기에는 특정한 정치, 사회, 문화적 조건이 전제로 되어 있다. 본 연구는 이러한 조건들 속에서 명예와 수치가 경쟁과 인정을 근간으로 하는 정치공동체를 배경으로 어떻게 순기능을 할 수 있었는지를 연구의 과제로 삼고자 한다. 이 연구는 명예가 긍정적으로 작동하는 사회에 대한 한 가지 이상적인 모델을 제시하는 연구가 될 것이다.

『오디세이』에서 호메로스가 증언하듯, "땅 위에 사는 모든 사람들 사이에서 시인들은 명예와 수치에 참여하고, 그 때문에 무사 여신은 그들에게 노래를 선사하고 시인들의 무리를 친애하였다"(Ody. Ⅷ, 479~481)고 한다. 앞서 말했듯이 이 말은 시인들 자신이 명예로운 일이나 수치스런 일을 행하는 데 직접 참여한다는 뜻이 아니라, 영웅이나 여타의 인물들이 명예로운 일이나 수치스런 일을 행하였을 때 그 행적을 노래함으로써 명예나 수치에 참여한다는 뜻이다. 그리고 영웅들이 보통의 인물들과 달리 영웅인 이유도 바로 명예로운 일들을 행하였다는 데 있을 것이다. 그런데 당시의 시인들이 하는 일이란 바로 이와 같은 선조의 업적을 명예와 수치의 관점에서 평가하고 노래하는 것이었으며, 그것이 그만큼 시인들에게 본질적인 일이었기에 "그 때문에 무사 여신은 그들에게 노래를 선사하였고 시인들의 무리를 친애하였다"고 호메로스는 말한다. 이런 관점에서 볼 때, 호메로스의 서사시 세계는 근본적으로 영웅들에 의해 특징지어지는 세계이며, 그들이 영웅인 이유는 그들 자신이 명예를 추구하기 때문이다. 이와 같은 점은 『일리아스』의 전체 구성을 이끌어 가는 아가멤논과 아킬레우스의 다툼과 갈등에서도 명백히 나타난다.

갈등의 원인이 된 '명예의 선물' geras가 애드킨스의 주장대로 물질적인 보상으로서의 가치만을 갖는 것이 아니라는 것은 거의 확실하다. 전공(戰功)의 대가로 분배된 '명예의 선물'이 일차적으로 물질적 소유의 성격을 지닌다는 것은 맞는 말이다. 그러나 아가멤논에 대한 아킬레우스의 비난에서 엿볼 수 있듯이 '명예의 선물'은 각자의 지위에 따라 상이하게 분배되었으며(Il. Ⅰ, 164-8), 그러므로 명예의 선물은 단지 물질적 소유의 성격만을 지니고 있는 것이 아니라 받는 자의 위상에 관계된 것이었다. 언뜻 보기에는 아킬레우스의 명예의 선물에 대한 집착은 아름다운 브리세우스에 대한 집착처럼 보일 수 있다. 그러나 명예의 선물이 어떤 도시를 함락했을 때 획득한 '전리품을 분배하기 전에 따로 왕에 바치는 명예의 선물'(W. Leaf)로서 왕을 다른 전사들과 '구별하는 징표'(M. M. Willcock)로 사용되었다는 점을 고려하면, 그것이 아름다운 여인에 대한 집착이 아니라 오히려 자신의 지위와 명예와 자존심에 대한 집착이라는 것을 알 수 있다. 그러므로 그것을 빼앗겼을 때는 자존심이 상하고 명예가 실추되고 지위가 위협받게 되는 것이다. 여기에서는 자신의 지위에 상응하는 명예를 추구하는 인간의 주어진 사회에서의 존재 기반 자체가 문제시된다. 그러나 아킬레우스와 같은 영웅에게는 무엇보다도 명예를 추구하는 일이 중요했기에 그는 고향 땅으로 돌아가 별일 없이 오래 살 수 있었음에도 죽음으로써 불멸의 명성을 얻고자 결심할 수 있었던 것이다.

그런데 당시의 그리스인들에게는 명예와 영광은 모두 제우스로부터 기인하는 것이었다. "제우스로부터 명예와 영광이 나온다."(Il. XVII, 251) 예컨대 아킬레우스가 지적하는바 아가멤논의 강력함도 제우스에게서 나오는 것이다. "그대가 매우 강력하기로 그것도 역시 신이 주신 것이 아니겠소."(Il. Ⅰ, 177) 왜냐하면 트로이 원정의 전 과정을 처음부터 끝까지 지배하는 것은 제우스이기 때문이다. 그로부터 『일리아스』 1권의 첫 문장에 나오는 '제우스의 뜻'(Dios boule, Ⅰ, 5)이 무엇인지를 추적하는 일은 의미 있는 작업일 것이다. 그런데 작품에서 제우스의 뜻이란 테티스의 청을 받아들여 아킬레스의 명예를 높이는 일일 것이며, 그러기 위해서는 아킬레우스가 등장하기 전까지는 트로이인들이 힘을 얻고 있어야 할 것이다. 혹자는 출전하지 않고 있다가 전세가 불리할 때 출장을 하겠다는 아킬레우스의 태도는 위험부담이 있는 태도라고 한다. 행여나 아킬레우스가 없이 아카이아 인들이 트로이를 점령한다거나 또는 3장에서 메넬라오스가 일대일 대결에서 파리스에게 승리를 거둔 후 협약에 따라 헬레네와 보물을 가지고 떠났다고 한다면, 아킬레우스의 태도는 어떠한 명예도 얻지 못하는 무의미한 행위가 될 것이라는 것이다. 그러나 그런 일이 벌어 지지 않고 아킬레우스가 결과적으로 불멸의 명예를 얻었다는 것이야 말로 바로 신의 뜻이지 않겠는가. 그리고 시인은 사후에 그것이 바로 제우스의 뜻이었다고 노래하는 것이 아닌가. 그렇다고 한다면, 비록 신들의 도움이 있었다고는 하지만, 어떻게 이 세상에서 아킬레우스가 불멸의 명성을 획득할 수 있었는지 그 과정을 구체적으로 서술하여 야 하지 않겠는가.

아킬레우스가 불멸의 명성을 얻게 된 데에는 일정 부분 시인의 공 적이 있다. 그 사건을 노래함으로써 시인은 그 사건을 노래가 그치지 않는 한 끊임없이 반복하는 불멸의 사건으로 만들었기 때문이다. 그 러나 시인들이 그렇게 할 수 있었던 데에는 선조의 업적을 기리는 구 전문화의 전통이 있었다. 그리고 이와 같은 구전문화의 전통이 형성 된 것은 마땅히 기려야 할 선조의 업적이 있었기 때문일 것이다. 『오 디세이』에서 "시인들은 명예와 수치에 참여한다"는 호메로스의 말은 바로 이러한 전통을 반영하는 말일 것이다. 그런데 문제는 그 기릴 만한 선조의 업적이라는 것이 어떤 조건에서 어떻게 나왔냐는 것이 다. 이때 많은 사람들이 그리스의 '경쟁'(agon) 문화를 지적한다. 호메 로스적인 사회에 경쟁 풍토가 있었는지에 대해 회의적인 사람들 (J. Burchhardt, V. Ehrenberg)도 있지만 호이징아와 같은 사람들이 올바 로 지적하듯 『일리아스』 23권에서 파트로클로스의 죽음을 추모하기 위해 벌이는 경기는 agon 이외에 다른 것이 아니다. 여기서 아킬레우스는 등급별로 상품(賞品)을 내걸고 경기의 승자들에게 그것을 가져가도록 했다. 이들이 이러한 경기를 벌이는 이유는 생각건대 당연히 파트로클로스의 '명예'(geras, Il. XXIII, 9, 274 참조)를 기리기 위해서였다. 나아가 아가멤논과 아킬레우스의 다툼과 갈등도 '명예'를 둘러싼 경쟁이라고 할 수 있다. 그러나 이와 같은 경쟁은, 현대사회의 몰염치한 생존경쟁과는 달리, 최근에 많은 학자들(J. M. Redfield, M. Finkelberg, R. Seaford 등)이 밝혔듯이, 우호적인 공동체를 전제로 하는 경쟁이다. 말하자면 여기에서는 우호적인 공동체를 전제로 해서 명예를 둘러싼 생사를 건 인정투쟁이 문제가 된다는 것이다. 그런 가운데 아킬레우스의 불멸의 명성은 마치 제우스와도 같이 묘사된 헥토르를 죽임으로써 위기에 빠진 아카이아 인들을 구하고 그 자신은 죽음을 선택하면서까지 명예를 고수하였다는 데에 성립한다. 물론 이런 경쟁적 명예 문화를 이상화하고 신격화한 데에는 시인의 노래가 일정 부분 기여한 바가 있다고 봐야 할 것이다.

2. 명예와 자유

우리는 한 인간이 어떤 행위를 했을 때 "왜 그런 행위를 했는가?", "그의 행위는 자발적인가, 아니면 어떤 시킴에 의한 것인가?"를 묻는다. "그 행위를 맨 정신에 했는가?"를 묻기도 한다. 이렇게 묻는 까닭은 한 인간의 행위에 대한 책임은 그 자신이 져야 한다는 생각에서이다. 실제로 오늘날 우리는 한 인간의 행위에 대한 책임을 예외적인 경우를 제외하고는 그 자신에게 지우고 있다. 인간의 행위가 상당 부분 그 자신의 자유(의지)에 따라 이루어졌다고 보기 때문이다.

그러나 이런 판단이 통용되기 시작한 역사는 그리 길어 보이지 않는다. 사실 자유와 책임은 전적으로 근대 이후의 개념이다. 한 인간의 행위의 원인을 그의 자유(의지)에서 찾기 시작한 것은 대략 근대 이후의 일이기 때문이다.[2] 한 예로 이사야 벌린은, 자유를 소극적 자유와 적극적 자유로 구분했는데, 적극적 자유와 관련해 누가 나의 주인이며 누가 나를 지배하는가 하고 묻는다.[3] 이것은 나에 대한 통제나 간섭의 주체가 누구인가에 대한 물음이다. 그는 자기를 실현하는 자기 지배자는 자기 자신임을 천명한다.[4] 그렇다면 자유에 대한 이런 인식은 근대에 비로소 시작됐는가? 그렇지 않다. 왜냐하면 벌린의 이런

---

2) 한 예로 흄과 콩도르세는 고대 그리스 사회가 근대 사회와 차이가 나는 가장 큰 특징으로 노예의 존재와 개인적 자유의 부재를 들었다[D. Hume, "Of Commerce", in Ralph Cohen(ed.), *Essential Works of David Hume*, London, Bantam Books, 1965, pp.493~505; Condorcet, "Cinq memoires sur l'instruction publique"(1791), in *Pretation par Ch. Contel et C.Kintzler*, Flammarion, 1994, p.86]. 그리고 콩스탕에 따르면 고대인의 자유는 집단적이고 직접적으로 공공복지 및 전쟁과 평화에 대해 심의하고 법률에 대해 투표하며 판결을 표명하는 주권 행사로 구성된다. 이에 반해 근대적 자유는 법에 의하지 않고는 체포·구금·처형되지 않으며, 개인의 자의적 의지가 다른 힘에 의해 지배되지 않는 것을 의미한다 [Constant, "De la liberté des anciens comparée a celle des modernes", in Gauchet(ed.), *De la liberté chez les Modernes*, Paris, Hachette, 1980, pp.494－495]. 또한 콩스탕은 고대인의 자유는 사회적 권력의 행사에 '시민의 최대한의 참여'를, 근대인의 자유는 정부로부터 '시민의 독립성'을 어떻게 보장하는가에 있다고 말했는데(Constant, *Principes de politique*, 1806, p.432), 이는 곧 근대적 의미의 자유가 인간의 자유 의지에 따라 행위가 결정된다는 뜻을 함축한다.

3) I. Berlin, *Four Essays on Liberty*, Oxford: Oxford University Press, 1969, pp.121－122. 이에 반해 소극적 자유는 나는 어떤 영역에서 주인인가, 내가 주인이 되는 영역은 얼마나 넓은가 혹은 정부는 내게 얼마나 간섭할 수 있는가 또는 무슨 영역에서 나는 자유로운가 하는 것이다. 이 물음에 대한 대답은 타인에 의해 방해받지 않고 여러 대안들 가운데 자신의 의지대로 선택하는 것, 곧 간섭의 부재이다. 이렇게 볼 때 적극적 자유는 권력의 원천에 관심을 두는 데 반해, 소극적 자유는 권력의 제한에 관심을 둔다. 이에 덧붙여, 일반적으로 정치철학에서는 freedom을 두고 감금, 구속되지 않은 자유로운 상태 또는 외부적 지배·간섭·규제가 없는 상태로서 넓은 뜻의 자유를 나타내고, liberty를 두고 압정, 폭력적 지배로부터의 자유, 속박으로부터의 해방 등을 뜻한다고 하며, liberty를 두고 적극적 자유, freedom에 대해 소극적 자유라고 말한다. 따라서 정치철학의 관심사는 freedom보다는 liberty에 있다. 그러나 이 글에서는 인간의 자유가 어떻게 수행되고 그 자유를 제어하는 것은 무엇인가를 다루고자 하므로 freedom과 liberty의 사전적 구분은 의미가 없다.

4) *Ibid.*, p.138.

입장은 플라톤의 이상적 폴리스가 추구하는 합리적 조화와 자기완성 및 선의 이데아 인식의 경지일 수도, 질료가 형상을 얻어 완성되는 아리스토텔레스적인 완성태(entelekheia)일 수도 있기 때문이다. 그런가 하면 스토아 철학자가 말하는 정신의 평정일 수도 있고, 절대자인 신과 제도 교회가 규정한 의무 혹은 공산주의가 지향하는, 사적 소유를 철폐하고 경제적 불평등을 제거함으로써 실현된다는 사회 정의와 계급 조화의 모색일 수도 있기 때문이다.

자유를 실현하는 자기 지배자가 자기 자신이라는 벌린의 주장은 음미할 가치가 있다. 그가 말하는 적극적 자유는 나 자신의 삶을 통제할 수 있는 자유를 가리킨다.[5] 내가 실제로 나를 통제한다면 나는 자유롭다. 만일 그렇지 않다면, 설령 내가 현실적으로 아무런 강제를 받고 있지 않다고 해도 나는 자유롭지 못하다. 이때 대두되는 문제는 나 이외의 존재가 과연 나의 행위를 통제할 수 있느냐는 것이다. 나의 행위를 오직 나만이 통제한다면, 만약 이것이 가능하다면 한 인간의 행위에 대한 책임은 누가 지느냐는 물음이 대두된다.[6]

나의 행위의 명령자는 오직 나 자신인가? 아니면 나 자신 이외의 타자인가? 근대 이후 우리는 나 자신이라고 믿고 있지만 실제로 그럴까? 이 물음에 대한 답은 그리 간단치 않다. 적어도 기록된 시원으로 올라간다면 우리는 호메로스(Homeros)를 만나게 된다. 그는 인간의

---

[5] 이사야 벌린은 소극적 자유는 정치학 분야에서, 적극적 자유는 철학 분야에서 사용되는 경향이 강한 것으로 이해했다. 콩스탕도 지적했듯이 이미 고대 그리스의 폴리스에서 민주적인 공동체적 자치의 전통에서 유래하는 적극적 자유의 개념이 출현한 것으로 보아야 하기 때문이다.

[6] 벌린이 말하는 소극적 자유에서도, 그것이 간섭과 제약의 배제인 한에서는 자기 지배자가 자기 자신에 대한 통로임을 인정하는 것이라 하겠다. 왜냐하면 간섭과 제약은 다른 사람이 나에게 특정한 방식으로 행동하도록 또는 내가 특정한 방식으로 행동하기를 멈추도록 힘을 행사하는 것인데 이는 자기 지배자가 자기 이외의 인간임을 전제로 하기 때문이다.

행위가 어디에서 명령을 받으며, 인간의 행위에는 그의 자유(의지)가 개입되는지, 그리고 인간 행위의 책임 소재에 대한 서양에서의 초기 기록을 남겼다. 이에 이 글에서는 호메로스의 작품에 묘사되는 영웅들의 행위와 그 행위의 원인에 대한 문제를 분석함으로써 호메로스의 작품에 등장하는 영웅들이 어디까지 자유를 누리고 그들이 지는 책임은 무엇인지를, 자유와 책임의 뜻을 가진 개념들을 고찰함으로써 분석하겠다.

3. 호메로스 작품에서의 자유 개념들의 의미

자유(freedom 또는 liberty)[7]로 해석되는 그리스어로는 exousia, parresia, autokrator, eleutheria, autos 등이 있다.[8] Exousia는 행위자 마음대로 무엇을 할 수 있는 자유이다. 플라톤이 소크라테스의 입을 빌려 민주정을 비난하면서 "그러니까, 첫째로, 이들은 자유로우며, 이 나라는 자유(eleutheria)와 언론자유(parresia)로 가득 차 있어서, 이 나라에는 자기가 하고자 하는 바를 멋대로 할 수 있는 자유(exousia)가 있지 않겠는가?"[9]라고 말하는데, 이때 멋대로 할 수 있는 자유가 exousia이다. 전쟁에서나 또는 다른 데서 빼어난 젊은이들에게는 "여자들과의 한결

7) 그리스어에서 liberty와 freedom은, 근대의 정치철학적 개념 이해와는 달리 명확하게 구분되지 않는다.
8) 이 단어들 이외에도 adeia, apoina 등이 있다. adeia는 '두려움으로부터의 자유'를 의미한다. 헤로도토스(Herodotos)의 *Historiai* 8권 120번째 단락에 나오는 "아브데라인들의 말에 따르면 — 나로서는 도저히 믿기지 않는 일이지만 — 왕은 아테네로부터 패퇴한 이래 이 땅에 와서 겨우 안도하기 시작하고 허리띠를 풀었다고 한다"에서 안도하기 시작하는 것이 adeia의 상태이다. apoina는 "자유롭게 하려고 몸값을 지급하는 것"을 뜻한다. 호메로스의 *Iliad* 1.13에서 "사제는 자기 딸을 구하기 위해 헤아릴 수 없이 많은 몸값을 가지고"라고 할 때 몸값은 apoina이다. 이는 자유롭게 하는 조건의 의미이다.
9) *Politeia*, 557b.

잦은 동침의 자유가 허용되어야 하며"[10] "만일에 어떤 사람이 그와 같은 자유로운 힘을 얻고서도, 올바르지 못한 짓이라곤 전혀 저지르려 하지도 않으며"[11] 등에서 쓰이는 자유도 exousia이다. 이렇게 볼 때 exousia는 외적인 힘에 의한 통제가 그다지 행사되지 않는 자유를 가리키는 것으로 보인다. 플라톤은 이 개념을 다소 부정적으로 사용한다.

Parresia는 '모든'(pas)과 '말을 함'(rhesis)의 합성어로서 말을 마음대로 할 수 있는 자유이다. "알키비아데스가 그렇게 말했을 때, 사람들은 그의 철없음에 웃음을 터뜨렸지요"[12]나 "우리가 법률에 대해 충분한 토론을 마칠 때까지 우리는 지금까지 그가 마음대로 말하는 것을 그냥 내버려 둔 이상, 우리는 그가 그렇게 말하도록 놔둬야만 합니다"[13]에서 말하는 행위는 parresia이다. 앞에서 소개한 플라톤의 Politeia에 나오는 구절은 parresia를 상징적으로 보여 준다. 이는 플라톤이 민주정에 대해 가지는 부정적 인식을 함축하고 있기도 하며, 책임에 대한 의식이 없는 자유를 가리킨다.

Autokrator는 한 인간이 그 자신의 주인이 됨을 가리킨다. "나의 충고의 채택이, 좋든 나쁘든 똑같은 효과가 수반될, 우리 자신의 운명의 중재자로서의 자유 도시의 시민으로 우리를 남겨 둘 것임을 인정하자"[14]에서 우리 자신의 운명의 중재자가 autokrator이다. Autokrator는 독립된 주체로서의 인간의 행위를 가리킨다.

이렇게 볼 때 exousia, parresia, autokrator 등은 자유 그 자체를 가리

---

10) *Ibid.*, 460b.

11) *Ibid.*, 360d.

12) *Symposion*, 222c.

13) *Nomoi*, 806d.

14) Thucidides, *The Peloponnesian War*, 4.63. 이 저술은 www.perseus.tufts.edu에서 인용했다.

키기보다는 자유가 수반하는 인간의 행위 또는 인간의 신체적 구속 여부를 가리킨다. 그리고 이 개념들에는 행위의 원인 제공자가 명시 되지 않는다. 물론 exousia 및 parresia와 autokrator는 상징하는 바가 다르 다. exousia와 parresia가 분별력 없는 행위를 가리키는 반면에 autokrator 는 자기 원인성에 접근하고 있다. 다만 우리가 주목할 것은 exousia, parresia, autokrator 등이 호메로스의 작품에서 전혀 쓰이지 않았다는 사실이다.

1) 자유민의 의미로서의 eleutheria

호메로스에게서 자유를 의미하는 개념은 eleutheria이다. Eleutheria는 그리스 문헌에서 비교적 많이 등장하는 개념이다.[15) 974회 등장해 비 교적 높은 빈도를 보이는데, 이와는 대조적으로 호메로스의 작품에서 는『일리아스』(Iliad)에서 4번 출현하는 것으로 그친다. 호메로스의 작 품에서 출현한 문장들은 다음과 같다.

> "누군지도 모를 청동 갑옷을 입은 아카이아 군이 울며불며하는 당 신을 데려다 자유의 날(eleutheron emar)을 빼앗겠지."[16) 헥토르가 아 내인 안드로마케에게 하는 말.

> "제우스께서 일찍이 우리에게 집안의 홀에서 구원의 주연을 올리 기를 허락하신다면, 트로이로부터 아카이아 군을 물리쳐 하늘에 임 하시는 불사의 신들께 우리를 자유롭게(eleutheron) 하신 데 대한 주 연을 올리는 것을 허락하신다면, 오래지 않아 시민을 만족게 하리 라."[17) 헥토르가 동생인 파리스에게 하는 말.

---

15) www.perseus.tufts.edu의 통계를 보면 eleutheria는 그리스 문헌에서 974회 등장한다. 앞으로 개념의 출 현 횟수는 www.perseus.tufts.edu에 제시된 수치를 기준으로 한다.

16) Homeros, *Iliad*, 6.455~459.

"파트로클로스여, 네가 우리의 도시를 점령할 줄 알았더냐! 트로이
의 여자에게서 자유의 날(eleutheron emar)을 빼앗아 네 고장으로 데
려갈 줄 알았더냐! 어리석은 놈! 그들 앞에는 전투로 질주하는 헥
토르의 말들이 있음을 몰랐더냐. 내 창은 용감한 트로이 군 중에서
도 이름이 높다."[18] 헥토르가 파트로클로스에게 하는 말.

"나는 그대를 뒤따라 아테네와 제우스의 도움으로 그 도시를 멸하
고 전리품과 더불어 여인들의 자유의 날(eleutheron emar)을 빼앗았
는데, 그때 제우스와 여러 신들은 그대만을 살렸도다."[19] 아킬레우
스가 아에네아스에게 하는 말.

이 문장들이 가진 공통점은 모두 신체의 자유를 의미한다는 것이
다. 호메로스의 『일리아스』에서 6.455~459, 16.830~833, 20.191~194
은 모두 자유의 날(eleutheron emar)을 적고 있다. 자유의 날이란 트로
이의 여자들이 트로이에서 사는 것을 의미하는데, 곧 트로이에서의
자유민의 상태를 가리킨다. 반면에 트로이의 여자들이 그리스군에 끌
려 아르고스 등지로 가면 노예의 상태로 빠진다.[20] 6.525~528의 '자
유롭게'라는 표현 역시 트로이가 아카이아와의 전쟁에서 승리하는
것이 트로이 사람들의 자유민 상태를 유지시키는 것임을 말한다. 폴
리스의 시민에게 자유의 조건은 시기에 따라 편차는 있지만, 노예가
아닌 주인으로서, 여성이 아닌 남성으로서, 그리고 이방인이 아닌 폴
리스의 시민으로서 공동체의 운영에 적극적으로 참여함으로써 부여

---

17) *Ibid.*, 6.525~528.

18) *Ibid.*, 16.830~833.

19) *Ibid.*, 20.191~194.

20) 고대 근동 지역에서 노예의 발생원은 전쟁이다. 전쟁 포로는 처음에는 학살하는 것이 상례인 듯하
나, 나중에는 그들의 노동력을 이용하기 위하여 처음에는 여자를, 다음에는 남자를 살려 둔다. 포
로 중에는 개인 소유로 귀속되는 자도 있으나 태반은 국왕의 재산이 되고, 국왕은 그들을 신변에
두든지 아니면 신전(神殿) 봉사자로 헌납한다.

되고 보장되는 것이었다.21)

트로이 전쟁 시대에 한 도시가 정복되면 일반적으로 성년 남자들은 모두 살해되고 부녀자와 어린아이들은 노예로 끌려간다. 아가멤논의 막사에는 아카이아 군사들이 성을 약탈할 때마다 최우선적으로 그에게 분배해 준 수많은 여자 포로들이 있었다.22) 아킬레우스의 막사에도 마찬가지로 여러 명의 노예들이 있었다. 트로이 인들의 마음속에는 항상 최악의 사태, 즉 도시가 아카이아 군사들에 의해 정복당하면, 끔찍한 파괴와 살상에 뒤이어 부녀자와 어린아이들이 포로로 끌려가리라는 두려움이 떠나지 않았다.23) 아가멤논은 자신의 군사들을 독려할 때 "우리가 적의 성을 점령하면 적의 군사들은 독수리의 먹이가 될 것이요, 우리는 그들의 부인들과 어린아이들을 우리의 배로 끌고 갈 것"24)이라고 말한다.

호메로스의 작품에는 예속의 날(doulion emar)과 운명의 날(emar anankaion)이라는 표현이 여러 차례 등장한다. 그것은 자유의 날(eleutheron emar)의 상실을 의미한다. 그것은 유괴 또는 약탈당하거나 자신이 속한 도시가 정복됨으로써 부모나 마을 사람들 혹은 도시의 보호를 받지 못하고 타자의 강제하에 놓이게 된 때를 의미한다. 호메로스는 "예속의 날이 그에게 닥치면 제우스는 인간으로부터 그의 가치의 절반을 앗아 간다"25)라고 말하는데, 자유의 상실은 인간의 절반을 상실

---

21) R. Mulgan, "Liberty in Ancient Greece", Pelezinski and Gray(ed.), *Conception of Liberty in Political Philosophy*, New York, 1984, p.8.

22) *Iliad*, 2.228.

23) *Ibid.*, 6.450f.

24) *Ibid.*, 4.235.

25) *Ibid.*, 17.322~323.

하는 것이다. 자신의 의사에 반해 강제하에 놓임은 외부적 힘으로 필연성에 종속당하는 것과 같은데, 이를테면 헥토르는 자신이 전사한 뒤 안드로마케의 운명을 예감한 듯이 "강고한 ananke가 그대를 엄습할 것"26)이라고 한다. 이때 ananke는 노예제의 본질적 특성을 나타내는 주요 개념이다.

호메로스의 작품은 노예화가 당대의 인간이 겪을 수 있는 불행 가운데 최대의 충격임을 보여 준다. 『일리아스』에서는 도시의 정복과 그에 따른 예속의 날로의 전락이, 그리고 『오디세이』(Odyssey)에서는 소규모의 약탈과 유괴, 해적 행위 등으로 말미암은 노예화가 모든 사람의 커다란 관심사가 되어 있다. 이는 한편으로 그 자체가 인간의 운명을 좌우하는 비극적 성격을 지녔고, 영웅적 이상과 현실적 조건 사이의 모순을 상징적으로 드러낸다는 점에서 서사시의 좋은 모티브가 되었던 탓도 있지만, 또 한편으로는 시의 배경이 되었던 시대의 삶의 불안정한 여건을 반영하는 것이기도 하다.27) 이렇게 볼 때 호메로스 시대의 자유는 인간의 생존과 삶의 근원인 땅과 가족, 그리고 한 개인이 전체에 대한 하나의 부분으로서 그 안에 살고 있는 민족과 매우 밀접한 관계를 가지고 있었다.28)

한편 eleutheria는 인간이 가질 수 있는 가장 근원적인 자유의 경험이다. 근원적 자유의 경험은 두 가지 의미가 있다. 첫째, 자유롭다는

---

26) *Ibid.*, 6.455.

27) 플라톤도 *Politeia*에서 노예 제도를 언급한다. 그는 호메로스 시대 이래의 관례대로 전쟁 포로를 노예로 만드는 것을 당연시했다(*Politeia*, 386, 387, 468). 플라톤은 말하기를 "희랍인들이 희랍인 폴리스를 노예화하거나, 다른 희랍인들도 가능하면 그들을 노예화하도록 허용하는 것"(*Politeia*, 469)은 부당하다고 말하는데, 이 말을 뒤집어 보면 이방인을 노예로 만드는 것은 정당하다는 뜻으로 이해된다.

28) 강영안, 「자유 개념의 변형 구조: 그리스에서 르네상스까지」, 『철학연구』 44집, 대한철학회, 1988, 21쪽.

것은 자기의 집에 있음을 뜻한다. 호메로스의 작품에 드러나듯이 트로이에 있으면 자유의 상태이고 그리스로 끌려가면 노예의 상태라는 것은 자유가 동족과 고향에 속하는 것임을 가리킨다.[29] 그 반대의 뜻은 집과 고향을 떠나 낯선 곳에서 이방인으로 머무르는 것이다. 따라서 호메로스적 자유의 상태는 근대 사회가 강조하는 적극적 자유의 개념과는 다르다. 호메로스적 자유는 자기주장을 펴는 것이 아니라 공동체 또는 도시에서 소외되지 않은 채 전체의 일원으로서 있음을 인정받는 것이다.

둘째, 호메로스의 작품에서 자유의 날(eleutheron emar)과 예속의 날(doulion emar)은 인간의 선택 너머에 있는 날들이다. 내가 자유롭기 원한다고 해서 자유로울 수도 없으며, 노예의 상태를 거부한다고 해서 인위적으로 거부될 수 있는 것도 아니다. 자유의 날과 예속의 날은 오히려 필연(ananke), 운명(moira), 우연(tuche) 등의 지배 아래 놓여 있다. 이 세 개념은 인간의 경험과 능력을 너머서 있는 신적인 힘에 의해 관리된다. 필연은 인간이 운명에서 벗어날 수 없음을 가리킨다. 운명은 신들조차도 거역할 수 없는 초월적 섭리이다. 우연은 인간의 지식이나 의지와는 관계없이 어떤 사태가 발생함을 가리킨다. 그럼으로써 이 세 개념은 인간이 처한 한계적인 상황을 잘 드러내며 인간의 운명은 필연적으로 인간의 눈으로 볼 때에는 우연적 사태에 의해 비극으로 함몰하고 마는 여정을 보여 준다.

---

29) *Ibid.*, 같은 곳.

2) 개체성으로서의 autos

부언하자면, eleutheria는 인간의 의지가 배제된 자유이다. 그렇다면 그다음에 남는 개념은 autos이다.[30) Autos는 사전적으로 많은 뜻이 있는데, 여기서는 호메로스의 작품에서 쓰인 예들을 여섯 가지로 구분하겠다.[31)

> 첫째, "영웅들의 수많은 굳센 혼백들을 하데스에게 보내고 그들 자신은 개들과 온갖 새들의 먹이가 되게 한 (……)"[32)에서 드러나듯이 육체가 아닌 인간 자신의 혼을 가리킨다.
> 둘째, "그러니 모두 자진하여 오시오"[33)에서처럼 '스스로'의 뜻을 가진다.
> 셋째, "그래서 튀데우스의 아들은 혼자서 선두 대열 속으로 뛰어들어가"[34)에서처럼 '혼자서'라는 뜻을 가진다.
> 넷째, "그들이 그의 앞에 멈춰 서자 아킬레우스는 깜짝 놀라"[35)에서처럼 '무엇의 앞에', '같은 방향으로'의 뜻이 있다.
> 다섯째, "그녀는 또한 뛰어난 분별력도 그 자신에게 있기에"[36)에서처럼 '그 자신에게'를 가리킨다.
> 여섯째, "만인이 보는 앞에서 텔레마코스에게 충고하겠소"[37)에서처럼 '어떤 사람과 관련해', '어떤 사람의 앞에서'의 뜻이 있다.

호메로스가 사용한 autos의 의미는 그리스 철학자들이 사용한 autos

---

30) 호메로스의 작품에서 autos는 1,215회 쓰였다.

31) Henry George Liddell과 Robert Scott의 *A Greek −English Lexicon*(Oxford, The Clarendon Press, 1953)에 의하면 autos는 크게 다섯 분야에서 23가지 뜻을 가지고 있다.

32) *Iliad*, 1.3. "디오메데스는 그 자신과 마침 그의 전차를 몰던 시종 칼레시오스의 목숨을 빼앗았고 (……)" (*Iliad*, 6.18). "나는 강력한 헤라클레스를 보았소. 물론 그것은 그의 환영에 불과하지요. 그 자신은 불사신들 사이에서 주연을 즐기고 있고 (……)"(Homeros, *Odyssey*, 11.602)에서도 같은 의미로 쓰인다.

33) *Iliad*, 17.254. "그러잖아도 애쓰는 나를 왜 또 격려하시오?"(*Iliad*, 8.293)에서도 같은 의미로 쓰인다.

34) *Ibid*., 8.99.

35) *Ibid*., 9.194.

36) *Odyssey*, 7.73.

37) *Ibid*., 2.194.

의 의미와는 거리가 있다. Autos의 철학적 의미라 할 수 있는 '스스로의 정신적 능력을 발휘하는 개체로서의 autos', 다시 말해 '딴것과 떨어져 홀로 자동적으로나 본질적으로서의 autos'는 호메로스에게서 발견되지 않는다. 호메로스의 이런 생각은 플라톤과 뚜렷하게 비교된다.

플라톤은 하나의 실재를 상정함으로써 윤리적 행위의 기준, 인식의 대상, 사물들의 존재 근거 등 다양한 영역에서 제기되는 갖가지 요구들에 부응하려고 한다. 따라서 그의 이데아는 단일하며 불변하고 자기 원인적이며 자기 동일적이다. 이런 특징은 자체성(auto to)[38]으로 기술되는데 그것은 시간과 공간을 비롯해 여타 관계나 조건에 전혀 구애됨이 없이 보편자가 독립하여 실재한다는 것이다.[39]

자체적임은 그것이 존재하기 위해 바깥에서의 aitia를 필요로 하는 것이 아니라 그 스스로가 aitia임을 언명한다. 영원히 있음은 과거, 현재, 미래를 통해 계속 있음을 의미한다. 계속 있음은 변화를 인정하지 않으므로, 왜냐하면 변화는 필연적으로 생성과 소멸을 불러일으키므로, 자기 동일적이어야 하며, 또한 변화가 없기 위해서는 그것이 어떤 aitia에 종속되어서는 안 되고 그 자체가 aitia여야 하므로 자체적이어야 한다. 따라서 to on은 자기 동일적이고 자체적이며 영원히 존재해

---

38) 플라톤은 여러 곳에서 자체성을 사용한다. *Euthyphron* 6d~e에서 플라톤은 "많은 성스러운 사례들 가운데 어떤 한두 가지를 제시하라는 게 아니라, 그것으로 해서 모든 경건한 사례들이 경건할 수 있는 바로 그 eidos 자체"라고 적고 있다. *Phaidon* 100b에서는 "나는 뭇사람들의 입에 자주 오르내리고 있는 저 유명한 낱말들을 다시 써서 아름다움 자체, 좋음 자체, 큼 자체 등이 있다는 가정에서 출발하겠다"라고 말한다. 이 두 부분의 자체성 설명은 플라톤 이데아의 특징을 명확하게 드러내고 있다.

39) 이에 반해 감각 세계에 있는, 생겨났다가 사라지는 것들은 복잡하며 가변적이고 외부 원인적이며 타자 의존적이다. 외부 원인적이라 함은 보편자의 자기 원인성과 대비되는 것이며, 타자 의존적이라 함은 보편자의 자기 동일성을 지향하는 것을 일컫는다. 이럼으로써 플라톤은 보편자의 세계와 현상의 세계라는 이원론적 세계관을 구성하는데, 그의 철학의 무게중심은 보편자 세계로 기울어져 있다. 그의 관심은 보편자가 어떻게 있으며, 보편자가 어떻게 개별적 사물들과 관계를 맺고 있는가에 있다. 따라서 플라톤의 철학은 보편자가 있음을 증명하는 것과 보편자를 어떻게 설명할 것이냐는 두 가지 주제로 이루어져 있다.

야 한다. 그것은 to on이 현상계와는 독립하여 현상계에 구애받지 않고 실제로 존재하는 것임을 의미한다.

형상의 자기 동일성과 관련해서 플라톤은 '늘 동일하고(tauta) 불변인(hosautos)'[40]이라고 적거나 '영원히 자체적인(to auto)'[41]이라고 적고 있다. 플라톤은 감각적인 개별 사물을 언급할 때는 이런 표현을 사용하지 않는다. 그는 개별 사물에 대해서는 '늘 동일한 것'과 반대되는 것으로 설정한다. 형상들이 늘 자기 동일적(자체적)이라는 주장은 형상의 영원성으로부터 필연적으로 나온다. 이에 반해 호메로스의 autos는 동일하다거나 불변이라는 의미로 사용되지 않는다. 호메로스는 개별 인간들에 대해 autos라는 개념을 사용한다. 그 autos는 플라톤의 영혼처럼 특화되지 않은 보편적인 것이 아니라 어디까지나 개체성이다. 이를 두고 스넬은 호메로스는 인간의 참된 스스로의 결단을 아직 알지 못하며,[42] 호메로스의 작품에는 '자아'에 해당하는 말이 없다[43]고 했는데, 자아라는 말이 없음은 autos의 주인이 그 자신이 아님을 함축한다.

4. 신체적 기관으로서의 psyche, thymos, nous

지금까지 살펴본 개념들은 자유의 상태, 자유의 행위, 자유로운 상태의 개인 등의 모습을 보여 준다. 그러나 이 개념들에는 자유로운

---

40) *Phaidon*, 78c.

41) *Symposion*, 208a - b. 또 *Timaios* 28a과 48e에서는 'aei kata tauta on'라고 적고 있다.

42) B. Snell, *The Discovery of the Mind: The Greek Origins of European Thought*, New York, Harper & Row, 1960(김재홍 역, 『정신의 발견』, 까치, 1994, 49쪽). 스넬은 호메로스가 인간의 참된 스스로의 결단을 아직 알지 못한다고 말한다. 이하 이 책에 대한 각주는 모두 번역본의 페이지를 기록한다.

43) *Ibid.*, 52쪽.

행위를 수행하는 실체가 드러나 있지 않다. Autos는 예외적이지만 다른 개념들은 수동적 상태일 뿐이다. 그렇다면 호메로스에게서 영웅들로 하여금 행동하도록 충동하는 몸의 기관 또는 외부 세계를 지각하는 기관은 어디인가를 살필 필요가 있다. 호메로스의 작품에서 그런 역할을 하는 개념들은 psyche, thymos, nous 등인데,[44] 이것들은 모두 인간의 혼의 영역을 차지하는 개념들이다.

Psyche는 호메로스 시대 이래로 그리스의 시인과 작가, 그리고 철학자들에 의해 빈번하게 쓰인 개념이다. 아마도 호메로스 시대 이전의 psyche는 호메로스의 작품들에 그대로 전수되었을 것으로 판단되는데, 호메로스에게서 psyche는 이후의 철학자들의 지식과는 달리 매우 한정적인 의미만 있다.

호메로스에게 psyche는 인간에게 생기를 주는 한에서의, 곧 인간을 살아 있게 해 주는 단순한 신체기관으로서의 혼이다. 그것은 이성의 근거로서의 psyche가 아니라 생명의 근거로서의 psyche이다. 왜냐하면 호메로스에게서 psyche는 단지 인간이 죽음의 순간에 직면했을 때만 묘사되기 때문이다. 호메로스는 말하기를 "psyche는 인간이 죽거나 실신할 때 인간을 떠난다"[45]고 하는데 psyche에 대한 이런 설명은 여러 곳에서 보인다. 아킬레우스가 헥토르를 죽이는 장면은 "죽음이 닥쳤을 때 헥토르의 psyche가 그의 몸을 떠나 하데스의 집으로 갔다"[46]고

---

44) 이 밖에 phren, phrenes도 사용되었는데, 이 단어들은 원래 횡격막을 가리켰다. 이 말은 두려움, 기쁨, 용기 등을 가리키는 정동 장소로서의 횡격막을 지칭했다. 그리고 지각, 분별력, 사고를 의미하는 정신적 기능을 부수적으로 지칭했다. 호메로스 시대에 이 말은 미분화된 정신적 활동을 의미했는데, 곧 인간의 두려움이나 기쁨 · 용기와 같은 감성적 기능과, 지각 · 분별력 · 사고 같은 이성적 기능이 횡격막에 의존한다고 본 것이다. 이 말은 후에 phronein으로 변화돼 '생각하다', '이해하다' 등의 의미로 사용되었으며, 이성과 감성이 종합된 판단력인 phronesis라는 추상명사로 등장했다.

45) *Iliad*, 5.696.

46) *Ibid.*, 22.361.

묘사된다. "인간이 싸움에 직면해서 자신의 psyche를 내걸고"[47] "나의 psyche를 위해 싸우며"[48]에 나타나는 psyche는 생명의 호흡, 곧 목숨을 말한다. "그가 단지 하나의 psyche만을 가질 수밖에 없어서 죽어야만 할 운명에 처해 있다"라고 말할 때 psyche는 하나뿐인 목숨을 가리킨다. "나의 psyche를 구하고자 한다"[49]에 나타나는 의미는 죽음이 오면서 인간을 떠나는 혼이다. 이때 psyche는 입에서 뱉어지거나 상처 등을 통해 빠져나가 하데스로 향한다.[50]

호메로스의 psyche는 인간이 살아 있을 때 정신적 기능을 하는 것이 없다. 스넬은 호메로스가 사용하는 psyche는 이후에 들어 그 말에 부과된 생각한다거나 감각하는 영혼이 아니며, 또한 그것은 인간들 상호 간에 영혼적으로 교감함으로써 서로의 유대를 맺어 준다는 의미에서의 영혼도 아니라고 설명한다.[51] 따라서 호메로스의 psyche는 플라톤이 사용하는 영혼으로서의 psyche와는 상당한 차이가 있다. 사실 플라톤 이후의 영혼론이 직면하는 딜레마는 근본적으로 다른 두 구성 요소들인 신체와 비물질적 영혼이 어떻게 소통을 할 수 있는가라는 문제였다. 더욱이 신체를 운동하도록 하는 것이 비물질적인 영혼인데, 그렇다면 비물질이 어떻게 물질인 신체를 운동하도록 만드는

---

47) *Odyssey*, 3.74, 9.255.

48) *Ibid.*, 22.245.

49) *Ibid.*, 9.423.

50) *Ibid.*, 11.218.

51) 스넬(B. Snell), 앞의 책, 28~29쪽. 한편 『구약성경』에서의 '혼'(또는 영혼·영)은 불멸의 영혼을 의미하지 않는다. 오히려 그것은 본질적으로 생의 원리 또는 살아 있는 존재, 즉 욕망과 감정을 지닌, 그리고 때로는 의지까지도 지닌 주체로서의 자아를 의미한다. 『신약성경』에서의 psyche는 『구약성경』에서의 nephesh에 상응하지만 많이 나오지는 않는다. 그러나 'psyche'라는 단어는 '생명'을 의미하는 옛 희랍어 용법을 계속 잇고 있다. 바오로는 새로운 심리학적 특성들을 표현하기 위하여 때때로 soma와 pneuma라는 단어들을 사용하기를 더 좋아한다. 한두 번 그는 psyche라는 말을 낮게 평가하기도 한다.

가의 문제는 규명될 수 없는 것이었다. 이에 반해 호메로스에서 psyche는 비물질이라고 주장되지 않는다. 특히 호메로스의 psyche는 플라톤과는 달리 인식 능력과는 관련이 없다. 그것은 살아 있는 몸에 들어 있다가 죽으면 빠져나가 하데스로 향하는 단순한 생명이다. 그런데 호메로스의 psyche가 이렇게 설명되는 한 그것은 인간 행위의 주체가 되지 못한다. 따라서 psyche에 인간의 행위와 관련된 자유(의지)가 들어 있다고 말할 수 없다.

1) Emotion의 기관으로서의 thymos

호메로스의 작품에서 psyche가 81회 사용된 데 반해, thymos는 757회 쓰였다. 이 사실은 호메로스의 작품에서 psyche보다는 thymos가 더욱 중요한 개념임을 뜻한다. thymos도 호메로스에게서 영혼·혼이라는 뜻으로 사용되나, 때로 그것은 생명을 가리키기도 하며 한편으로는 욕망이나 욕구를 가리키기도 한다. 호메로스의 작품에 쓰인 thymos들을 뜻으로 분류하면 다음과 같다.

> 첫째, "디오메데스는 두 thymos를 빼앗았다"[52]에서처럼 목숨 또는 생명으로서의 thymos가 있다.
> 둘째, "그들이 애쓰니 thymos는 노고와 땀에 지쳐 버린다"[53]에 쓰인 혼으로서의 thymos가 있다. 이때 혼은 '혼이 나갔다', '혼이 빠졌다'라고 말하는 혼이다.
> 셋째, "그대는 thymos가 내킬 때면 언제든 마실 수 있었소"[54]에서

---

52) *Iliad*, 6.17. "먼저 아레스가 그의 thymos를 빼앗기를 열망하며 (……)"(*Iliad*, 6.852), "이제 디오메네스가 이들을 둘 다 죽여 소중한 thymos를 빼앗고 (……)"(*Iliad*, 6.155), "머지않아 교만 때문에 그는 자신의 목숨을 잃게 될 것입니다"(*Iliad*, 1.205), "먼지 속에 쓰러졌고 thymos가 녀석에게서 날아가 버렸소"(*Odyssey*, 10.163) 등에서 쓰인 thymos도 생명 또는 목숨의 뜻을 가진다.

53) *Iliad*, 17.744. "그러나 나의 대원들은 우리 자신의 잘못으로 힘들게 노를 젓느라고 thymos가 지쳐 있었소."(*Odyssey*, 10.78)

쓰인 욕망이나 기분으로서의 thymos가 있다.

넷째, 마음먹기나 의지로서의 thymos이다. "안심해라. 트리토게네이
아여, 사랑하는 딸이여, 내 thymos가 그렇게 말한 것은 아니
며, (……)"55)에서처럼 마음먹기나 의지로서의 thymos가 있다.

다섯째, 정신이나 용기로서의 thymos이다. "꼭 그처럼 아킬레우스
는 자신의 thymos와 씩씩한 기상에 격려돼 (……)"56)에서
쓰인 thymos는 일상 언어에서의 인간이 지닌 정신적·심리
적 상태 또는 고취된 용기의 상태를 뜻한다.

여섯째, 분노의 상태로서의 thymos이다. "그는 예쁜 허리띠를 맨 여
인을 그들이 그의 뜻을 거슬러 억지로 빼앗아 간 데 대해
thymos를 마음속에 가지고 있었다"57)에서처럼 분노의 뜻을
가지고 있다.

일곱째, "자기 친오라버니이자 시아주버님임을 금방 알고는 thymos
가 흐뭇했다"58)에서는 감정의 상태로서 thymos가 사용됐다.

여덟째, "그가 마음속으로 이런 일들에 대해 곰곰이 thymos를 가지
며 칼집에서 큰 칼을 빼고 있는 동안 하늘에서 아테네가
내려왔다"59)에서 쓰였듯이 생각하고 갈등하는 것으로서의
thymos가 있다.

---

54) Ibid., 4.263. "그는 먹을 것과 마실 것으로 thymos를 즐겁게 하고 나서(……)"(Odyssey, 17.603), "내 가
슴속 thymos가 명령하는 바를 말하고자 하니 그대들은 내 말을 들으시오"(Iliad, 7.68), "그대의
thymos가 정 그렇다면 제발 도망가시오"(Iliad, 1.173), "배를 뭍에다 대 놓고는 뱃사공늬의 thymos가
재촉하고 순풍이 불기 시작할 때까지" (Odyssey, 9.139) 등에서 쓰인 thymos도 같은 의미이다.

55) Iliad, 8.39. "횡격막이 간을 싸고 있는 가슴 부위를 손으로 더듬어서 그 자를 찌를까 하고 말이오.
그러나 다른 thymos가 나를 제지했소"(Odyssey, 9.301)에서 쓰인 thymos도 마음이나 의지의 뜻이다.

56) Iliad, 20.174. "그대들이 처음 울퉁불퉁한 이타케의 고향 땅을 떠날 때와도 같은 thymos를 가슴속에
느낄 때까지 말이에요"(Odyssey, 10.461)에서 쓰인 thymos도 심리상태를 나타낸다.

57) Iliad, 1.429. "그러니 모두 자진하여 오시오. 마음속에 thymos를 가지시오"(Iliad, 17. 254)에서도
thymos는 분노를 가리킨다.

58) Iliad, 14.156. "그들은 마치 자신들이 태어나 자란 울퉁불퉁한 이타케의 고향 도시에 닿기라도 한
것 같은 thymos가 들었던 것이죠"(Odyssey, 10.415)에서 쓰인 thymos도 기분을 나타낸다.

59) Iliad, 1.193. 파리스의 화살에 맞은 디오메네스가 모든 그리스 병사들이 도망간 뒤 잠깐 생각하면서
"왜 내 thymos는 나와 이런 대화를 하는 것일까?"(Iliad, 11.407)라고 고민하는 데에 쓰인 thymos도 생
각하는 thymos인데, 이 thymos는 갈등한다. 트로이군에 포위되어 위기에 처한 오디세우스는 스스로
에게 묻고 답을 구한다. "오디세우스는 자신의 thymos에게 이렇게 말했다. 겁을 집어먹고 도망가는
것은 큰 악이고 적에게 붙잡히는 것은 더 이롭지 않다." 그리고 "어쩌자고 내 thymos는 나에게 이
런 말을 건네는가?"라고 묻는다. 이에 반해 "제우스는 그들을 계속해서 주시하며 마음속으로 파트
로클로스의 죽음에 관해 여러 가지로 thymos를 가지고 있었다"(Iliad, 16.646)에서 쓰인 thymos도 생
각하는 것인데, 이때 제우스의 thymos는 디오메네스의 thymos와는 달리 갈등하지 않는다고 보아야
한다. 곧 제우스의 thymos는 심사숙고의 측면이 있는 것이다.

아홉째, 메넬라오스가 그의 형 아가멤논이 소집한 회의에 참석하도록 요청받지 않았는데도 참석한 까닭은 "형이 얼마나 수고하는지를 그의 thymos 가운데서 알고 있었기 때문"[60]에서 쓰였듯이 앎으로서의 thymos가 있다.

Thymos에서 가장 중요한 의미는 먼저 기쁨·호의·애정·동정·분노 등 인간이 가지는 희로애락이 일어난다는 것이다. 브레머가 지적하듯 "thymos는 운동과 감정을 불러일으키는 감성의 샘"이다.[61] 동시에 thymos는 인간에게 활동하도록 한다. 이 두 부분이 thymos의 쓰임에서 가장 중요한 두 가지인데, 곧 thymos는 (1) 인간에게 기쁨·호의·애정·동정·분노 등을 불러일으키며, (2) 나아가 무엇인가를 하도록 고취시킨다. 위의 용례 다섯 번째에서 제시되었듯이 thymos는 인간의 용기를 고취시킨다. 또는 여섯 번째 용례에서처럼 thymos는 인간의 분노를 고취시킨다. 그리고 이렇게 고취된 감정은 인간으로 하여금 행동하도록 충동하는 것이다. 그래서 아킬레우스가 자신의 용감한 thymos에 고취돼 아이네이아스와 맞서 싸우러 나가는 것이다. 이렇게 볼 때 thymos의 가장 큰 특징 가운데 하나는 수동의 상태라는 점이다. 이 부분에 대해서는 뒤에 aitia와 함께 설명하겠다.

한편 여덟 번째와 아홉 번째 쓰임의 thymos는 능동의 상태이다. Thymos가 능동의 상태로 쓰일 때는 생각함이나 앎을 동반한다. 이런 경우 때때로 thymos는 갈등한다. 디오메네스가 "왜 내 thymos는 나와 이런 대화를 하는 것일까?"라고 혼자 중얼거릴 때 그것은 갈등의 상태이다. 그러나 이렇게 thymos가 갈등하고 또 심사숙고한다고 해서 갈

---

60) *Iliad*, 2.409.

61) J. N. Bremmer, *The Early Greek Conception of Soul*, Princeton, Princeton University Press, 1983, pp.54–55.

등과 심사숙고의 결론을 전적으로 자기 자신으로부터 찾는 것은 아니다. 따라서 thymos가 심사숙고하는 것은 전적으로 능동의 상태라고 볼 수 없다(이 부분에 대해서도 aitia를 설명할 때 언급하겠다).

또한 thymos를 두고 사유로서의 마음이라고 할 때 '곰곰이 생각하고', '심사숙고'하는 것을 들어 thymos가 능동적인 사유 작용을 한다고 판단한다면 그것은 오해일 것이다. 왜냐하면 호메로스의 영웅들이 하는 thymos는 명료한 인식에 근거를 둔 episteme가 아니라 본능에 근거한 것이기 때문이다. 플라톤은 인간의 사유를 인식의 영역에 두었으나, 호메로스에게서 thymos는 감정을 매개로 한 사유이다.

Thymos의 첫 번째 의미에서 보았듯이 thymos도 영혼처럼 인간의 죽음과 함께 몸에서 빠져나간다. 영혼이 몸으로부터 빠져나와 하데스로 가듯이[62] thymos도 몸으로부터 떠난다.[63] 그러나 thymos가 psyche와 다른 점은 psyche가 인간의 죽음을 결정짓는 데 쓰이는 반면에 thymos는 인간의 삶과 행동을 결정짓는 데 쓰인다는 것이다. 이런 까닭에 호메로스의 작품에서 thymos는 psyche보다 더욱 다양하게 많이 쓰인다. 콘포드에 따르면 호메로스의 혼은 죽은 자의 영혼인 eidolon과 피에 들어 있는 thymos 두 종류로 구분된다.[64] Thymos는 피를 운반체로 가지며 힘과 운동의 원리로서의 혼이다. 따라서 삶의 영역을 규정하는 thymos, 죽음에 직면해 육체를 떠나는 psyche, 그리고 죽은 자의 영혼인 eidolon으로 구분할 수 있다. 호메로스에게서 이렇게 세분되는 삶과 죽음의 경계는 그러나 플라톤에 이르러 psyche로 단일화된다.

---

62) *Iliad*, 16.856.

63) *Ibid.*, 3.671.

64) F. M. Cornford, *From Religion to Philosophy: A Study in the Origins of Western Speculation*, New York, Harper & Row Publishers, 1957, p.64.

2) 본능적 앎으로서의 nous

호메로스의 작품에서 쓰인 nous[65]의 중요한 의미는 다음과 같다. 첫째, "그러나 그는 사실을 말하지 않고 하려던 말을 취소했으니 그의 가슴속 nous는 언제나 매우 영리했던 것이다"[66]에서 쓰인 대로 지각하거나 사고하는 데 사용되는 마음을 뜻한다. 이때 쓰인 nous는 이성적 능력으로서의 능력이 아니라 우리의 가슴에 있는 마음을 가리킨다. 이때 nous는 이성으로써 사고하는 것이 아니라 마음으로써 사고한다.

둘째, 감정과 결정에 개입하는 마음을 가리킨다. "내 아들아 왜 울고 있느냐? 네 nous 속에 무슨 슬픔이 생겼느냐?"[67]에서처럼 감정과 결정에 개입하는 마음을 가리킨다.

셋째, 계획이나 생각을 가리킨다. "그러니 우리에게는 접전에서 팔과 힘을 섞는 것보다 더 나은 nous나 계략은 있을 수 없소"[68]에서 쓰인 nous는 계획이나 생각을 가리킨다.

넷째, "그렇게 노인은 서약했건만, 그대의 nous는 그분의 뜻을 이루어 주지 않았소"[69]에서 쓰인 nous는 결심 또는 결의를 나타낸다.

Thymos와 psyche가 명확하게 대조적이었던 반면에 thymos와 nous는 그처럼 뚜렷하게 그어질 수 없다고 스넬은 말한다.[70] 앞에서 언급했

---

65) Nous는 호메로스의 작품에서 모두 155회 쓰였다.

66) *Odyssey*, 13.254. "그러나 제우스의 현명한 nous가 이를 알아차리고 헥토르를 보호하고 텔라몬의 아들 테우크로스에게서 명성을 빼앗았으니 (……)"(*Iliad*, 15.461), "그녀에게 대지를 흔드는 포세이돈이 대답했다. '헤라여, 그렇게 nous 없이 화내지 마시오"(*Iliad*, 20.132), "시녀들과 오디세이가 걸어서 따라올 수 있도록 그녀의 nous는 노새를 조심스럽게 몰았고 채찍도 신중하게 사용했다"(*Odyssey*, 6.319)에 쓰인 nous들도 같은 뜻이다.

67) *Iliad*, 1.363. "그대는 가슴속에 마법에 걸리지 않는 nous를 갖고 있는 것 같네요"(*Odyssey*, 10.329)의 nous도 같은 뜻이다.

68) *Iliad*, 15.509. "오디세우스가 돌아와서 그자들에게 복수한다는 nous는 너 자신이 생각해 내지 않았더냐?"(*Odyssey*, 5.23)

69) *Iliad*, 23.149.

듯이 thymos가 운동과 감정을 불러일으키는 정신적−심적 기관이고, nous가 표상을 받아들이는 기관이라고 한다면, nous는 지적인 내용을 포괄하고 thymos는 감성적인 내용을 포괄한다고 말할 수 있다. 그러나 스넬은 thymos와 nous가 여러 면에서 교차한다고 말한다. 우리가 생각한다고 할 때 생각의 기관은 머리일 수도 있고 가슴일 수도 있다. 이때 nous는 머리로 생각하는 것이고 thymos는 가슴으로 생각하는 것이다. 그러나 이 경우 nous와 thymos는 생각이라는 것을 공유하고 있다. "아가멤논이 그의 nous에서 기뻐했다"[71]고 할 때 사실 이는 thymos에서 기뻐해야 하나 호메로스는 nous에서 기뻐했다고 적었다. 스넬은 이를 두고 뛰어난 영웅들이 서로 싸우면 트로이가 공략될 것이라는 것을 생각했기 때문에 nous에서 기뻐한 것이라고 설명한다. 이와 반대로 앞에서도 설명했듯이 thymos가 생각하는 경우도 있다. 메넬라오스가 자기 형인 아가멤논이 얼마나 수고하고 있는가를 그의 thymos에서 알았다는 대목이 그렇다. 이때 메넬라오스가 안 것은 본능으로써 안 것이므로 thymos에서 안 것이 된다.

주지하다시피 nous는 noein으로부터 왔다. Noein은 '통찰하다', '통관하다', '보다'를 뜻하는데, 그것은 단순히 보는 것이다. 이 점에서 noein은, 이보다 아주 미세하게나마 정신적 인지 행위 쪽으로 더 기울어져 있는 idein과 구분된다. Idein은 순수하게 보는 것에 더해 '보는 행위'의 반응으로서의 정신적 인지 행위를 함축한다.[72] "다른 자들은 모두 성벽 안에 있는데, 너만은 나를 보자 나를 구해 주려고 감히 성

70) 스넬(B. Snell), 앞의 책, 35쪽.

71) *Odyssey*, 8.78.

72) 호메로스에게서 noein은 140번 등장하며 idein은 456회 등장한다.

벽 밖으로 나왔으니 말이다"[73]나 "헥토르는 대오 속에 있는 그들을 보고 (……)"[74]에서보다는 단순히 보는 행위로서 본능적인 행위가 수반된다. 이에 반해 "그들은 그가 살아서 건강하고 용기에 넘치는 모습으로 돌아온 것을 보고 모두 기뻐했다",[75] "가까이 있는 이를 보고 이렇게 말하는 신들도 더러 있었다"[76]에서 idein은 noein보다는 미세하게나마 좀 더 판단을 요구한다.

호메로스에게서 지식은 단순히 지성의 작업이라고 부를 수 있는 것이 아니다. 호메로스의 영웅들의 행동은 자주 '알다'(oida)라는 단어나 또는 그와 유사한 단어들로 서술된다. 예를 들어 텔레마코스는 자신의 어머니에게 자기가 충분히 성장해서 이제는 혼자서도 제대로 행동할 수 있다는 뜻에서 이렇게 말한다. "그런데 저는 좋은 것과 나쁜 것을 각각 가슴으로 이해하고 압니다." 이때 noein이나 oida는 어떤 사실에 대한 객관적 지식이 아니다. 아폴론 신이 아킬레우스를 비난하는 데서도 마찬가지이다. "아킬레우스는 마치 사자처럼 사나운 것을 안다(oiden)." 호메로스가 여기서 oida라는 단어를 사용하는 목적은 우리가 흔히 사용하는 지식이라는 의미에서가 아니라, 오히려 텔레마코스의 합리적으로 행동할 수 있는 능력과 아킬레우스가 실제로 거칠게 행동하는 것을 표현하기 위한 것이다.

그렇다면 nous는 thymos와 달리 외적인 도움이 없이 자신의 능력을 수행하는가? Nous와 thymos에 의해 포괄되는 의미는 우리가 말하는

---

73) *Iliad*, 22.237.

74) *Ibid.*, 5.590.

75) *Ibid.*, 5.515.

76) *Odyssey*, 8.328.

정신, 영혼, 오성에 의해 충분하게 설명되지 않는다. Thymos, nous, psyche 는 분리된 기관이며 각각은 그 나름의 고유한 기능을 갖고 있다.[77] 호메로스에게서 psyche는 육체적인 것과 분리되지 않으며, 또한 psyche의 독자적이고 고유한 영역을 나타내지도 않는다. 플라톤은 nous를 두고 영혼의 눈[78]이라고 묘사하나 호메로스에게서 nous는 우리 몸에 있는 하나의 기관일 뿐이다. 따라서 호메로스의 nous는 autonomy 를 가지지 못한다. 이렇게 볼 때 플라톤 시대에 영혼으로 해석되는 것이 호메로스에게서는 인간 안에 있는 세 개의 실재물이며, 그것들 각각은 신체의 각 기관의 유비에 의해 정의된다.[79]

3) 자유의 결여로서의 thymos와 nous

자아라는 말을 포괄적으로 가리키는 단어들은 psyche, thymos, nous 등인데, 이 말들은 각기 나름대로의 기능을 수행하는 상이한 기관들 이다. 따라서 호메로스의 인간은 이런 상이한 기관의 결합체이다. 스넬에 따르면 호메로스의 인간에게는 이 기능들을 총괄하는 원리로서의 자아란 보이지 않고 이 자아의 역할을 하는 이가 신인 것이다.

호메로스 시대에는 인간의 행위와 결단에 관련된 인식이 인간의 고유한 자발성에 따라 이루어진다고 생각하지 않았다. 호메로스에게서 신체적이고 정신적인 힘의 증대는 외부로부터의 신성을 통해 생긴다. 인간으로 하여금 행위를 하도록 하는 힘의 원천은 늘 신으로부터 주어지며 인간 스스로의 참된 결단은 아직 존재하지 않는다. 따라

---

77) 스넬(B. Snell), 앞의 책, 35쪽.

78) *Symposion*, 219a; *Politeia*, 533d; *Sophistes*, 354a.

79) 스넬(B. Snell), 앞의 책, 43쪽.

서 인물들이 심사숙고하는 장면에서조차 신들의 개입이 중요한 역할을 한다.[80] 호메로스의 작품에는 늘 신들의 천상 세계와 인간의 지상 세계 이야기가 병존한다. 지상의 모든 사태는 신들 사이의 협의에 의해 결정된다.

스넬은 호메로스의 작품에서 자아에 해당하는 단어가 없다는 데에 착안해 호메로스적 인간에서 스스로의 자유에 따라 결단하는 행위는 없다고 주장한다.[81] 곧 자아를 가리키는 단어가 없다는 것은 결단이나 선택의 행위를 나타내는 말이 없다는 것을 수반하며, 따라서 결론적으로 그들은 스스로의 결단이나 개인적 자유에 대한 그 어떤 의식도 가지고 있지 못하다는 주장이 자연스럽게 추론된다.

도즈는 "호메로스적 인간들은 의지의 개념을 갖고 있지 않았고 그에 따라 자유의지와 같은 개념을 소유할 수 없었다"라고 말한다.[82] 이런 맥락에서 도즈는 그들에게 결정론자냐 비결정론자냐고 묻는 것은 바람직하지 않으며 시대착오적인 발상이라고 지적한다. 그들에게는 그런 질문이 일어나지도 않았으며 만일 그들에게 그런 질문을 제기한다면 그것이 무슨 뜻인지 알지 못했을 것이라고 단언한다.[83]

호메로스의 영웅들에게 선택할 수 있는 자유가 없다면 그들에게는

---

80) 호메로스의 『일리아스』에서의 10년 전쟁의 발단은 신으로부터 시작된다. 『일리아스』는 아폴론 신이 역병을 보내는 것으로 시작한다. 아가멤논은, 아폴론의 분노를 가라앉히기 위해, 크리세스의 딸 크리세이스를 되돌려 주기를 권고받는다. 크리세이스를 돌려주는 대가로 그가 아킬레우스의 전쟁 포로 노예 여인인 브리세이스를 데려갔기 때문에 아킬레우스의 분노가 폭발한다. 『오디세이』에서도 신의 개입이 사건의 발단이 된다. 신들이 회의를 열고 오디세우스의 귀국을 결의한다. 『오디세이』에서는 아테네 여신의 도움을 받아 오디세우스가 그의 처의 구혼자들을 죽일 때까지 신들의 간섭이 계속된다.

81) 스넬(B. Snell), 앞의 책, 37쪽. 호메로스의 작품에 ego라는 단어가 등장하지만, 그것은 자아를 의미한다기보다는 주어 또는 목적어를 의미하는 것으로 보아야 한다.

82) E. R. Dodds, *The Greek and the Irrational*, Los Angeles, California University, 1951, p.20.

83) *Ibid.*, p.7.

자신들의 의도에 따른 자발적 결단은 없을 것이다. 호메로스에게 인간 정신의 자발성이라는 의식, 곧 인간 스스로의 의지 결단이나 일반적으로 감정의 움직임의 근원이 있다는 의식은 결여되어 있다. 서사시의 사건에 적합한 것은 동시에 인간의 지각, 사고, 의욕에 대해서도 마찬가지로 적합하다. 이것들은 그 발단을 신들에 두고 있다.[84] 호메로스의 인간들은 의지와 행동 사이에 어떤 갈등을 느끼는 일이 없으며, 또한 그의 의지 속에는 이미 행동이 포함돼 있다.

그러나 호메로스의 영웅들은 비록 행위의 주체는 아닐지라도 자신의 행위를 정당화하고 행위를 설명하는 분별력을 지니고 있었다고 보아야 한다. 아가멤논이 "하나 그 책임은 나에게 있지 않고 제우스와 운명의 여신과 어둠 속을 헤매는 복수의 여신에게 있소이다"[85]라고 말할 때, 이는 자신 행위의 선택과 결단의 근거가 바깥의 힘에 있음을 말하면서도 한편으로는 그 행위의 결단에 행위자의 역할도 주어짐을 함축한다.

5. 영웅들의 행위에 대한 책임으로서의 신의 aitia

앞에서 살펴보았듯이 호메로스에게서 자유의 주체로 기능할 만한 기관들인 psyche, thymos, nous, autos 등은 모두 스스로의 의지에 따라 행동할 수 없음이 밝혀졌다. 그렇다면 영웅들의 행위는 누가 명령하고 또 영웅들의 행위에 대해서는 누가 책임을 져야 할 것인가? 이에

---

84) 스넬(B. Snell), 앞의 책, 62쪽.

85) *Iliad*, 19.86.

대한 해답으로서 호메로스의 작품에 쓰인 aitia를 주목하고 그것이 어디서 오는 것인지를 살피겠다. 호메로스의 작품에서 aitia는 모두 열다섯 문장에서 쓰였는데, 열다섯 문장 모두를 예시하겠다.

"토아스여, 내가 알기로는 지금 aitia를 받아야 할 사람은 아무도 없소이다."[86]
"하나 그 aitia는 나에게 있지 않고 제우스와 운명의 여신과 어둠 속을 헤매는 복수의 여신에게 있소이다."[87]
"아버지, 이것은 다른 사람의 aitia가 아니라 제 aitia예요."[88]
"가인들에겐 아무 aitia가 없어요. Aitia가 있다면 제우스에게 있겠지요."[89]
"그것은 다른 누구의 aitia가 아니라 제우스의 aitia요. 그분께서는 고생하는 인간들 각자에게 마음 내키는 대로 베푸시니까요."[90]
"아트레우스의 아들인 영웅 아가멤논이 준족인 펠레우스의 아들을 모욕하여 이 모든 불행의 aitia였음이 틀림없는 사실이라 해도 (……)."[91]
"그분은 용맹무쌍한 트로이 인들과 아카이아 인들 곁을 지체 없이 떠나 올림포스에 와서는 큰 소란을 피우며 aitia가 있든 없든 우리를 차례차례 붙잡으실 테니 말이에요."[92]
"하늘의 신들 가운데 어느 누구도, 거짓말로 나를 속이신 나의 어머니만큼 aitia를 가지지는 않았습니다."[93]
"그자는 잘생기고 다리가 곧으나 나로 말하면 허약하게 태어났기 때문이지요. 그 aitia는 다른 이가 아니라 내 부모님께 있지요."[94]

---

86) *Ibid.*, 13.222.

87) *Ibid.*, 19.86.

88) *Odyssey*, 22.154.

89) *Ibid.*, 1.347.

90) *Ibid.*, 11.558. "그분께서 창수(槍手)들인 다나오스인들의 군대를 끔찍이도 미워하시어 그대에게 그런 운명을 지우셨기 때문이오."

91) *Iliad*, 13.111.

92) *Ibid.*, 15.135.

93) *Ibid.*, 21.275.

94) *Odyssey*, 8.310.

"너에게는 aitia가 없다. 아카이아 인들의 이 피눈물 나는 전쟁을 내게 보내 준 신들에게 aitia가 있는 것이다."[95]

"나는 트로이 인들을 돕는 다른 자들처럼 aitia를 저지르지는 않았소."[96]

"그러나 이 모든 것에 aitia가 있는 사람은 이미 죽어 누워 있소. 안티노오스 말이오."[97]

"Aitia는 아카이아 인들의 구혼자들에게 있지 않고 그대의 사랑하는 어머니에게 있소."[98]

"하지만 그 aitia는 우리에게 있지 않고 위대한 신과 강력한 운명에게 있소이다."[99]

"트로이의 장수들은 내게 아무런 aitia도 저지르지 않았으니 말이오."[100]

아리스토텔레스는 자연을 인식하는 네 원인, 질료인, 형상인, 운동인, 목적인을 말하는데 이때 원인은 'aitia'이다. Aitia는 자연에 대한 공격 방식이다. 은으로 만들어진 잔이 제기로 쓰이게 되는 사태에 대해 은은 질료인으로서, 잔은 형상인으로서, 그리고 제사는 목적인으로서 능동인인 은장이에 의해 함께 책임을 진다. 은장이는 책임짐의 세 가지 방식들을 숙고하여 한 군데에 모음(legein, logos)으로써 비로소 하나의 은잔을 앞에 내보임(apophainesthai)에 대해 책임을 진다. 이와 같이 하나의 은잔을 만들 때 네 가지 것들의 책임짐이 어우러져 비로소 은잔은 앞에 놓여 그 자체로 있게 된다(hypokeisthai).

그러나 aitia는 이보다 더 원초적인 뜻을 가지고 있다. 호메로스의

---

95) *Iliad*, 3.164.

96) *Ibid.*, 21.370.

97) *Odyssey*, 22.48.

98) *Ibid.*, 2.87.

99) *Iliad*, 19.410.

100) *Ibid.*, 1.153.

문장에서 aitia는 책임과 잘못, 그리고 비난의 세 가지 뜻으로 사용된다. Aitia 는 원래 어떤 것에 대해 '책임이 있는' 것을 가리킨다. Aitia 의 유래어인 aiteo는 '묻다', '원인을 캐다', '청하다', '책임 지우다', '강청하다', '비난하다', '구걸하다', '송사하다' 등의 다양한 뜻을 가지고 있다. 또 aitiaomai는 '비난하다'의 뜻을 갖고 있으며 여기에서 파생된 추상명사 aitia는 우선 죄가 될 만한 근거 또는 원인을 말한다.[101] 따라서 원래 aitia는 법정에서의 공격 방식을 뜻하는 법률 용어이기도 했다. 플라톤에게서 aitia는 Phaidon 95e부터 96a에 걸쳐 설명되고 있는데, 그도 aitia를 책임의 뜻으로 사용할 때가 있다.[102] 플라톤은 aitia를 자신의 형상이론에 채택함으로써 세계에 대해 이전 철학자들과는 다른 새로운 접근을 시도한다.[103]

Aitia의 원뜻과 아리스토텔레스의 aitia의 의미를 종합해 우리는 고대 그리스인들이 aitia라는 낱말에 담았던 의미는 "어떤 것을 그 자리에 없던 상태에서 그 자리에 있음으로 넘어가게 만드는 것을 야기하는 모든 poiesis, 즉 밖으로 끌어내어 앞에 내어놓음"임을 알 수 있다. 어떤 사물이 생성된다는 것은 속성을 획득하는 것이다. 따라서 생성과 관련하여 원인을 탐구하는 것은 사물의 생성을 위한 원인을 탐구하는 것이거나 사물의 속성을 획득하기 위한 원인을 탐구하는 것 가

---

101) 『신약성경』 요한복음 4, 10의 "네가 그에게 구하였을 것이요 그가 생수를 네게 주었으리라"에서 '구함', 사도행전 28, 18의 "죽일 죄목이 없으므로"에서의 '죄목', 마태오 복음 19, 3~12에서의 "또한 만일 사람의 연고가 아내에게 이같이 할진대"라고 할 때의 '연고' 등이 aitia이다. 여기서 연고는 남자가 여자에게 이혼을 요구할 수 있는 이유 또는 조건을 가리킨다.

102) Phaidon 116c7~8을 보면 "왜냐하면 당신은 누가 책임이 있는지를 알기 때문이다"라는 구절이 있는데, 이때 책임이 있다는 것은 aitious이다.

103) D. Gallop, Plato: Phaedo, Oxford, Oxford Univ. Press, 1983, p.169. 소크라테스의 입을 빌려 아낙사고라스에 실망했다고 말하는 것도 세계의 원인에 대한 플라톤의 생각을 잘 보여 준다. 플라톤은 책임의 주체가 물리적인 것이 되는 데 반대한다. 그가 생각하기에 책임의 주체는 마땅히 정신적인 것이어야 한다.

운데 하나이다.[104] 호메로스의 작품에 나타나는 aitia는 바로 poiesis의
의미를 가지고 있으며, 따라서 poiesis의 주체가 aitia를 떠안게 되는데
그런 사례가 다양하게 보인다.

6. 영웅들의 행위에 개입하는 신들의 aitia

한 예로 아가멤논과 아킬레우스의 갈등을 보자. 아가멤논은 아킬
레우스에게 그가 점령한 도시에서 데려온 여인 브리세이스를 내놓을
것을 요구한다. 브리세이스는 아킬레우스가 리르네소스의 왕 에티온
을 죽이고 손에 넣은 미인이다. 그러자 아킬레우스는 전공(戰功)과 명
예에 대한 모욕으로 생각하고 몹시 분노한다. 그는 부하들과 같이 자
기 함선에 틀어박혀 싸움터에 나가지 않는다. 격분한 그가 군사를 이
끌고 물러가자 그리스군은 계속 패배하였다. 그러나 아킬레우스는 결
국 브리세이스를 아가멤논에게 **빼앗긴다**. 아가멤논이 아킬레우스의

---

104) *Ibid.*, p.170. Aitia를 전건과 후건 사이의 인과론적 관계로 해석하는 경향도 없지 않다. 그러나 aitia
를 원인(cause) - 결과(effect)에서의 원인으로 사용할 수 있는지에 대해서는 의문의 여지가 많다. 플
라톤이 형상을 aitia로 언급할 때 이것을 인과적 힘을 행사하는 것으로서의 원인으로 해석하는 것
은 가능하지 않다. 아마도 플라톤이 aitia로서의 형상을 말할 때는 이런 생각에서일 것이다. "이 도
형은 왜 사각형인가?"라는 물음에 대해 "그것은 네 개의 동일한 변과 네 개의 동일한 각을 갖고
있기 때문이다"라고 대답할 수 있다. 이 대답은 도형으로 그린 사각형은 왜 그런 형태를 가지는
가에 주목한 것이다. 만약 원인 - 결과의 도식을 생각한다면 사각형을 그린 사람으로서의 원인과
그려진 사각형의 관계를 들어야 할 것이다. 그러나 플라톤이 말하는 aitia는 그것을 그린 사람을
지칭하는 것이 아님이 분명하다. 이렇게 볼 때 aitia는 인과론적 차원에서 이해될 수 있는 것이 아
니라 논리적인 차원에서 이해되어야 하는 개념이다. 특히 인과율에 입각한 주장은 단순히 사물이
나 사태에 적용될 때는 무리가 없지만 *Phaidon*의 주제 가운데 하나인 사람에 적용될 때는 난점을
불러일으킨다. 예를 들어 사람의 태어남은 *Phaidon*에서 주장되듯이 원인으로서의 영혼이 오는 것
인가, 아니면 질료인 몸에 사람이라는 속성이 결합하기 때문인가? 또한 이 주장과 관련하여 제기
되는 의문은 사물이 소멸한다는 의미는 무엇이냐는 점이다. 그것은 원인을 상실하는 것인가, 아
니면 사물의 속성을 잃어버리는 것인가? 예를 들어 죽음이라고 할 때 그것은 영혼이 떠나는 것인
가, 아니면 사람이라는 속성을 잃어버리는 것인가?

여자인 브리세이스를 빼앗아 온 까닭은 원래 크리세이스가 자신의 여자였기 때문이었다.[105] 아가멤논은 그에 대한 보상으로 아킬레우스의 여자를 빼앗아 온 것이다. 이 일로 인해 아가멤논은 비난을 한 몸에 받았다. 이때 아가멤논은 자신이 그런 행위를 한 것에 대해 그것은 ate로 말미암은 것이었다고 하면서 이렇게 외쳤다.

"나는 아니오. 내가 이런 짓을 한 탓은 나에게 있지 않고, 제우스와 나의 운명과 어둠 속을 헤매는 에리뉘스(Erinys, 복수의 여신)에게 있소이다. 내가 아킬레우스에게서 명예의 선물을 손수 빼앗던 바로 그날, 바로 그들이 회의장에서 내 마음속에 사나운 ate를 보냈기 때문이오. 신이 모든 일을 이루어 놓으셨는데 난들 어찌하겠소?"[106]

아가멤논은 자신의 행위에 대한 aitia로서 세 동인을 열거한다. 제우스와 모이라, 그리고 어둠 속을 헤매는 에리뉘스이다. 제우스는 신화적인 동인이며, 모이라는 사람들이 설명하기 힘든 어떤 개인적 재앙을 자기에게 주어진 몫이나 운명의 일부라고 이야기하는 데서 비롯되었고, 왜 그런 재앙이 일어났는지는 이해할 수 없지만 재앙이 일어났다는 이유 때문에 분명 '그럴 수밖에 없었다'는 것을 뜻할 뿐이다.

아가멤논이 아킬레우스로부터 브리세이스를 빼앗아 온 까닭은 제우스와 에리뉘스가 보낸 '사나운 ate' 때문이었다. Ate는 정상적인 의식이 잠시 흐려지거나 당혹감에 빠진 상태이다. 그것은 부분적이고

---

105) 그리스군은 트로이에게 승리를 거두지 못하자, 이웃 동맹국들을 공략했다. 그래서 전리품을 나눌 때 크리세이스라는 여자 포로가 아가멤논의 차지가 되었다. 크리세이스는 아폴론의 사제 크리세스의 딸이었다. 딸을 방면해 주길 거절하자, 화난 크리세스는 자기 딸을 내놓기까지 그리스군을 괴롭혀 달라고 아폴론에게 탄원했다. 아폴론은 그 기원을 들어주어 역병을 그리스군 진영에 퍼뜨렸다. 아킬레우스는 그들의 재난이 크리세이스를 억류한 데 기인한 것이라 하여 그 책임을 아가멤논에게 전가시켰다. 아가멤논은 노하여 자신의 포로를 석방하는 데 동의했으나, 그 대신 전리품을 나눌 때 아킬레우스의 차지가 된 브리세이스를 자기에게 양도하라고 요구했다.

106) *Iliad*, 19.86 이하.

일시적으로 제정신이 아닌 상태이다. 또한 모든 제정신이 아닌 상태가 그러하듯이 ate도 신체적이거나 심리적인 원인들에 돌려지는 것이 아니라 외부에 있는 '신적인' 동인에 돌려진다. 따라서 아가멤논의 그 행위에 대한 aitia는 제우스와 에리뉘스에게 있게 된다.

또 다른 예를 보자. 『일리아스』에 나오는 전형적인 예는 전투에서 menos가 전해지는 것이다. 아테네는 자신이 보호해 주는 자인 디오메데스의 가슴에 세 배의 menos를 불어넣으며, 아폴론은 상처 입은 그라우코스의 thymos에 menos를 불어넣는다.[107] 곧 아폴론이 그라우코스의 thymos에 menos를 불어넣고, 그라우코스는 menos로 충만한 thymos의 명령에 따라 행위한다. 호메로스에게서 menos는 변덕스러움이 아니라 인간의 arete를 마음대로 늘였다가 줄였다가 하는 신의 작용이다. 어떤 경우에 menos는 언어적 훈계를 통해 생길 수 있다. 다른 경우에 menos가 생기는 것은 "신이 영웅에게 이것을 불어넣었다"거나 "그의 가슴속에 이것을 심어 주었다"거나 혹은 한 군데에서 읽을 수 있듯이 "지팡이로 쳐서 접촉함으로써 이것을 보내 주었다"는 말을 통해서만 설명될 따름이다.

아가멤논이 아킬레우스에게 브리세이스의 인도를 요구했을 때, 아킬레우스는 자기의 칼에 손을 얹고 아가멤논을 향해 칼을 뽑아야 할지를 결단해야 할 상황에 처한다. 이때 아테네 여신은 아킬레우스의 등 뒤로 살며시 다가와 그의 머리카락을 움켜잡고는 말한다. "나는 너의 분노를 달래기 위해 하늘에서 내려왔다. 네가 내 말에 따를 작정이면, 싸움을 멈추고 칼에서 손을 떼어라." 아킬레우스는 확신을

---

107) *Ibid.*, 5.125, 5.136, 16.529.

갖고 "설령 인간이 당장은 아무리 분노했더라도 따르는 것이 좋겠지요"라고 대답한다.[108] 아킬레우스의 결단에는 바깥에서 주어진 아테네의 힘이 작용하고 있다. 물론 이때 아킬레우스는 아테네의 말을 따르지 않을 수도 있으며 반대로 따를 수도 있다. 아킬레우스는 아테네의 말을 따른다. 이 경우 아킬레우스의 선택은 그의 자유에 의한 것인가, 아니면 아테네의 명령에 의한 것인가가 문제로 제기된다.

메넬라오스의 경우에도 마찬가지였다. 그가 퇴각하지 못한 까닭은 명예의 실추와 그리스군의 분노 때문이었다. 그러나 그는 파트로클로스의 시신을 남겨 두고 퇴각한다. 이때 신성은 개입하지 않은 것으로 보인다. 그러나 그가 퇴각이라는 결정을 내린 까닭은 신의 후원을 받는 자와 싸우는 것은 불행을 자초하며, 따라서 신의 도움을 받는 헥토르와 싸울 수가 없었기 때문이었다. 즉 메넬라오스는 어쩔 수 없는 행위와 인간의 능력으로는 결단하기 어려운 상황에 처했을 때 자신의 결단을 정당화하기 위해 외부로부터의 힘에 의존한다.

아킬레우스와 메넬라오스의 경우를 볼 때, 호메로스의 인간들에는 두 개의 독립된 내면의 소리가 있으며, 이들 상호 간 불일치가 생기는 경우 신성이 개입함을 알 수 있다.[109] 메넬라오스는 파트로클로스의 시신을 눈앞에 두고 대단한 수의 트로이 군에 직면해 딜레마의 괴로움에 빠진 채 이렇게 말한다. "내 thymos는 어쩌자고 이렇게 나에게 말을 건네는가?"[110] 메넬라오스는 자신의 thymos에 묻고는 퇴각을 결정한다.

호메로스에게서 행위의 새로운 힘의 양이 어디로부터 온 것인가를

---

108) *Ibid.*, 1.206~218.

109) E. R. Dodds, *op.cit.*, p.18.

110) *Iliad*, 17.105.

설명할 때에는 신이 그 힘을 주었다고 말할 수밖에 없을 것이다. 한 인간이 종래의 그의 태도에서 기대할 수 있었던 것보다 더 많은 것을 이루고 더 많은 것을 말하는 경우에, 호메로스는 언제라도 신의 개입으로 돌아갔다.[111] 호메로스에게서 인간은 스스로 결단하는 존재가 아니다. 따라서 등장인물들이 심사숙고하는 것에도 신들이 개입한다.

인간의 정신과 영혼에 대해 신성이 미친다는 것은 인간의 행위에 필수불가결한 요소이다. Thymos와 nous는 정신적 기관이긴 하지만 신체적 기관과 큰 차이를 가지지 못하므로 인간의 감성의 근원일 수 없다. 따라서 정신적이고 영혼적인 작용은 바깥으로부터 작용하는 힘에 의해 이루어진다. 이 힘은 신으로부터의 아주 자연스러운 선물이다.[112] 인간의 행위 역시 참된 독립적 발달을 그 자신 안에 가두고 있지 못하다. 계획되고 실행되는 모든 일은 신의 계획이고 행위이다. 인간 행위 결말의 선택권은 그 인간이 아니라 신이 쥐고 있다.

호메로스는 인간의 행위와 감정을, 세계 안에서 움직이는 신적인 여러 힘에 의해 규정되는 것으로 보며, 또한 인간적으로 파악된 이 작용하는 힘에 대한 육체 기관의 반응으로 보고 있다. 곧 그는 모든 상황을 그것에 가해지는 모든 작용의 결과로 보고, 또한 그것을 새로운 작용의 원천으로 본다. 결국 nous와 thymos라는 정신적 기관은 독자성이 없는 기관으로 파악되고, 이렇게 될 경우 다른 신체적 기관과의 뚜렷한 차별성을 갖지 못하기 때문에 인간 감정과 행위의 참된 근원이 되지 못한다. 결국 정신적 작용과 영혼의 작용은 바깥으로부터 주어진 작용하는 힘에 의해 영향을 받으며, 인간은, 인간에게 침투할 수

---

111) H. Fränkel, *Dichtung und Philosophie das frühen Griechentums*, New York, C. H. Beck, 1993, p.92f.

112) 김재홍, 「호메로스의 시가를 통해 본 자아와 행위의 문제」, 『철학』 37집, 한국철학회, 1992, 144쪽.

있고 인간을 관통할 수 있는 여러 형태의 힘에 항상 열려 있게 된다.[113)

따라서 thymos와 nous는 독자적인 자유의 능력을 가지지 못한 채 신이 명령하는 신호를 받아 수행하는 기관이 된다. Thymos와 nous가 인간 행위의 원천이 아니라는 사실은, 호메로스 시대에 인간은 자유로운 결정을 할 능력을 갖고 있지 못했음을 함축한다. 따라서 호메로스의 작품에 등장하는 영웅들은 참된 의미에서 스스로의 결단을 통해 행동하지 않는다. 부언하자면, 호메로스의 작품에는 '자아'에 해당하는 말이 없기 때문에 호메로스 시대의 영웅들은 자신의 행위 주체가 되지 못하고, 외부로부터 주어진 힘, 곧 신성으로부터 인간의 행위가 이루어진다. 행위에 대한 의도와 결단은 행위자의 인식 능력에 기인한다. 인간에게 행위에 대한 주체적 결단을 이끌어 내는 기관이 결여돼 있다면, 한 인간의 행위는 자신의 인식 능력의 여부에 따라 결정되지 않는다는 귀결이 나온다.

스넬은 호메로스가 선택 행위나 결정 행위를 나타내는 단어를 가지고 있지 않다고 지적한 적이 있다.[114) 그러나 호메로스에게서 인간은 아직도 개인의 자유와 자기 결정에 대한 의식을 가지지 않는다는 결론은 표현에서 오해의 소지가 있는 듯하다. 오히려 호메로스의 인간은 의지의 개념을 가지고 있지 않으며, 그러므로 자유의지의 개념도 가지고 있지 않다고 얘기해야 한다. 그렇다고 호메로스의 인간이 자아에서 비롯된 행위와 자신이 심리 개입으로 돌리는 행위를 구별하지 못하는 것은 아니다. 그러므로 아가멤논은 "내가 이런 짓을 한

---

113) 이런 까닭으로 호메로스의 작품에는 힘으로 해석되는 다양한 개념들이 출현한다. Menos, sthenos, bíe, kikus, is, kratos, alk̄e, dunamis 등이 그것들이다.

114) 스넬(B. Snell), 앞의 책, 49-50쪽.

탓은 나에게 있지 않고 제우스에게 있소"라고 말할 수 있다. 신들은 가장 명민한 자도 어리석게 만들 수 있고 느슨한 정신의 소유자도 지혜롭게 만들 수 있는 것이다.[115] "아카이아 사람들이 그를 만족하여 그를 찬미하고 영예를 선사할 때까지",[116] "제우스께서는 당신의 뜻에 따라 모든 인간에게 지위와 명예를 주고 계신다."[117] 호메로스의 인간이 신을 찬미하는 까닭은 바로 신들이 인간 행위의 원천이기 때문이다. 그러나 호메로스의 인간들이 신의 명령에 따라 행위한다고 해서 결정론자냐 자유론자냐고 묻는 것은 공상이나 다름없는 시대착오이다.[118] 그들에게 이런 물음은 결코 제기된 적이 없었을 뿐 아니라, 설사 제기됐다 해도 그것이 무슨 뜻인지 이해시키기란 지극히 어려운 일이다.

7. 결론

호메로스의 『일리아스』나 『오디세이』에 등장하는 인간은 자신들이 행동하는 것에 대한 원인으로 자신 안에 있는 것을 들기보다는 자신 바깥에 있는 것들을 들려는 경향이 있다. 이런 경향은 초기 그리스인에게 행동에 뒤따르는 도덕적 책임의 개념이 결여되어 있고, 이와 더불어 내적인 자아 또는 내적인 영혼의 개념도 결여되어 있는[119]

---

115) *Iliad*, 12.254.

116) *Ibid.*, 1.510.

117) *Ibid.*, 17.251.

118) E. R. Dodds, *op.cit.*, p.19.

119) 임철규, 「초기 그리스인의 세계관」, 『인문과학』 제54집, 연세대학교 인문과학연구소, 1985, 99쪽.

데서 기인한다.[120] 호메로스 작품에 나오는 인간은 자기 자신을 자신의 결단의 근원이라고 생각하지 않는다.[121] 반대로 그들은 자신들의 행동이 외부로부터, 즉 신들에 의해 주로 결정되고 있다고 믿었다.[122] 따라서 호메로스 시에 등장하는 영웅들의 행동에는 늘 바깥에서 온 원인이 개입한다.[123] 단적으로 말하자면 호메로스에게 어떤 결정을 행하는 데 그 표준과 결정의 결과는 전적으로 외적인 것이다.[124]

호메로스의 작품들을 볼 때 영웅들에게 행위하도록 만드는 신체의 기관은 thymos와 nous였다. 그런데 thymos와 nous는 스스로의 결단에 따라 판단하고 행동하지 못한다. 호메로스는 영웅들의 thymos와 nous에게 명령을 내리고 충동하는 주체가 신이라고 말한다. 사실 호메로

---

120) 호메로스 시대의 개인은 윤리적인 요인으로서의 개인의 의지에 대해서는 아직까지 알지 못했고, 자신의 안에 있는 것과 바깥에 있는 것 사이를 구분하지 못했다. 그 시대의 사람들은 자신의 감정과 활동의 근원으로서의 정신의 존재에 대해 깨닫지 못했는데, 이런 사실은 초기 그리스인들이 자신들의 행동 동기나 의도가 자기 자신 속에 있음을 느끼지 않았다는 것을 의미한다. 호메로스는 인간 정신의 자발성에 대한 지식을 결하고 있다. 의지의 결정이나 또 다른 대부분의 충동과 감정의 기원이 인간 자신 속에 있다는 것을 그는 이해하지 못하고 있다.

121) Z. Barbu, *Problems of Historical Psychology*(임철규 역, 『역사심리학』, 창작과비평사, 1983), 110쪽.

122) 임철규, 「초기 그리스인의 세계관」, 102~103쪽. 이런 까닭으로 "호메로스의 시에서 (……) 살인은 개인이나 가족에 대해 저지른 단순한 잘못이다. 그것은 도덕적으로 책임 있는 것으로서 또는 공공의 안녕에 위배되는 범죄로서 고려되지 않는다."(G. M. Calhoun, *The Growth of Criminal Law in Ancient Greece*, Berkeley, 1927, p.11; 임철규, 「초기 그리스인의 세계관」, 100쪽)

123) 이런 보기는 『일리아스』 11권에 보이는데 이 부분을 옮겨 적으면 다음과 같다. "그래서 오디세우스는 괴로워하며 자신의 늠름한 thymos를 향해 이렇게 말했다. '아아, 나는 어떻게 될 것인가? 무리들 앞에서 겁을 먹고 달아난다면 대단한 불명예이다. 그렇다고 혼자 버티다가 붙잡힌다면 더욱 불리할 것이다. 다른 다나아 병사들은 제우스가 쫓아 버렸으니까. 하지만 어쩌자고 나의 thymos는 나에게 이렇게 말하고 있는가? 전쟁터에서 도망치는 자들은 비겁한 자들이며, 전투에서 가장 뛰어난 자는 맞든 아니면 맞히든 완강하게 버티어야 한다는 것을 나는 잘 알고 있지 않은가!' 그가 그의 thymos 속에서 이런 일들을 곰곰이 생각하는 동안, 방패를 든 트로이 인들의 대열이 다가와 그를 가운데로 몰아넣었으니 (……)" 여기서 오디세우스를 움직이는 것은 오디세우스 자신이 아니라 thymos이다. 이때 오디세우스와 thymos는 일치되지 않고 긴장 관계를 유지하고 있다. 오디세우스는 도망치고 싶지만 오디세우스를 움직이는 thymos는 그것을 금지시킨다. 이런 서술은 호메로스에게 있어서는 한 개인도 통합된 전체로서 행위하는 존재가 아니라 외적인 원인에 의해 지배당하고 있음을 잘 보여 준다.

124) M. Gagarin, *Aeschylean Drama*, Univ. of California Press, 1976, pp.16-17; 임철규, 「초기 그리스인의 세계관」, 106-107쪽.

스의 작품의 소재가 된 그리스와 트로이의 전쟁도 신들 사이의 장난과 농간에서 비롯되었음을 볼 때 제우스를 위시한 신들은 인간의 전 영역에 걸쳐 간섭하고 개입한다. 이렇게 볼 때 호메로스적 인간에게 자유는 존재하지 않는다. 호메로스의 영웅들은 오직 신의 명령을 받아 행동하고 갈등과 결단의 순간에는 신의 지시를 받아 선택했다. 따라서 호메로스의 인간에게는 자유도 없고 이에 수반해 책임도 없다. 호메로스 시대의 자유와 책임은 모두 신들의 전유물이다. "제우스의 nous가 항상 인간의 그것보다 강하다"[125]는 뜻은 제우스가 사물에 대해 인간보다 훨씬 명확하게 볼 수 있다는 뜻인데, 호메로스로부터 철학시대에 이르기까지 그리스인들에게 자유와 책임은 더 많은 인식과 더 많은 능력을 지니고 있는 자에게 귀속된다.[126] 또한 책임은 선택하는 자에게 있음을 호메로스의 작품은 잘 보여 준다.

이렇게 볼 때 우리가 근대적 의미에서의 자유라고 부르는 것은 호메로스에게서 아직 태동하지 않았다. 태동하지 않았다기보다 호메로스는 그런 문제에 대해 관심이 없었다고 보아야 한다. 벌린은 적극적 자유의 개념은 "누가 나의 주인이며 누가 나를 지배하는가?"라는 질문으로 시작된다고 하면서, 이는 곧 누가 나에 대한 통제나 간섭의 원천인가를 묻는 것이라고 했는데,[127] 이에 대한 호메로스의 대답은 신이다. 인간이 희미하게나마 신으로부터 떠나려 시도한 때는 호메로스류의 서사시 시대를 훨씬 지나 서정시인들의 시대에 이르러서였다.[128]

---

125) *Iliad*, 16.688.

126) 플라톤의 철인왕 역시 더 많은 인식을 가지게 되고, 따라서 더 많은 능력을 가짐으로써 철인왕이 되는 것이다.

127) Isaiah Berlin, *Four Essays on Liberty*, Oxford, Oxford University Press, 1969, pp.124–125.

128) 그러나 영웅들이 운명을 떠나려 시도하지만 결국은 그 운명에 함몰되고 만다는 비극 작품들의 결론은 인간에게 자유로운 결단의 능력이 없다는 것을 함축한다.

서사시 문학과 서정시 문학과의 가장 큰 차이는 서정시에서 처음으로 시인이 개체로서 두드러지게 나타난다는 점이다. 서정시인들은 자신의 이름을 알리고, 자기 자신을 이야기하고, 자신을 개인으로 인식한다. 따라서 아르킬로스는 『오디세이』의 "사람들 각자는 각각 다른 일로 기뻐한다"[129]를 "각자는 자신의 방식대로 기뻐한다"로 해석했다. 또한 서정시 시대에 처음으로 각 개체들이 다양한 역할을 지닌 채, 유럽 역사의 무대에 등장한다. 당파의 지도자, 율법가 그리고 참주, 종교적 사상가, 조금 뒤에는 철학 사상가, 조형 예술가 등이 그들의 작품과 제작물에 자신의 이름을 기록하기 시작했고, 초기 시대와 오리엔트 지방에 널리 퍼져 있던 익명성이 타파되기에 이르렀다.

또한 호메로스 시대에는 상이한 개인들이 동일한 정신을 가지고 있다거나 하나의 영혼을 공유하고 있다는 분명한 관념이 나타나지 않았다. 이런 관념은 서정시 시대에 들어오면서 생겼다. 초기 서정시인들은 인간이 혼을 가지고 있다고 의식했으며, 이것은 신체 기관의 움직임과는 구별되며 모든 물적인 사실 세계와 대립되는 어떤 특징을 지니고 있음을 처음으로 찾아냈다. 서정시인들은 이 감정이 신성의 개입 또는 이와 비슷한 어떤 것에 대한 반응이 아니라 완전히 독자적 방식으로 각 개인에게 귀속하며 개인 자신으로부터 일어나는 개성적인 무엇이며, 나아가 이들 감정에는 다양한 인간을 서로 연결할 수 있는 동일한 감정, 회상, 의견이 포섭될 수 있다는 것, 그리고 감정은 내면에서 긴장과 모순을 가질 수 있으며, 이에 따라 심적인 것의 강도와 그 독자의 차원, 요컨대 심오함이 나타난다는 점에 주목

---

129) *Odyssey*, 14.228.

했다. 서정시적인 자각은 비극 시대에 들어와 더욱 첨예화되어 인간 내면의 깊이를 자각하는데, 이 정신적 가치는 개인적인 것을 넘어 보편적인 것으로 향한다.

신들의 명령에 따라 영웅들이 행동한다는, 그리고 영웅들의 갈등 순간에 신들이 개입해 해법을 제시한다는 호메로스의 설정은 인간 행위의 근거 설정이라는 철학의 전통적 시스템을 잘 보여 준다. 호메로스의 작품에서 보여 주려는 것은 자유와 책임의 구조가 아니라 인간의 행위가 어떤 명령과 수행의 체계로 이루어져 있는가에 대한 것이다. 이것이 플라톤에서는 이데아가 되는 것이고 데카르트에서는 생각하는 나가 되는 것이다. 근대의 자유 개념은 데카르트의 생각하는 나에서 출발해 나 이외의 자들이 나에 대해 명령을 내리지 못하도록 하는 것이다.

근대 이후 현대에 이르기까지 인간들은 호메로스 시대와는 전혀 다르게 자유를 가지고 있다고 보아야 하는가? 일견 현대인은 전적으로 자유를 향유하는 것처럼 보인다. 그러나 오늘날 인간들이 결정하고 행동하는 근거는 어디에 있는가를 살펴보자. 호메로스 시대에 인간은 한 가지 행위의 근거, 곧 신의 명령에만 충실하면 되었다. 그러나 오늘날 우리는 수많은 행위의 근거들을 갖고 있다. 종교, 사회적 윤리, 법, 과학적 지식, 그리고 그런 것들을 전혀 무시한 개인의 독단 등. 현대인들은 어떤 외부의 힘의 영향도 받지 않고 행동하는 것처럼 보이지만 실제로는 호메로스 시대의 영웅들보다 더 많은 제약을 받으며 결정하고 행동한다. 이런 사실은 호메로스 시대의 영웅들이나 현대 사회를 사는 인간들이나 결코 존재론적 질서로부터 자유로울 수 없음을 함축적으로 보여 준다.

참고문헌

강영안, 「자유 개념의 변형 구조: 그리스에서 르네상스까지」, 『철학연구』 44집, 대한철학회, 1988.

김재권, 「외로운 영혼들: 인과성과 실체이원론」, 『철학적 분석』 2호, 한국분석철학회, 2000.

김재홍, 「호메로스의 시가를 통해 본 자아와 행위의 문제」, 『철학』 37집, 한국철학회, 1992.

로베르 플라실리에르(R. Flacelìere), 심현정 역, 『고대 그리스의 일상생활』, 우물이 있는 집, 2003.

바르부(Z. Barbu) 저, 임철규 역, 『역사심리학』, 창작과비평사, 1983.

임철규, 「초기 그리스인의 세계관」, 『인문과학』 제54집, 연세대학교 인문과학연구소, 1985.

장영란, 「고대 그리스 철학 이전의 영혼의 개념 – 그리스 서사시와 서정시 및 비극을 중심으로」, 『철학연구』 64집, 철학연구회, 2003.

투퀴디데스, 천병희 역, 『펠로폰네소스 전쟁사』, 도서출판 숲, 2011.

프랑크포르트(H. Frankfort), 이성기 역, 『고대 인간의 지적 모험』, 대원사, 1996.

플라톤, 『국가』 편, 박종현 역주, 서광사, 2008.

플라톤, 『소피스트』 편, 이창우 역주, 이제이북스, 2011.

플라톤, 『에우티프론, 소크라테스의 변론, 크리톤, 파이돈』 편, 박종현 역주, 서광사, 2008.

헤시오도스, 『신통기』, 천병희 역주, 한길사, 2004.

호메로스, 『오뒤세이아』, 천병희 역주, 숲, 2006.

호메로스, 『일리아스』, 천병희 역주, 숲, 2007.

Berlin, I., *Four Essays on Liberty*, Oxford, Oxford University Press, 1969.

Bremmer, J. N., *The Early Greek Conception of Soul*, Princeton University Press, 1983.

Calhoun, G. M., *The Growth of Criminal Law in Ancient Greece*, Berkeley, 1927.

Condorcet, "Cinq memoires sur l'instruction publique"(1791), in, Pretation par Ch. Contel et C. Kintzler, Flammarion, 1994.

Cornford, F. M., *From Religion to Philosophy: A Study in the Origins of Western Speculation*,

New York, Harper & Row Publishers, 1957.

Dodds, E. R., *The Greek and the Irrational*, Los Angeles, California University, 1951.

Fränkel, H., *Dichtung und Philosophie das frühen Griechentums*, C. H. Beck, 1993.

Gagarin, M., *Aeschylean Drama, Berkeley*, 1976.

Hume, D., "Of Commerce", in, Ralph Cohen(ed.), *Essential Works of David Hume*, London, Bantam Books, 1965.

Mulgan, R., "Liberty in Ancient Greece", in, Pelezinski and Gray(ed.), *Conception of Liberty in Political Philosophy*, New York, 1984.

Platonis opera, herausgegeben von J. Burnet, Oxford, 1900 – 1907.

Platon, Werke in acht Baenden, hrsg. v. G. Eigler, übers. v. F. Schleiermacher, H. Müller u. a., 2. Aufl., Darmstadt, 1990.

Snell, B., T*he Discovery of the Mind: The Greek Origins of European Thought*, New York, Harper & Row, 1960.

Thucidides, The Peloponnesian War.

Vernant, J. P., *The Origins of Greek Thought*, Cornell University Press, 1982.

제2장 플라톤의 대화편에 나타난 명예의 윤리학

박규철

> "명성이야 명성, 난 내 명성을 잃었어!
> 이보게 난 나 자신의 불멸하는 부분을 잃어버렸고
> 나머지는 짐승 같은 것뿐이야.
> 내 명성, 이야고, 내 명성 말일세!"
>
> −셰익스피어 『오셀로』 264−6, 최종철 역−

1. 들어가는 말

리들리 스콧(Ridley Scott)의 <결투자들>(The Duellists, 1977)은 19세기 유럽인들이 가졌던 '명예'에 대한 관념을 극명하게 보여 주는 영화이다. 영화에서 알몬드 듀베르(Keith Carradine 역)는 실추된 '명예'(honor)를 되찾기 위해 끈질기게 도전해 오는 가브리엘 페로(Harvey Keitel 역)를 맞아 약 15년간 총 5회에 걸쳐 목숨을 건 결투를 치르게 되는

데, 이 영화는 이것을 통하여 19세기 서구인들이 지녔던 명예에 대한 '강박관념'(obsession)을 비판적으로 고찰하고 있다.

그런데 서구 사회에서 명예에 대한 관념은 그리스 시대에까지 거슬러 올라가야 한다. 왜냐하면, 명예의 가치를 가장 먼저 인지하고 자의식에 편입시켰던 이들은 그리스인들이었기 때문이다. 키토(2008)가 지적하듯이, 그리스인들은 항상 사회적 '평판'이나 '칭송' 그리고 '명성'과 같은 명예와 연관된 가치들에 목말라 있었다. 또한 그들은 추상적인 차원에서 이해될 수도 있을 법한 도덕적 훌륭함(aretē)이란 개념을 항상 개인적 명예와의 연관성 속에서 이해하였으며, 개인의 자기 정체성 역시 명예와의 관련성 속에서 파악하였다. 그러기에 그리스인들에게 있어 훌륭함이란 자체적 측면에서의 보상이라든가, 아니면 개인적 차원에서의 윤리적 훈련의 결과물이라든지 하는 생각은 어리석은 것으로 간주되었으며, 오히려 모든 훌륭함에 대한 보상은 철저하게 공동체 구성원들의 '칭찬'과 '인정' 속에서 이루어졌던 것이다(Kitto, 2008, 365).[1]

그리스 사회가 공동체 중심의 사회였다는 것은 분명한 사실이다. 개인보다는 가문이, 가문보다는 폴리스가 우선시되었던 것이 그리스였기 때문이다. 그렇기에 개인의 명예는 철저히 폴리스가 추구하는 공통된 명예에 부합되어야 했으며, 개인의 자기 정체성 역시 '타자의 인정'이나 '승인' 속에서 이루어졌다. 특히 개인의 명예는 공동체가 추구하는 가치를 완수하였을 경우에는 극대화되었으며, 그러한 가치를 실현한 인물은 '영웅'으로 존경받았다. 그리고 그런 가치는 자아에

---

[1] 이에 관한 자세한 논의는 키토의 저서 『고대 그리스, 그리스인들』 제12장을 참고하라.

내면화되어 자기 정체성을 형성하는 핵심적인 가치로 작용하기도 하였다. 또한 그것은 자아에 대한 '존경심'과 타인에 대한 '공경심' 그리고 신에 대한 '경외심'을 뜻하는 '아이도스'(aidōs) 개념과 밀접하게 연관되기도 하였다(Kairns, 1993).

본질적으로 그리스 사회는 '경쟁'2) 지향적인 시스템을 가지고 있었다. '아고라'(agora, 광장)에서의 토론을 통하여 정치적 명예를 획득하였으며, 연극무대에서의 '아곤'(agon, 말다툼)을 통하여 예술적 명예를 획득하였다. 하지만 "넘치면 모자람만 못하다"고 하였던가? 그리스 사회는 과도한 명예 추구의 활동 탓에 소크라테스 이전의 철학자들이 마련해 놓았던 소중한 가치들을 상실하기도 하였다. 그런데 그러한 상실의 사태에는 프로타고라스와 고르기아스로 대표되는 소피스트들이 있었다. 왜냐하면 그들의 출현과 더불어 그리스 사회는 탈(脫)도덕화의 길을 걸어갔기 때문이다. 진리에 대한 추구보다는 세속적인 가치가 더욱더 옹호되었으며, '기품 있는' 명예보다는 '명성'이나 '평판' 그리고 '입신양명'(立身揚名)과 같은 세속적인 명예가 더 좋은 것으로 인식되었던 것이다. 물론 철학사에서 소피스트들의 출현이 무의미한 것만은 아니었다. 당대의 교육계에 수사학이라는 새로운 방법론을 제시하였으며 최초의 계몽주의 운동을 전개하였기 때문이다. 하지만 그럼에도 그들의 탈(脫)도덕적 가치 관념과 계몽주의 운동은 많은 문제점을 안고 있었다. 특히, 도덕성을 배제한 채, 입신양명의 기술만을 가르쳤던 그들의 행위는 '정의'와 명예에 근거한 참된 폴리

---

2) 명예에 대한 그리스인들의 생각은 본질적으로 그리스 사회가 지닌 '경쟁시스템'에서 이해되어야 한다. 그리스인들은 사신만만하고 야심찼으며 모든 사회석 활동을 경쟁석으로 수행하였다. 토론과 연극 합창까지도 모두 경쟁구조 속에서 이루어졌다. 키토(2008)의 말대로 그들은 '인간의 진면목은 바로 투쟁의 고통'(369)이라는 생각 속에서 살았던 것이다.

스 공동체를 염원하였던 소크라테스와 플라톤의 반대에 직면하였다. 소크라테스와 플라톤은 모두 소피스트들의 세속적 명예 추구의 정신을 비판하며 이상적인 명예 개념을 추구하였다. 그들은 '버려야 할 것'으로서의 속물적 명예 개념을 비판하며 '획득되어야 할 것'으로서의 품위 있는 명예 개념을 강조하였던 것이다.

그런데 플라톤의 이러한 명예의 윤리학은 21세기 한국적인 삶의 현실에서도 유의미한가? 만약 유의미하다면 과연 우리가 버려야 할 속물적인 명예 개념은 무엇이고 획득해야 할 기품 있는 명예 개념은 무엇인가? 그리고 명예의 윤리학과 관련해서 플라톤은 대화편 어느 곳에서 이와 연관된 언급들을 하고 있는가?

본 연구는 바로 이러한 필자의 문제의식들을 고찰하는 데 그 주된 목적이 있다. 우선 필자는 집중된 논의를 위하여 플라톤의 대화편 중 명예와 연관된 총 7개의 대화편인 『소크라테스의 변론』, 『고르기아스』, 『향연』, 『국가』, 『일곱째 편지』, 『여덟째 편지』 그리고 『법률』을 중심으로 그의 명예 개념을 천착할 것이다.[3] 그리하여 그의 명예 개념이 영혼의 순수화를 가능하게 하고 공동체의 안정성을 확보하는 데 유의미한 핵심적인 가치임을 밝힐 것이다.

---

3) 『소크라테스의 변론』, 『국가』 그리고 『법률』은 박종현의 번역을, 『향연』은 박희영의 것을, 『일곱째 편지』와 『여덟째 편지』는 강철웅 · 김주일 · 이정호의 것을, 그리고 『고르기아스』는 본인의 것을 사용한다.

2. 버려야 할 것으로서의 명예욕과 추구되어야 할 것으로서의 명예로움은 어떻게 갈라지나: 『소크라테스의 변론』, 『고르기아스』 그리고 『향연』에 나타난 명예 개념

1) 버려야 할 것으로서의 세속적인 명예욕

그리스 사회에서 명예는 한편으로는 부정적이면서 또 다른 한편으로는 긍정적으로 이해되었다. 이때 명예의 부정적인 의미는 소피스트들에 의해서 구체화되었고 그 긍정적인 의미는 소크라테스에 의해서 가장 잘 실현되었다. 소피스트들이 보여 주었던 것이 권력에 대한 세속적인 명예욕이었다면, 소크라테스가 실현하고자 하였던 것은 진리를 향한 기품 있는 명예욕이었기 때문이다.

먼저 소피스트들은 당대 그리스인들의 세속적 명예욕을 극대화하였다. 딜타이(2009, 97-98)는 "도시에서의 수사의 힘이 명예욕을 충족하고, 경제적 부를 유지하고 모으는 중요한 수단으로 자리를 잡았다"고 보고하고 있다. 프로타고라스와 고르기아스 등의 소피스트들은 '진리'(aletheia)보다는 '억견'(doxa)이 인간의 권리를 더 잘 대변해 주는 것으로 생각하였으며, 진리 추구와 연관된 변증법(dialektike)[4]보다는 억견을 강화시켜 주는 수사학(rhetorike)이 현실 세계에서의 성공을 보장해 주고 나아가 타인에 대한 지배력을 강화시켜 줄 수 있는 가장 효과적인 장치라고 생각하였다. 하지만 소크라테스는 소피스트들의 이러한 삶의 방식을 시종일관 문제 삼았다. 그에 의하면, 진리를

---

4) 원어에 가깝게 번역하면 변증술(he dialektike techne)이다. 이에 대해서는 김영균(2008)의 각주 158을 참조하라.

배제한 채 억견만을 추구하는 삶은 무의미하며, 특히 세속적 성공과 출세만을 염두에 두는 명예 개념은 인간으로서 추구할 만한 가치는 되지 못한다고 생각하였던 것이다. 우리는 소크라테스의 그러한 생각은 『소크라테스의 변론』(이하 『변론』으로 약함)[5]을 통하여 확인할 수 있다.

우선 가장 먼저 확인할 수 있는 것은 『변론』(23d−e)에 나타난 명예욕에 대한 소크라테스의 비판이다. 『국가』에서 수호자가 반드시 갖추어야 할 것으로서의 명예 개념, 즉 획득되어야 할 것으로서의 참다운 명예에 대한 언급이 잘 나와 있다면, 『변론』에서는 버려야 할 것으로서의 세속적인 명예욕에 대한 비판적인 분석이 잘 드러나 있다. "제가 생각하기에는 실상 이들은 명예를 탐하며 격렬한 사람들로서 여럿인 데다, 저에 관해서 온 힘을 다하여 설득력 있게 말하는 사람들이기 때문에 (……) 이에 힘입어 멜레토스(Melētos)도 아니토스(Anytos)와 리콘(Lykōn)도 저를 공격하게 된 것입니다."(23d−e) 그런데 여기서 소크라테스는 자신을 고발한 멜레토스와 아니토스 그리고 리콘을 세속적인 명예를 탐하는 사람들이라고 격렬하게 비판한다(23d−e). 이는 자신의 삶의 방식과 그들의 삶의 방식을 차별화하고자 하는 소크라테스의 의도가 잘 드러난 것으로, 세속적인 명예욕만을 탐하는 이들의 삶의 무의미성을 강조하기 위해서도 언급되고 있다. 그런데 멜레토스는 '시인들'을 대신하여, 아니토스는 '장인들과 정치인들'을 대신하여, 그리고 리콘은 '변론가들'을 대신하여 소크라테스를 고발하였다(23e−24a). 그들은 공통으로 소크라테스가 "젊은이들을 타락시

---

5) 역사적 소크라테스와 등장인물 소크라테스를 구별하는 일은 지난(至難)한 작업 중의 하나이다. 그런데도 『변론』이 역사적 소크라테스에 대한 상세한 전거임은 대부분의 연구가들에 의해서 지지되고 있다. 이에 대해서는 졸저를 참고하라. 박규철, 『소크라테스와 소피스트』, 고양: 동과서, 2009.

키고, 나라가 믿는 신들을 믿지 않고, 다른 새로운 '영적인 것들'(daimonia)"
(24b-c)을 믿는다는 죄목으로 그를 고발하였다. 하지만 소크라테스
는 그들의 기소 내용(enklēma)이 잘못된 것임을 조목조목 밝힌다.[6]

   그런데 소크라테스의 명예 개념은 피타고라스적인 삶의 방식과 밀
접하게 연관되어 있다. 디오게네스 라에르티오스의 『철학자 열전』
(Ⅷ.6~8)에 의하면, 피타고라스는 필루스(Philus)의 참주 레온(Leon)에
게 자신을 철학자로 소개하였으며, 인생을 거대한 게임에 비유하였
다. 우리에게 익히 알려진 이 비유를 통하여, 피타고라스는 진리를 추
구하는 사람은 '철학자'이나 명성이나 이익을 추구하는 사람은 단지
'노예와 같은 사람들'일 뿐이라고 규정한다.[7] "삶에 있어서도, 어떤
사람은 '명성'(doxa)과 '이익'(pleonexia)을 탐하는 '노예와 같은 사람들'
로 되지만, 철학자는 '진리'(aletheia)를 추구한다"(Ⅷ.8)는 것이다. 그런
데 그의 이러한 비유는 소크라테스와 그를 고발하였던 3인의 정적들
에게도 동일하게 적용 가능하다. 즉 소크라테스는 진리를 추구하는
철학자이나 멜레토스와 아니토스 그리고 리콘은 노예와 같은 사람들
인 것이다. 플라톤의 자서전적인 성격을 띠고 있는 『일곱째 편지』에
서 플라톤은 디오뉘시오스 2세에게 실망한 나머지 그를 가리켜 '놀랄
만치 명예욕이 강했던'(338e) 그런 사람으로 언급하고 있는데,[8] 이를

---

6) 멜레토스의 기소 내용에 대한 소크라테스의 변론은 24b 이하에서 전개된다. 청년을 타락시켰다는
  죄목에 대해서는 24b-26a에서, 나라가 믿는 신들을 믿지 않는다는 죄목에 대해서는 26b-27e에서
  언급되고 있다.
7) 『국가』에 나타난 영혼 삼분 논의에 대해서는 졸저를 참고하라. 박규철, "플라톤 대화편에 나타난 문
  답법의 윤리적 의미와 '감정'의 문제", 『동서철학연구』 제55호, 한국동서철학회, 2010.
8) "하지만 그(디오뉘소스)는 배움의 능력과 관련해서 유달리 자질이 없거나 하지 않았지만 놀랄 만치
  명예욕이 강했습니다. 그리하여 그에게는 아마도 이야기되는 것들이 마음에 들기도 했고, 내가 방
  문했을 때 자신이 아무것도 들은 것이 없다는 사실이 드러나는 것을 부끄럽게 생각하기도 했을 것
  입니다. 그런 이유로 그는 더 확실하게 귀담아듣고자 하는 욕구로 치닫는가 하면, 동시에 명예욕이
  그를 안달 나게 했습니다."(『일곱째 편지』 338d-e)

피타고라스적인 기준에서 보자면 그 역시 노예와 같은 사람들이라고 할 수 있다. 이처럼 플라톤은 3인의 정적들에 의해서 무고하게 죽임을 당하였던 소크라테스를 피타고라스적인 진리 개념에 입각해서 옹호하고 있는 것이다.

돈이나 명성에 대한 소크라테스의 비판은 『변론』 29d−e에서도 계속하여 나타난다. 거기에서 그는 자신을 고발한 사람들을 상대로 하여 구체적인 변론을 펼치는데, 그 과정에서 정적들의 세속적인 명예욕을 비판하는 것이다.

> "'보십시오! 그대는 가장 위대하고 지혜와 힘으로 가장 이름난 나라인 아테네의 시민이면서, 그대에게 재물은 최대한으로 많아지도록 마음 쓰면서, 또한 명성(doxa)과 명예(timē)에 대해서도 그러면서, 슬기(사려분별, phronēsis)와 진리(alētheia)에 대해서는 그리고 자신의 혼(psychē)이 최대한 훌륭해지도록 하는 데 대해서는 마음을 쓰지도 않고 생각도 하지 않는 것을 부끄러워하지 않습니까?'라고요."(29d−e)

이처럼 소크라테스는 자신의 정적들의 삶이 진리 추구와는 거리가 먼 부끄러운 것임을 분명히 한다.[9]

요약하면, 소크라테스의 명예 개념은 진리 추구의 정신과 밀접하게 연관되어 있다. 그런 점에서 그것은 '지위'나 '직책' 그리고 '성공'과 연관된 입신양명의 한 방편이 아니라 자부심과 경외심과 연관된 진리 추구의 길인 것이다.

---

9) 명예욕에 대한 소크라테스의 부정적인 태도는 향후 에피쿠로스학파의 욕망 개념 형성에도 큰 영향을 준다. 왜냐하면 에피쿠로스는 '자연적이지도 않고 필연적이지도 않는 욕망' 중의 하나로 명예욕을 들고 있기 때문이다. 이에 대해서는 롱(2002)의 분석을 참고하라.

2) 본래적 명예 회복은 어떻게 가능한가

『고르기아스』는 수사학의 능력과 한계가 고찰되면서 참된 수사학의 본질이 논의되는 대화편이다. 하지만 이 대화편은 인간 영혼에 내재한 '본래적 명예 회복'의 문제와 명예로운 삶을 산 사람에 대한 '사후(死後)보상의 문제'가 심도 있게 논의되고 있는 윤리적 대화편이기도 하다. 여기에서 플라톤은 소크라테스의 입을 빌려 '불의를 저지르는 것'(474b)은 인간에게 '가장 수치스럽고'(474c) '가장 악한 것'(477a)이며 '쾌락'(521d)만을 추구하는 삶 역시 가장 '불명예스러운 것'(526e)임을 역설하며, 그러한 삶을 살았던 사람은 살아서든 죽어서든 필연적으로 벌을 받을 것이라고 언급하고 있다.

그런데 『헬레네 찬양』[10]에서 고르기아스는 수사학은 "영혼을 강제하여 말해진 것에 복종하게 하는"(『헬레네찬양』 12) 기술임과 동시에 "영혼을 마비시키거나 넋을 잃게 만드는"(『헬레네 찬양』 14) 탁월한 기술이라고 자화자찬하였다. 또한, 자신의 수사학이 사람들로 하여금 엄청난 지적인 성취감을 맛보게 해 줄 수 있다고 강조하기도 하였다.[11] 하지만 소크라테스는 고르기아스의 이러한 생각을 강하게 비판한다. 왜냐하면 그에 의하면 수사학은 속물적인 사람들의 '만족과 쾌락'(462c)을 충족시켜 주는 '아첨술'(kolakeia, 463b)일 뿐이고, 그러한 아첨술에 근거한 삶 역시 불명예스러운 것이었기 때문이다.[12] 그럼

---

10) 이에 대해서는 졸저 『소크라테스와 소피스트』(2009)를 참조하라.

11) 고르기아스에 의하면, 수사학은 우선적으로 타자들을 상대로 한 '설득제작술'(452e)이다. 그리고 그것의 활동공간은 공적인 정치공간이다. 거기에서 수사학은 가장 강력한 힘을 발휘할 수 있다. 그래서 고르기아스는 자신이 생각하는 수사학이 정치공동체에 속해 있는 시민들에게 '자유의 원인'(aition eleutherias, 452d)과 타자 '지배의 원인'(aition tou archein, 452d)을 제공해 줄 수 있다고 주장한다.

12) 플라톤은 인간 영혼을 다루는 기술인 정치술을 '규제성'과 '교정성'의 잣대에 따라 각각 '입법술'과 '사법술'로 나누며, 그러한 참된 기술에 기생하는 사이비 기술을 각각 '궤변술'과 '아첨술'이라

소크라테스에게 있어 명예로운 삶의 방식이란 도대체 무엇인가?

소크라테스에 의하면, 명예로운 삶의 방식이란 우선적으로 영혼의 훌륭함을 추구하는 그러한 삶의 방식이다. 이것과 연관하여 그는 훌륭함의 순서에 따른 인간의 삶의 방식을 3가지로 나눈다. 첫째는 '혼'을 추구하는 것이고, 둘째는 '몸'을 추구하는 것이며, 마지막은 '돈'을 추구하는 것이다. 또한 이러한 삶의 방식에는 그에 해당하는 '불명예'의 차원도 존재하는데, 혼의 차원에서는 '불의'(adikia, 477d)가, 몸의 차원에서는 '질병'(nosos, 477c)이, 그리고 돈의 차원에서는 '가난함'(penia, 477c)이 있다. 그런데 이 3가지 가운데에서 불의가 가장 '수치스러운 것'(477c)이기에, 인간은 영혼의 불명예를 가장 경계시해야 하는 것이다. 그럼 이러한 불명예스러운 상태에서 벗어날 수 있게 해 주는 구체적인 기술들은 존재하는가?

이에 소크라테스는 '축재기술(Chrēmatistikē)과 의술(iatrikē) 그리고 정의(dikē)'(478b)를 그 대안으로 내놓는다. 먼저 축재기술은 인간을 가난이라는 불명예스러운 상태에서 해방시켜 주는 것이다. 다음으로 의술은 인간을 질병이라는 불명예스러운 상태에서 벗어나게 해 주는 것이다. 마지막으로 정의는 인간을 '방종이나 불의'(akolasias kai adikias, 478b)와 같은 불명예스러운 상태에서 벗어나게 해 주는 것이다. 이렇게 하여 소크라테스는 각각의 불명예스러운 사태로부터 인간을 해방시켜 줄 구체적인 기술들을 제시해 주었다.

그런데 『고르기아스』의 백미(白眉)는 아무래도 소크라테스와 칼리클레스의 논전일 것이다. 왜냐하면 거기에서 소크라테스는 '가장 쾌

명명한다(464b – 465c). 이에 대해서는 졸저『플라톤이 본 소크라테스의 도덕정치철학』(2003) 제2부 2장을 참조하라.

락적인 것'(521d)을 추구하는 삶이 가장 명예로운 것임을 주장하는 칼리클레스에 맞서, 그 반대의 삶, 즉 '가장 선한 것'(521d)을 추구하는 삶이 가장 명예로운 것임을 주장하고 있기 때문이다. 사실상 '진리'(526d)를 추구하는 삶은 참된 명예를 산출한다. 하지만 쾌락을 추구하는 삶은 거짓된 '명예'(526d)만을 산출할 뿐이다. 그러기에 소크라테스는 칼리클레스가 만약 쾌락적인 삶만을 고집한다면, 그는 제우스의 '최후의 법정'[13]에서 참으로 심각한 '불명예'의 사태에 직면할 것이라고 경고하고 있는 것이다.

> "자네가 법정에 나가 내가 조금 전에 언급한 그런 판결을 받게 될 때 자네는 자기 자신도 지키지 못할 것이기에, 나는 자네를 질책하고 있네. 그리고 자네가 심판관, 그러니까 아이기나의 아들 앞에 붙들려 갈 때, 그 심판관은 자네를 붙잡아 공판에 부칠 것이네. 그렇게 되면 자네는 입을 딱 벌린 채 멍청하게 있을 것이네. 이 세상에서 그러할 것이네. 그리고 아마도 누군가는 '불명예스럽게도'(atimos) 자네의 뺨따귀를 후려갈길 것이며, 나아가 완전히 자네를 진흙탕 속에서 짓밟을 것이네."(526e)

이처럼 플라톤은 피안(彼岸)에서 칼리클레스가 당할 불명예스러운 모습을 차안(此岸)에서 소크라테스가 당했던 불명예스러운 모습과 교차시키면서, 염치와 명예를 지향하였던 소크라테스의 삶의 방식이 결코 무의미한 것이 아니었음을 방증하고 있다.

---

13) 최후의 법정에 대한 언급은 423a부터 등장하여 526d까지 계속된다. 여기에서 플라톤의 소크라테스는 크로노스의 통치기로부터 제우스의 통치기로 이행하면서 죽은 자들에 대한 심판이 어떻게 변하여 왔으며, 제우스의 심판이 함축하는 도덕적·윤리적 의미가 무엇인지를 구체적으로 음미한다. 최후의 법정에 등장하는 심판관들은 제우스의 아들들인 미노스와 라다만튀스, 그리고 아이아코스인데, 라다만튀스는 아시아 출신의 망자들을, 아이아코스는 에우로페 출신의 망자들을 심판한다. 이 두 심판관이 판결 내리기 어려운 것은 미노스가 최후의 심판권을 행사한다.

3) 훌륭한 것들에 대해서는 명예로움을, 천한 것들에 대해서는 염치를 갖게 하라

케언즈(1999)에 의하면, 플라톤 대화편에서 획득되어야 할 명예욕에 대한 그의 생각이 가장 잘 드러난 곳은 아마도 『향연』(208c–e)일 것이다. 여기에서 디오티마는 명예를 후세에 남기고 싶어 하는 인간의 '명예욕'(pilotimia, 208c)은 그 어떤 욕망보다 더욱더 강렬한 것임을 언급하고 있다. 그리고 인간은 이러한 목적을 달성하기 위해 종종 "자식을 위해 무릅쓰는 위험보다도 훨씬 커다란 모든 위험을 감수하"(208c–d)고 "어떠한 고통도 감내하며, 심지어 자신의 목숨을 바치기"(208d)까지 한다고 강조하고 있다. 그럼 인간이 목숨까지 바쳐 획득하고자 하는 명예욕에는 어떠한 것들이 있을까?

디오티마는 그것을 다음 3가지 사례를 들어 이야기한다. 첫째로 이올코스의 왕 펠리아스의 딸인 알케스티스는 자신의 남편인 아드메토스를 위해 용감하게 죽었던 사람이다. 신화에 의하면, 그녀는 아르테미스 여신을 화나게 한 죄로 죽게 된 남편 아드메토스를 대신하여 자신이 죽겠다고 자청하였는데, 이 때문에 그녀는 '사랑을 위해서 목숨을 바치려고'(179d) 하였던 용감한 사람 중의 한 사람으로 전해지고 있다. 둘째로 테티스의 아들인 아킬레우스 역시 사랑하는 사람을 위해 자신을 희생하였던 대표적인 사람이었다. 사실 아킬레우스는 이미 '헥토르를 죽이면 자신도 죽게 될'(179e) 운명이라는 것을 알고 있었다. 그런데도 파트로클로스를 죽였던 헥토르를 죽이고야 마는데, 이 일로 인하여 그는 사랑하는 사람을 위해 '기꺼이 자신의 목숨을 바친'(180a) 사람이라는 '명예'를 획득하였다. 마지막으로 아테네 왕 코드로스가 있다. 그 역시 사랑하는 사람을 위해 자신을 희생하였던 용감한 사람이었다. 신화에 의하면, 아테네를 점령하고자 하였던 도리아인들에게는 아테네 왕을 살해하면 결코 아테네를 점령할 수 없다는 하나의 신탁이 내려져 있었는데, 이것을 알고 있던 코드로스는 자기 나라와 가족을 살리기 위해 의도적으로 도리아인들에게 죽임을 당하였는데, 이 일로 인해 그는 사랑하는 사람을 위해 자신을 희생한 용감한 사람이라는 명예를 얻었던 것이다. 이처럼 알케스티스와 아킬레우스 그리고 코드로스는 모두 사랑하는 사람을 위해서 자신을 희생하였던 용기를 보여 주었는데, 이러한 행위로 인하여 그들은 모두 '불멸의 명예', 즉 "불멸의 덕과 그와 같은 찬란한 '명성'(doxa)"(208d)을 얻게 되었던 것이다.

『향연』의 첫 번째 발언자인 파이드로스에 의하면, 불멸을 추구하는 '사랑'(erōs, 178c)은 인간을 '훌륭한 삶으로 인도해 주는'(178d) 가장 기본적인 원리이다. 이 원리는 인간으로 하여금 추하고 천한 것들에 대해서는 '염치'(aischynē, 178d)를 갖게 하고 아름답고 훌륭한 것들에 대해서는 '명예로움'(philotimia, 178d)을 갖게 한다. 즉 "비천한 사람들에 있어서는 염치이고 훌륭한 사람들에게는 명예로움"인 것이다. 왜냐하면 이러한 "염치와 명예로움이 없이는 어떠한 국가나 개인도 위대하고 훌륭한"(178d) 일을 해낼 수는 없기 때문이다. 그래서 국가와 군대를 운영함에 있어서 "추한 일들을 멀리하고 '명예를 추구하는 것'(philotimoumenoi)"(178e)은 그 어떤 것보다 중요한 일인 것이다.

소크라테스에 의하면, 염치와 명예로움으로 무장한 국가와 군대는 탁월하게 용감할 것이며, 아무리 적은 숫자라 할지라도 모든 적을 물리칠 수 있을 것이라 한다.[14] 왜냐하면 사랑의 신인 에로스는 "사랑

---

14) 기원전 4세기(379 · 378년) 테베의 장군 고르기다스(Gorgidas)는 남성 동성애 커플 150쌍(300명)으로 이루어진 정예 특수부대인 '신성부대'를 창설하였다. 테베는 이 부대의 용맹함에 힘입어 스파르타

을 하고 있는 사람을 모두, 선천적으로 탁월한 사람과 비슷할 정도로, 마치 신들린 사람처럼 용감하게 만들어 줄 것"(179b)이며, 만약 국가와 군대가 그렇게 사기가 충만해진다면, 그 어떠한 적도 물리칠 수 있을 것이기 때문이다. 이런 점에서 소크라테스에게 있어 염치와 명예는 공동체를 보존하고 공동체 구성원들의 결속력을 강화하는 최고의 덕목이었던 것이다.

케언즈(Cairns, 1999)에 의하면, 그리스 사회는 명백히 명예와 염치를 중요시하는 '수치문화'(shame culture)의 성격을 띠고 있었다.[15] 공동체 보존에 필요하고 구성원들의 결속력을 강화시키는 것은 '명예로운 것'으로 인정받았으나 그렇지 못하였던 것들은 '불명예스러운 것'으로 거부되었다. 개인의 도덕적 행위 역시 마찬가지였다. 공동체에 부합되는 가치들은 명예로운 것으로 간주되었으나 그렇지 못한 것들은 수치스러운 것으로 이해되었다. 하지만 이것은 그리스 사회가 오직 공동체가 규정하는 외면적인 규범에 의해서 운영되었다는 것을

를 레욱트라 전투(371년)에서 격파하고 그리스의 패권을 차지하였다. 플라톤은 179a 이하에서 이런 부대의 강력함에 관해서 이야기하고 있는 것이다.

15) 염치 또는 수치 개념을 이야기할 때, 항상 논의에서 빠지지 않는 것은 그리스 사회가 '수치문화'(shame culture)였다는 정형화된 이해이다. 이러한 정형화된 이해는 도즈(2002)와 베네딕트(2003)가 제공하였는데, 그들은 공통적으로 서구 사회는 수치문화에서 죄책문화(guilt culture)로 이행하였으며, 기독교적 죄책문화보다 그리스적 수치문화는 열등하다는 것을 주장하였다. 하지만 D. R. 케언즈(1999)에 의하면, 그들의 논리는 많은 문제점을 안고 있다. 왜냐하면 그들의 논리에는 기독교적 죄책문화보다 그리스적 수치문화는 상대적으로 열등하며, 또한 죄책문화보다 수치문화에서는 '양심'의 의미와 내면적 가치가 결여되어 있다는 것을 전제하고 있기 때문이다. 이에 케언즈는 그리스 사회를 불편부당하게 바라볼 줄 아는 객관적인 시각을 요구한다. 사실상 인간은 외적인 규범에 의해서 규제를 받으나 그것만으로 행위하지는 않는다. 왜냐하면, 인간에게는 남이 보지 않는 곳에서도 자신을 스스로 통제하고자 하는 내면적인 원리인 양심이 있기 때문이다. 그리스 사회 역시 철학과 문학을 통하여 내면적인 양심의 가치를 천착해 왔었다. 그러기에 그리스적인 수치문화에서는 죄책문화에서 당연시되는 양심 개념이 부재하였다는 도즈 등의 언급은 지양되어야 하는 것이다. 이와 연관된 구체적인 논의는 다음을 참고하라. Cairns, D. L., *Aidos: The Psychology and Ethics of Honour and Shame in Ancient Greek Literature*, Oxford, 1993; 루스 베네딕트, 『국화와 칼』, 김윤식·오인석 역, 서울: 을유문화사, 2003; 정준영, "일리아스에서 영웅적 자아의 aidos와 행위패턴", 『서양고전학 연구』, 서양고전학회, 제33집, 2008.

뜻하지는 않는다. 오히려 그리스인들은 다양한 철학적 사색을 통하여 공동체의 가치를 내면화시키고 그것을 풍성하게 하였다. 우리는 그것을 다양한 그리스 문학과 철학 작품을 통하여 확인할 수 있다. 명예와 염치 개념 역시 그리스인들의 이러한 내면화 과정의 산물이었다. 특히 염치(aischynē)는 그리스인들의 도덕적 자질을 강화시키는 데 크게 기여하였는데, 왜냐하면 그리스인들은 염치라는 개념을 통해 공동체가 추구하는 가치로부터의 이탈(離脫) 현상, 즉 '불명예스러운 사태'에 대한 명확한 회피를 인식할 수 있었기 때문이다.

이처럼 불멸의 명예를 추구하는 열망은 인간을 훌륭한 상태로 인도한다. 즉 그것은 아름답고 훌륭한 것들에 대해서는 명예로움을 갖게 하고 악하고 비천한 것들에 대해서는 염치를 갖게 하는 것이다. 이렇게 볼 때, 명예와 명예의 부재(不在) 사태인 불명예에 대한 명확한 이해인 염치는 개인은 물론 공동체 전체를 고양하는 하나의 원리였던 것이다.

3. 획득되어야 할 것으로서의 명예와 제거되어야 할 것으로서의 명예는 어떻게 갈리는가: 『국가』와 『일곱째 편지』 등에 나타난 명예 개념

그리스 사회에서 명예는 폴리스 공동체의 안정성과 시민의 자기 정체성을 보장해 주던 핵심 가치였다.[16] 플라톤은 『국가』를 통하여

---

16) 그리스 도시 국가는 명예를 중시하는 공동체이다. 물론 명예의 긍정적인 면만 있는 것은 아니다. 지나친 명예 추구는 자신의 품위를 손상시킨다. 그리고 타자와의 지나친 경쟁은 타자의 명예를 침범할 수도 있다. 자기의 명예와 타자의 명예, 그리고 자신의 자존감과 타자의 자존감을 동시에 만족시키는 지혜가 필요하다. 여기에서 품위를 갖춘 명예, 즉 아이도스가 중요해지는 것이다. 우선적

이러한 명예 개념의 이중성을 잘 제시하고 있다. 그는 영혼의 비이성적인 부분과 돈에 대한 욕망을 통하여 명예의 부정적인 측면을, 그리고 이성에 의해서 인도되고 정의를 지향하는 활동에 의해서 명예의 긍정적인 측면을 보여 주고 있는 것이다.

1) 불명예를 유발하는 영혼의 비이성적인 부분과 돈에 대한 욕망

『국가』 제1권의 소크라테스와 트라시마코스와의 대화에서 명예 개념은 부정적인 것으로 나타난다. K. 라이코스(Kimon Lycos, 1987)의 분석에 기대자면, 소크라테스는 '기술'(techne)이나 '다스림'(통치: arche)이 자기에게 이득이 되는 것을 제공하는 것이 아니라, 피지배자에게 이득이 되는 그러한 것을 제공하는 것이라 한다. 이런 점에서 볼 때, 만약 누군가가 다스리는 일을 맡아 볼 경우에는 그것에 대한 보수나 보상으로 '돈'[17]이나 '명예' 그리고 '벌'(罰)이 언급될 수 있다(347a). 그런데 가장 훌륭한 사람들의 통치에 대한 보상으로 돈이나 명예는 적합하지 않다. 그러한 것들에 대한 사랑은 '창피스러운 것'(347b)이기 때문이다. 남는 것은 벌뿐이다. 그럼 왜 벌인가? 그것은 훌륭한 사

으로 기품 있는 명예는 자기 존중 또는 자기 정체성의 확보에 있다. 자신의 품위를 유지하면서 공동체 속에서 타자와의 관계성을 유지하는 것이다. 품위를 유지하고 공동체의 공통가치를 수호하는 것, 그것이 자아의 명예를 가져온다. 그리스 사회에서 개인의 자아는 항상 공동체 가치와의 연관성 속에서 이해될 수밖에 없다. 공통가치를 실현하였을 때에는 명예를 얻고, 공통가치를 실현하지 못하였을 때에는 불명예를 안는 것이다. 그러기에 자아의 성취는 항상 사회적 관계성 속에서 이루어지며, 개인적 자아는 사회적 자아의 성취 속에서 마무리된다. 개인적 명예, 나아가 사회적 명예는 공동체의 인정과 승인의 문제이다. 그리고 이것은 타자 배제의 문제가 아니라 타자 수용의 문제이기도 하다. 왜냐하면 명예의 상호 인정에 의해서 공동체가 존립하기 때문이다. 이에 관해서는 다음 책 제6장을 참조하라. Carins, D. L., *Aidos: The Psychology and Ethics of Honour and Shame in Ancient Greek Literature*, Oxford, 1993.

17) 명예를 돈과 연결시키는 것은 『파이돈』 68b−c에서도 등장한다. "그러니까 죽게 되었다 해서 화를 내는 사람을 자네가 본다면, 이는 결국 그가 지혜를 사랑하는 사람(철학자: philosophos)이 아니라 몸을 사랑하는 사람(tis philosōmatos)이라는 데 대한 충분한 증거가 그대한테는 되어 주지 않겠는가? 그리고 같은 이 사람이 아마도 재물을 좋아하는 사람(philochrēmatos)이기도 하고 명예를 좋아하는 사람(philotimos)이기도 하여, 둘 가운데서 어느 한 쪽이거나 둘 다이거나 할 게야."

람들이 통치하고자 하는 마음을 먹게 될 때 오직 그들이 장차 받게 될지도 모를 '벌'(zemia, 347a)에 대한 두려움 때문에 그렇게 한다는 것이다. 즉 만약 훌륭한 사람인데도 스스로 통치하고자 하는 마음을 먹지 않는다면, 그는 어쩔 수 없이 '자기보다 못한 사람한테 통치를 당하는'(347c) 엄청난 벌을 경험할 것이기 때문이다. 이처럼 훌륭한 사람이 통치하게 되는 것은 오직 '벌을 두려워해서'(347c)이지, 결코 돈이나 명예 때문에 그렇게 하는 것은 아니다.

제5권에서도 명예에 대한 소크라테스의 부정적인 언급은 계속된다. 여기에서 그는 '명예를 좋아하는 사람'(475a) 또는 '명예를 욕구하는 사람들'(475b)은 역설적으로 명예롭지 못한 행동을 하기 마련이라고 언급한다. 그 이유는 세속적인 명예에 집착하는 사람들은 "장군 (사령관) 노릇을 할 수 없게 되면, 하급 지휘관 노릇이라도"(475a) 하려 할 것이고, "존엄한 분들한테서 존경을 받지 못하면, 미천한 사람들한테서라도"(475b) 존경을 받으려 할 것이기 때문이다(475a−b). 이미 제4권에서 그는 영혼을 '욕구적인 부분'(to epithymetokon, 439d), '이성적인 부분'(to logistikon, 439d) 그리고 '격정적인 부분'(to thymoeides, 440e)으로 삼분하면서, 영혼의 격정적인 부분을 "전적으로 지배하는 것과 승리하는 것 그리고 '명성을 떨치는 것'"(581a)을 지향하는 그러한 것, 즉 '이기기를 좋아하고'(philonikon, 581b), '명예를 좋아하는'(philotimon, 581b) 그러한 영혼의 한 부분으로 규정한 바가 있다. 이렇게 볼 때, 영혼의 격정적인 부분의 지배를 받는 사람들은 신분이나 명성에 집착하는 사람들이고, 그러한 사람들은 결국 세속적인 명예만을 탐하는 그런 사람들인 것이다.

『일곱째 편지』에서도 플라톤은 과도하게 돈을 탐하는 것이 인간을 불명예스럽게 만드는 주된 원인이라고 언급한다. 플라톤은 디오뉘소스 2세가 자신을 '금품'(333d)으로 회유하려 하였다는 사실을 폭로하면서 이러한 말을 하고 있다.[18] 사실 그는 디오뉘시오스 1세 때부터 시라쿠사를 이상적인 국가로 만들고자 헌신하였다. 그의 이러한 노력에 정치적 동지였던 친구 디온이 큰 힘을 보탰던 것도 사실이다. 하지만 부왕(父王)과 달리, 유난히 권력욕이 강하였던 디오뉘소스 2세는 부왕의 의형제였던 디온(Dion)을 자신의 정치적 라이벌로 생각해 그의 정치적 조언은 무조건 반대하였으며 급기야는 그를 추방하고 말았다. 이 일이 있고 난 이후, 디오뉘소스 2세는 디온과 친구였던 플라톤을 회유해 자기편으로 끌어들이고자 하였으나, 플라톤은 이 제안을 단호하게 거절하였다. 그가 보기에, 왕의 제안은 '수치스럽고 불경한 일'(334a)이었기 때문이다. 사정이 이러하다 보니, 플라톤은 그가 책을 지었다는 것에 대해서도 회의적인 반응을 보였다. 만에 하나 그것이 사실이라 할지라도, 그것은 그가 '명성을 좋아해'(344e) 그렇게 했거나 아니면 '명예를 얻으려는 부끄러운 욕심'(344e)[19] 때문에 그렇게 했지, 결코 지혜를 좋아해 그렇게 한 것은 아니라고 생각하였던 것이다. 이처럼 플라톤은 디오뉘소스 2세의 인물 됨됨이를 명예를 탐하는 '몰염치한 인물'로 그리고 있다.

---

18) "디오뉘소스가 '명예와 금품으로' 자기와 한편이 되도록, 그리고 자기를 위해 디온의 추방이 타당했음을 지지하는 증인이자 친구가 되어 줄 것을 설득해 왔을 때는, 이런 일에 대해선 그가 완전히 실패했습니다."(333d)

19) "그는 배움의 능력과 관련해서 유달리 자질이 없지는 않거나 하진 않았지만 놀랄 만치 명예욕이 강했습니다. (……) 그런 이유로 그는 더 확실하게 귀담아듣고자 하는 욕구로 치닫는가 하면, 동시에 명예욕이 그를 안달 나게 했습니다. (……) 내가 보기에 철저히 명예를 탐하는 마음에서 디오뉘소스는 (……) 만약 그(디오뉘소스 2세)가 썼다면, 이는 그것을 자신의 것인 체하거나, 그것에 대한 교육의 참여자인 체해서 명예를 얻으려는 부끄러운 욕심 때문입니다. 그리고 그 교육에 참여함으로써 생기는 명성을 좋아했던 것이라면, 그에게는 그 교육에 참가할 자격이 없었을 것입니다."(338d - 345a)

2) 이성에 의해서 인도되고 정의를 지향하는 활동으로 획득되는 명예

그럼 플라톤이 보기에 참다운 명예란 어떤 것인가?『여덟째 편지』에서 그는 "영혼의 탁월함을 가장 존귀한 것으로" 강조하는 '법'에 근거할 때에만 인간은 명예로운 삶을 살 수 있다고 강조한다.

> "시라쿠사인들이여, 여러분은 무엇보다도 우선 여러분의 욕망과 더불어 여러분의 마음을 돈벌이나 부 쪽으로 돌려놓지 않을 게 분명한 '법'들을 받아들이세요. 영혼과 육체, 그리고 돈, 이렇게 셋이 있는데, 그 가운데 영혼의 탁월함을 '가장 존귀한 것'(entimotatēn)으로 여기고, 육체의 탁월함을 영혼의 탁월함 밑에 놓인 둘째 것으로, 그리고 돈의 가치를 육체와 영혼에 종노릇하는 셋째이자 마지막 것으로 삼는 게 분명한 '법'들을 말입니다."(355a-c)

이처럼 플라톤은 명예의 긍정적인 측면도 잘 알고 있었다. 그것은『국가』제3권, 제5권, 제7권 그리고 제9권 등에서 언급된다. 먼저, 제5권에서는 호메로스(『일리아스』7. 321)의 전통에 입각해 "싸움에서 명성을 떨친 아이아스가 '통등심을 상으로 받는 것'"(468d)이란 말이 등장하는데, 이때 언급되는 '상'이라는 말은 용맹한 젊은이에게 수여되는 하나의 '명예'(468d)였다. 왜냐하면 그러한 상을 받음으로써 용맹한 젊은이는 자신의 소진된 체력을 보충하고, 또한 전사(戰士)로서의 자신의 '명예'(468d)를 획득하였기 때문이다. 이처럼 호메로스 이래 그리스 사회에서 '명예로운 자리와 고기 그리고 그득한 술잔'(468d-e)은 항상 명예를 획득한 사람들에게 주어지는 하나의 값진 선물로 인식되었던 것이다.

제3권에서도 명예는 긍정적으로 이해된다. 여기에서 플라톤은 수호자들 가운데에서 가장 우수한 사람을 통치자로 선발해야 하며, 이러한 논의에서 온갖 종류의 시험을 통과한 사람들은 당연히 '완벽한 수호자들'(phylakes panteleis, 414b) 또는 '나라의 통치자(ho archōn) 및 수호자(phylax)'(414a)로 임명되어야 한다고 한다. 그러면서 그러한 사람들에게는 "살아서도 '영예'(timas)"(414a)가 주어져야 하지만, "죽어서도 무덤이나 그 밖의 기념물에 있어서 최대의 '특전'(gera)"(413e−414a)이 주어져야만 한다고 강조한다. 이처럼 최고의 수호자들에게는 생사(生死)를 불문하고 최고의 명예가 주어졌던 것이다.

하지만 플라톤은 여기에 하나의 단서를 단다. 그것은 바로 명예란 필연적으로 '이성'(logos, 549b)에 의해서 인도되어야 한다는 것이다. 제8권에서 소크라테스는 '명예지상체제'(timokratia, 545b)[20]의 부정적인 측면에 대해서 언급한다. 그에 의하면, 명예지상체제는 명예를 그 주된 가치로 하고 있으나, 그것은 참된 명예가 아니라 세속적인 명예욕에 근거하고 있다고 한다. 또한 이 체제는 가장 이상적인 정체인 '최선자정체'(aristokratia, 544e)로부터 제일 먼저 타락한 형태이기도 하다. 그래서 이러한 정체하에 사는 시민은 모두 '승리'와 '명예'만을 추구하고, 영혼의 이성적인 부분보다는 '격정적인 부분'(to thymoeides)의 지배를 받는다. 또한 그들은 지혜로운 사람들이 공직에 앉는 것을 두려워하고 '평화보다는 전쟁'(547e)을 선호하며 평생을 전쟁터에서 보낸다(548a). 결과적으로 지혜로운 사람들이 밀려나고 오직 '전공(戰功)이나 전쟁과 관련되는 공적'(549a)이 있는 사람들만이 경쟁적으로 통치자가 되기를 열망하는 것이다. 그런데 이러한 나라가 과연 제대

---

20) 명예지상정체(timarchia)라고도 한다(545b).

로 운영될 수 있을까?

이에 플라톤은 '최선의 수호자'(549b)가 될 사람은 모름지기 이성의 원리에 의해서 인도되는 사람이어야 한다고 강조한다. 즉 그 사람은 '시가와 혼화된 이성을 갖춘 자'(549b), 즉 '명예지상적인 청년'(timokratikos neānias, 549b)이어야 하는 것이다. 그런데 이성 원리를 갖춘 이상적인 통치자에 대한 언급은 '철인통치자'에 대한 언급이 등장하는 제7권에도 있다. 여기에서 플라톤은 힘든 공부와 훈련을 거쳐 엄격하게 '선발된 자들'(hoi prokrithentes, 537b)이 누리게 될 큰 '영예'(537b)에 대해서 말한다. 특히 "실재의 본성에 대한 '포괄적인 봄'(synopsis)"(537c)의 능력을 획득한 사람들에게는 그렇지 못한 사람들보다 더 큰 명예가 주어져야 한다고 언급하는데, 이는 그러한 공부가 철인통치자의 '변증법' 공부와 깊이 연관되어 있기 때문이다. 사실 변증법은 가장 중요한 철인통치자 공부방법이기도 하다. 그것은 엄격한 훈련을 거쳐 선발된 수호자들이 30세가 되어서야 겨우 배우게 되는 공부이기도 하다. 그것을 배우기 이전에는 약 10년간에 걸친 예비교육이 시행된다. 이것을 무사히 마친 사람들에게는 5년간의 변증법 공부가 주어지는데, 그것을 무사히 마친 사람들에게는 약 15년간에 걸친 실무행정 공부가 기다리고 있다. 그리고 이것을 마친 사람들에게는 변증법 자체에 대한 고차원적인 관상(觀想)의 공부가 주어진다. 그런데 이 과정은 선발된 자들이 평생에 걸쳐 공부해야 하는 것이기도 하다. 플라톤은 이를 '영예'(537d)로운 사람들이 사는 삶의 방식이라고 한다.[21]

---

21) 소크라테스는 변증법을 공부할 능력이나 자격이 되지 않는 사람들이 그것을 공부하였을 때 발생하는 위험성에 대해서도 경고한다. 그 이유는 변증법적 논변을 처음으로 접한 사람들이 그것을 무차별적으로 "반박(반론: antilogia)에 이용함으로써, 놀이처럼 남용한"(539b) 결과, "사람들을 논변으로써 끌어당겨서는 찢어발기기를 즐기고"(539b), 때에 따라서는 "이전에 자신이 믿었던 것들 가운

그런데 제7권에서 플라톤은 명예를 '정의'와 연결시킨다. 말미에 등장하는 '참된 철학자들'(hoi alethos philosophoi, 540d)[22]은 '명예로운 사람들'의 다른 이름이기도 하다. 왜냐하면 참된 철학자들은 지혜를 사랑하는 사람들인데, 그러한 사람들은 오로지 나라의 "'바른 것'(to orthon)과 이것에서 생기는 '명예'(timas)"(540d−e)만을 존귀한 것으로 간주하기 때문이다. 즉 참된 철학자들만이 나라의 통치자가 되기에 충분한 자격을 갖추고 있는 것이다. 물론 현실 세계는 그렇지 않다. "저속하며 아무런 가치도 없는 것들"(540d)이 '현재의 명예'(540e)로 간주되고 있기 때문이다. 그러기에 진정으로 나라를 잘 경영하고자 하는 사람들은 모름지기 '올바른 것'(to dikaion, 540e)을 추구하고 그것을 가장 명예로운 것으로 간주해야 하는 것이다.

흥미롭게도 플라톤은 제9권에서 명예가 "각자가 목적한 바를 성취하게 될 경우에는, 이들 모두에게 따라오는"(582c)[23] '보편적인 것'이라고 언급한다. J. 아나스(J. Annas, 1981)에 의하면, 올바름과 행복의 관계를 고찰하는 9권에서, 소크라테스는 올바른 삶을 산 사람들이 그렇지 않은 사람들보다 더 행복하다는 것을 보여 주는 일련의 논증[24]을 전개한다. 특히, 철학자가 추구하는 삶이 가장 즐거운 것임을 언급하는 두 번째 논증에서, 소크라테스는 삼분된 영혼 각각에 "특유한

데 어떤 것도 믿지 않는"(539c) 사태를 야기하며, 급기야는 철학과 연관된 일체의 일에 종사하는 사람들 모두를 웃음거리 내지는 '비방의 대상들'(539c)로 만들어 버릴 것이라고 진단하고 있기 때문이다. 변증법에 관해서는 C. Kahn의 다음 책을 참조하라. C. Kahn. *Plato and The Socratic Dialogues: The philosophical use of a literary form*. Cambridge: Cambridge Univ. Press, 1996.

22) 이것은 '참으로 지혜를 사랑하는 사람들'이라는 것으로도 옮길 수 있다.

23) 물론 이러한 생각은 플라톤의 독창적인 생각만은 아니다. 그것은 호메로스와 헤시오도스로부터 이어져 내려온 전통적 사상과 맥이 맞닿아 있다. 다만 플라톤은 그러한 생각을 새로운 시대, 즉 철학의 시대에 자신의 이상국가론을 바탕으로 새롭게 정초하고 있을 뿐이다.

24) 참주체제와 이를 닮은 사람들에 대한 논의는 576d−580c, '즐거움' 또는 '쾌락'에 대한 논의는 580c−583a, 그리고 '환영적인 즐거움'과 '참된 즐거움'에 대한 논의는 583b−588a에 있다.

즐거움이 하나씩 있다"(580d)고 말한다. 즐거움을 삼분된 영혼 각각에 연결 지으면서, 그는 사람들을 3부류, 즉 "'지혜를 사랑하는 부류', '이기기를 좋아하는 부류' 그리고 '이(利)를 탐하는 부류'"(581c)로 나눈다. 그런데 여기에서 이익을 탐하는 부류는 영혼의 '욕구적인 부분'의 지배를 받는 사람들을 말하며, 이기기를 좋아하는 부류는 영혼의 '격정적인 부분'의 지배를 받는 사람들을 말하고, 지혜를 사랑하는 부류는 영혼의 '이성적인 부분'의 지배를 받는 사람들을 말한다. 그런데 재미있는 것은 소크라테스에 의하면 명예를 좋아하는 사람들은 "재물로 인한 즐거움은 천한 것으로 여기는가 하면, 배움으로 인한 즐거움도, 그게 어떤 배움이든 '명예'를 가져다주는 것이 아닌 한은, 한 가닥 연기요 어리석은 것"(581d)으로 간주한다는 것이다. 즉 '경쟁'과 '투쟁'을 선호하는 사람들은 '명예'를 산출할 수 있는 것들만을 유의미한 것으로 간주한다는 것이다. 그런데 과연 그러한가?

이에 소크라테스는 일단 명예라는 것을 "각자가 목적한 바를 성취하게 될 경우에는, 이들 모두에게 따라오는"(582c)[25] 일반적인 것으로 규정한다. 부자든, 용감한 사람이든, 아니면 지혜로운 사람이든 간에, 그들은 모두 "명예를 누림으로 인한 즐거움이 어떤 것인지에 대해서는 모두가 경험을 갖고"(582c) 있으며 또한 알고 있는 것이다. 부자는 부자대로, 용감한 사람은 용감한 사람대로, 그리고 지혜로운 사람은 지혜로운 사람대로, 자신들이 목적하는 바를 성취하게 되면, 그들은 그 가운데에서 존경을 받고 명예로운 인물로 간주되는 것이다. 하지

---

25) 물론 이러한 생각은 플라톤의 독창적인 생각만은 아니다. 그것은 호메로스와 헤시오도스로부터 이어져 내려온 전통적 사상과 맥이 맞닿아 있다. 다만 플라톤은 그러한 생각을 새로운 시대, 즉 철학의 시대에 자신의 이상국가론을 바탕으로 새롭게 정초하고 있는 것이다.

만 이러한 사람들이 경험하는 즐거움이 모두 동일한 것으로 말할 수 있는가?

소크라테스는 그것은 결코 동일하지 않다고 한다. 왜냐하면 다른 것들은 다 제쳐 놓고라도, "'실재'(to on)에 대한 '관상'"(582c)이 어떤 즐거움을 주는지에 대해서만큼은 지혜를 사랑하는 사람 이외에는 그 누구도 이해할 수 없는 고유한 것이기 때문이다(582c). 이익을 탐하는 사람들은 '사물들의 본성이 어떤 것'(582b)인지에 대해서 일체의 배움도 없고 일체의 경험도 없다. 하지만 지혜를 사랑하는 사람들은 사물들의 본성을 알 때의 즐거움은 물론, 돈으로 말미암은 즐거움에 있어서도 이익을 탐하는 사람들의 경험을 훨씬 능가하고 있다. 이는 명예를 좋아하는 사람도 마찬가지이다. 즉 지혜를 사랑하는 사람들은 '명예를 좋아하는 사람'(583a)이나 '돈벌이를 하는 자'(583a)의 삶보다도 '경험(empeiria)이나 사려분별(phronēsis) 또는 이성적인 추론(logos)'(582a) 등의 모든 분야에서 그들을 능가하고 있는 것이다.

이처럼 플라톤에게 있어서, 혼의 이성적인 부분은 '배움을 좋아하고(philomathes) 지혜를 사랑하는 부분(philosophon)'(581b)이고, '신적인 것'(to theion, 589d)과 동일하다. 그리고 그것은 『국가』 500c에 등장하는 플라톤의 다음 말, 즉 "철학자는 신적이며 절도 있는 것과 함께 지냄으로써 그 자신이, 인간으로서 가능한 한도까지, 절도 있고 신과도 같은 사람이 되네"(500c)라는 말과도 연결될 수 있다.

4. 영혼에 좋은 것들을 중시하는 법률을 만들 것인가 아니면 돈이나 신체에 유익한 것들을 중시하는 법률을 만들 것인가: 『법률』에 나타난 명예 개념

『법률』에서 플라톤의 대변인 역할을 하는 아테네인은 명예를 '신성한 좋은 것'(theion agathon, 727a)이라 강조한다. 또한 그는 '영혼의 도야'(陶冶)와 연관하여 명예를 "더 나은 것들을 따르되, 한층 못한 것들이기는 하나, 더 좋아질 수 있는 것들을 최대한 좋아지도록 하는 바로 이 일을 이루는 것"(728c)이라 규정한다. 시민들의 영혼에 명예를 조성하고자 노력하는 입법자(nomothetēs, 728d)는 국가에서 법률의 제정자이기도 하다. 하지만 입법자의 그러한 노력에도 불구하고 현실 국가에서 전 시민의 영혼을 참된 명예로 조성하는 것은 그리 쉬운 일이 아닌데, 그 이유는 명예를 획득할 주체인 인간들의 영혼이 악한 환경, 즉 '나쁜 것들'(727a) 가운데 위치해 있기 때문이다. "명예란 어쩌면 '신성한 좋은 것'(theion agathon)이겠으나, 나쁜 것들 가운데에서는 그 어떤 것도 명예로운 게 없겠기에, 어떤 언변이나 선물들 또는 고분고분함으로 혼을 키우게 될 것으로 생각하는 사람은 한결 나쁜 상태에 있는 혼을 더 나은 상태의 것으로 전혀 만들지 못하고 있습니다."(727a) 그런데 무엇보다도 인간 영혼의 도야를 방해하는 것은 '방종함'이다. 스탤리(Stalley, 1983)는 인간의 방종함은 '자기기만'과 연결되어 있다고 분석한다. 왜냐하면 입법자는 시민의 영혼을 명예롭게 만들고자 하나 방종한 인간 영혼은 무지한 상태에서 자기 자신을 기만하는 데 열중하기 때문이다(731e-732a). 즉 인간은 무지에 대한 자각이 결여된 상태에서 전문가에게 양보해야 할 사안을 욕심 때문에 자기 혼자 처리하다 일을 그르치고 마는데, 이는 방종한 인간 영혼이 보여 줄 수 있는 대표적인 자기기만의 행태인 것이다. 또한 방종한 인간 영혼은 '올바른(정의로운) 것들'(732a)을 지향하는 것으로부터도 점점 멀어지는데, 그 이유는 그들이 자기 자신에 대한 이기적 사랑이 지나친 나머지 진실로 참된 것을 지향하지 못하기 때문이다. 이렇게 볼 때, 명예와 연관하여 아테네인이 가장 강조하는 것은 불명예 사태에 대한 하나의 견제장치로서의 '자기 절제'의 힘인 것이다.[26]

아테네인에 의하면, '신들'(727a)[27]을 제외하고 이 우주에서 가장 고귀한 것은 인간 '영혼'(726a)이다.[28] 그러기에 인간은 신들을 제외하고서는 인간 영혼을 가장 고귀한 것으로 간주해야 한다. 또한 그것을 가장 명예롭게 만들어야만 한다.[29] 하지만 인간은 현실적으로 그렇게 하지 못한다. 무지와 무절제 속에서 방종한 삶을 살면서 영혼을 오염시키기 때문이다. 이에 아테네인은 영혼을 오염시키는 불명예스러운 행위 7가지를 열거하면서 인간들의 각성을 촉구하고 있다. 첫째, "모든 걸 능히 알 수 있다고 믿으며, 자신의 혼을 칭찬함으로써 그것을 명예롭도록 하는 것"(727b), 둘째, "대부분의 가장 큰 잘못들을 제 탓으로 여기지 않는 것"(727b), 셋째, "입법자가 말하는 것과 칭찬하는 것에 어긋나게 쾌락에 탐닉하는"(727c) 것, 넷째, "칭찬받는 수고들

---

26) 『법률』의 '원리' 또는 '주된 요인'은 '자기 절제'의 문제라는 언급에 대해서는 바커의 다음 책을 참고하라. E. Barker.(1960), *Greek Political Theory*, London: Methuen.

27) 원문 그대로를 정확하게 옮기자면 "주인들인 신들과 이들을 따르는 것들(신령들)"이다.

28) 첫째, 서열에 배정된 것은 인간 영혼의 주인인 신들과 이들을 따르는 것이다. 그런데 만약 이것을 제외하고 생각한다면, 인간 영혼이 가장 고귀하다. 이에 대해서는 『법률』 726a 이하를 참고하라. "바로 이처럼 자신의 혼을, 주인들인 신들과 이들을 따르는 것들 다음으로, 두 번째로 존중해야만 한다고 말함으로써 제가 옳게 권고하고 있을 겁니다."(726a‑727a)

29) 박종현은 'timan'을 "존중해야만 한다"로 옮기고 있으나, 필자는 이것을 일관되게 '명예롭게 한다'로 옮겼다. 727b의 번역도 이와 마찬가지이다. 이에 대해서는 박종현(2009)의 『법률』 352쪽 각주 7번을 참고하라.

과 무서움들, 고통들 그리고 슬픔들을 참으며 치러 내지 못하고 굴복해 버리는"(727c) 것, 다섯째, "어떻게든 살아남는 걸 좋은 것으로 생각하는"(727c) 것, 여섯째, "훌륭함(덕: aretē)보다도 준수함(kallos)[30]을 더 귀히 여기는"(727d) 것, 그리고 마지막으로 "재화를 불미하게 획득고자 열망하거나 또는 그걸 (그렇게) 획득하고도 꺼림칙해하지 않는"(727e-728a) 것이다. 앞의 다섯 가지 사례는 무지와 무절제 속에서 자기를 기만하는 전도된 영혼의 모습을 언급하는 것이다. 여섯째와 일곱째는 '혼의 불명예(atimia)'(727d)를 가져오는 몸과 돈에 대한 집착을 각각 말하고 있다. 이런 점에서 아테네인은 "아이들에게는 많은 경외(공경, 염치: aidōs)를 물려주어야지, 금을 물려주어서는 안 됩니다"(729b)라고 경고하고 있는 것이다.

'불의'(adikia: 올바르지 못함, 730d)의 개념과 연관해서 볼 때, 명예의 의미는 더욱더 분명해진다. 『고르기아스』에서도 확인할 수 있듯이,[31] 플라톤은 "아무런 올바르지 못한 짓(불의)도 저지르지 않는 자"(730d)를 명예로운 사람이라 언급한다. 하지만 그보다 더 명예로운 것은 "올바르지 못한 짓(불의)을 저지르는 사람들이 올바르지 못한 짓(불의)을 저지르는 걸 허용하지 않게"(730d) 하는 것이다. 즉 적극적으로 불의의 사태를 축소하고 제거하는 것이다. 왜냐하면 명예의 실현은 개인적 차원에서만 이루어질 수 있는 일이 아니라, 공동체 전체의 일이기 때문이다. 그러기에 아테네인은 폴리스 전체의 '정의'를 세우는 일이나 폴리스 전체에 꼭 필요한 '절제(sophrosyne) 그리고 사려

---

30) 박종현에 의하면, 여기에서의 kallos는 beauty로 번역되며 단순한 '신체적인 아름다움', 곧 '준수함' 또는 '미모'를 뜻한다. 이것은 '아름다움'을 뜻하는 to kalon과는 차별화된다. 이에 대해서는 『법률』 353페이지를 참고하라.

31) 이에 대해서는 『고르기아스』 472e를 참고하라. 아울러 『법률』 355쪽의 각주 15도 참조하라.

분별(phronesis)'(730e)의 가치를 수호하고 전파하는 일은 국가에서 우선적으로 해야 하며, 실제로 그러한 일을 한 사람은 '최정상급의 명예'(730e)를 획득할 만한 충분한 자격이 있는 사람이라고 언급하는 것이다.[32]

> "그런가 하면, 힘닿는 데까지, 통치자들과 함께 징벌을 하는 데 도와주는 이는 나라에 있어서 '위대하며 완벽한 인물'로서, 이 사람은 훌륭하므로 우승상을 차지한 이로 선언되어야 할 것입니다. 바로 똑같은 칭찬은 '절제'(sōphrosyne) 그리고 '사려 분별'(phronēsis)과 관련해서도 해 주어야만 하며, 이는 누군가가 그 밖의 다른 것들로서, 그 자신이 가질 수 있을 뿐만 아니라 남들에게도 전파할 수 있는 것들로 지니고 있는 좋은 것들의 경우에도 그러해야만 합니다. 그것들을 전파해 주는 사람은 '최정상급의 명예'(akrotaton…… timan)를 주어야만 하는 반면에, 그리하고자 하지만, 할 수는 없는 사람은 둘째가는 명예를 허락해야만 합니다."(730d−e)

이처럼 아테네인은 불의를 억제하고 불의한 행위에 대해서는 그것이 수치스러운 것임을 자각하는 삶이 진정으로 명예로운 삶임을 강조한다.

계속해서 아테네인은 국가의 법률 제정도 명예와 연관하여 이루어져야 한다고 주장한다. 그런데 인간의 삶에는 영혼과 신체 그리고 재물이라는 삶의 3대 요소(743e)가 있기에, 법률 제정의 이것과 연계하여 이루어져야 한다. 하지만 이 3가지 삶의 요소가 존재론적으로 동등한 위상을 갖는 것은 아니다. 재물은 신체보다 열등하고, 신체는 영

---

32) 이와 연관하여 플라톤은 『일곱째 편지』 354c−d에서도 탐욕을 거부한 채 법에 복종함으로써 얻게 되는 명예의 상에 대해서 다음과 같이 언급하고 있다. "참주정을 지향하는 사람들에게는 방향을 바꾸어, 탐욕스럽게 갈망하는 몰지각한 사람들이 행복이라 여기는 것들을 서둘러 피하라고, 그래서 왕의 모습으로 탈바꿈하여, 왕의 지위를 가진 법들에 복종하려는 노력을 기울이라고 권하는 바입니다. 그럼으로써 그들은 사람들에게서 마음에서 우러나온 '최대의 존경'(tas megistas timas)을 받게 될 뿐만 아니라 법들에서도 최대의 존경을 받게 될 것이다."(『일곱째 편지』 354c−d)

혼보다 열등한 존재이기 때문이다. 그러기에 법률 제정의 일 역시 이러한 요소들의 존재 등급에 따라서 이루어져야 한다(744a). 왜냐하면 제정되는 법률이 이 3가지 요소 중 어떤 것을 어떻게 강조하느냐에 따라 국가의 명예 개념은 크게 달라질 수 있기 때문이다. 즉 입법자가 영혼에 '좋은 것들'(ta agatha, 697a)을 우선시하는 법률을 만드느냐, 아니면 돈이나 신체에 유익한 것들을 우선시하는 법률을 만드느냐에 따라 그 국가의 운명은 크게 달라질 수 있을 것이기 때문이다. 그러기에 아테네인은 영혼과 신체 그리고 재물의 순으로 명예를 분배하는 법률을 만들 것을 주문하고 있는 것이다.

> "그러니까, 인간의 힘이 미치는 한도까지, 장차 보존되고 행복할 나라는 명예들과 불명예들을 옳게 배분해야만 하며 또한 그러는 게 불가피하다고 우리가 주장하고 있는 것 같습니다. 결국 혼과 관련되는 좋은 것들(ta agatha)을, 혼에 절제(건전한 마음상태)가 있을 경우에는, 가장 귀하고 으뜸가는 것들로 삼되, 몸과 관련되어 아름답고 좋은 것들은 버금가는 것들로 삼으며, 재산 및 재물과 관련되는 좋은 것들은 셋째 것들로 삼는 것이 옳습니다. 그러나 어떤 입법자나 나라가 이에서 벗어나, 재물을 명예로운 것들로 앞세우거나 또는 뒤의 것들 가운데 어느 것을 명예에 의해 앞쪽에 배치할 경우에, 이는 경건하지도(hosion) 않으며 정치적이지도(politikon) 않은 짓을 하는 것입니다. 우리가 이런 말을 한 것으로 할까요 아니면 어떻게 말한 걸로 할까요?"(697a—c)

이렇게 볼 때, 입법자의 명예 배분의 문제는 결국 공동체의 안정성 확보와 밀접하게 연관되어 있다. 왜냐하면 아테네인이 "용맹한 자들에게는 명예를, 그렇지 못한 자들에게는 불명예를 옳게 배분해 줌으로써, 온 나라가 일생 동안의 실전에서 쓸모 있도록 준비하도록"(830e—831a) 하는 것은 결국 공동체의 안정성 확보를 궁극적 목표로 하는 것이기 때문이다.

이처럼 『법률』에서 명예는 한편으로는 다른 모든 가치의 상위에 있는 '신성한 좋은 것'으로 있으면서 또 다른 한편으로는 공동체 전체의 안정성을 보장하는 핵심적인 장치로 기능하고 있다. 그리고 이러한 명예의 기능은 『국가』의 이상국가를 『법률』의 현실국가로 자리매김하는 플라톤의 대안이기도 하다.

5. 결론

윤리학적 측면에서 그리스 사회를 규정하는 가장 적합한 말은 아마도 '명예 중심의 윤리적 공동체'일 것이다. 케언즈(1993)와 키토(2008)를 비롯한 많은 그리스 전문가들의 말을 빌리지 않더라도, 그리스 사회는 개인보다는 폴리스 공동체를 우선시하였다. 당연히 개인의 명예는 공동체가 지향하는 가치에 따라서 이해될 수밖에 없었다. 이처럼 그리스 사회는 철저하게 개인의 자기 정체성을 공동체의 명예 개념과 연관시켜 생각하였던 명예 중심의 사회였다.

플라톤은 『소크라테스의 변론』, 『고르기아스』, 『향연』, 『국가』, 『일곱째 편지』, 『여덟째 편지』 그리고 『법률』 등의 대화편을 통하여 스승 소크라테스의 명예로운 삶을 형상화하고 있다. 그에게 있어 소크라테스의 삶은 그 자체가 명예로운 것이었으며, 그의 철학은 본래적인 명예 개념을 천착하는 유의미한 활동이었다. 물론 명예에 대한 그의 생각이 형성되는 데에는 세속적인 명예 개념을 강조하였던 소피스트들에 대한 강한 비판이 내재되어 있다. 그들은 돈이나 신체 그리고 권력과 연관된 세속적인 가치들을 정당화하는 데 몰두하였기 때문이다. 이에 소크라테스는 개인의 이기심과 권력욕을 최소화하면서 공동체의 안정성을 확보할 수 있는 본래적인 명예 개념 확립에 매진하였다.

플라톤의 명예의 윤리학은 바로 이러한 소크라테스의 본래적인 명예 개념의 연장선상에 있다. 그는 시종일관 돈이나 신체보다는 인간 영혼을 강조하고 있으며, 영혼의 순수화를 통한 본질적이 명예 개념 확립에 집중하였다. 아울러 그것을 개인의 차원을 넘어선 보편적 차원으로 승화시켰다. 이처럼 플라톤은 현실적인 '부귀영화'(富貴榮華)를 멀리하고 '염치'와 '명예로움'에 따라 살기를 권유하는 명예의 윤리학을 우리에게 제공하고 있는 것이다.

참고문헌

김영균,『국가』, 살림출판사, 서울, 2008.

도즈, E. R.,『그리스인들과 비이성적인 것』, 주은영·양호영 역, 까치, 서울, 2002.

딜타이, 빌헬름,『고대 그리스와 로마의 교육』, 손승남 역, 지식을 만드는 지식, 서울, 2009.

롱, A. A.,『헬레니즘 철학』, 이경직 역, 서광사, 서울, 2000.

박규철,『플라톤이 본 소크라테스의 도덕 정치철학』, 동과서, 고양, 2003.

_____,『소크라테스와 소피스트』, 동과서, 고양, 2009.

_____,「플라톤 대화편에 나타난 문답법의 윤리적 의미와 '감정'의 문제」,『동서철학연구』제55호, 한국동서철학회, 2010.

베네딕트, R.,『국화와 칼』, 김윤식·오인석 역, 을유문화사, 서울, 2002.

정준영,「일리아스에서 영웅적 자아의 aidos와 행위패턴」,『서양고전학 연구』, 서양고전학회, 제33집, 2008.

키토, H. D. F.,『고대 그리스, 그리스인들』, 박재욱 역, 갈라파고스, 서울, 2008.

플라톤,『국가·정체』, 박종현 역, 서광사, 서울, 1997.

_____,『향연』. 박희영 역, 문학과 지성사, 서울, 2003.

_____,『에우티프론, 소크라테스의 변론, 크리톤, 파이돈』, 박종현 역, 서광사, 서울, 2004.

_____,『법률』, 박종현 역, 서광사, 서울, 2009.

_____,『향연』, 강철웅 역, 이제이북스, 서울, 2010.

피치노, 마르실리노.『사랑에 관하여: 플라톤의『향연』주해』, 조규홍 역, 서울: (주)나남, 2011.

Annas, J., *An Introduction to Plato's Republic*, Oxford: Clarenden Press, 1981.

Bloom, A.(trans), *Republic of Plato*, New York: Basic Books, 1968.

Bury, R. G.(trans), *Plato: Laws*, 2 vols. Loeb Classical Library, 1926.

Carins, D. L., *Aidos: The Psychology and Ethics of Honour and Shame in Ancient Greek Literature*, Oxford, 1993.

Cooper, J. M., "Plato's Theory of Human Motivation", *History of Philosophy Quarterly*, 1(1984).

_____, *Reason and Emotion: Essays on Ancient Moral Pshychology and Ethical Theory*,

Princeton: Princeton University Press, 1999.

Cross, R. G, and A. D. Woodzley, *Plato's Republic: A Philosophical Commentary,* London: Macmillan Press, 1964.

Dodds, E. R.(ed.), *Plato: Gorgias,* Oxford: Clarendon Press, 1959.

Ferrari, G. R. F, "Plato on Poitery", in G.A.Kenndy(ed.), *The Cambridge History of Litery Criticism,* Vol. Ⅰ, Cambridge: Cambridge University Press, 1989.

Fowler, H. N.(trans.), *Plato: Euthyphro, Apology, Crito, Phaedo, Phaedrus,* Loeb Classical Library, 1914.

Guthrie, W. K. C., *History of Greek Philosophy,* Vol.4, Cambridge: Cambridge University Press, 1975.

Irwin, T. H., *Plato's Ethics,* Oxford: Oxford University Press, 1995.

Kahn, C. H., *Plato and The Socratic Dialogues: The philosophical use of a literary form,* Cambridge: Cambridge Univ. Press, 1996.

Lamb, W. R. M.(trans.), *Plato: Gorgias,* Loeb Classical Library, 1967.

_____.(trans.), *Plato: Lysis, Symposium, Gorgias,* Loeb Classical Library, 1925.

Lycos, Kimon. *Plato and Justice and Power: Reading Book I of Plato's Republic,* London: Macmillan Press 1987.

Pappas, N., *Plato and the Republic,* London and New York: Routledge, 1995.

Penner, T. "Thought and Desire in Plato", Ed. G. Vlastos. *Plato: A Collection of Critical Essays, ii: Ethics, Politics, and Philosophy of art and Religion,* New York: Anchor Books, 1971.

Robinson, R. "Plato's Separation of Reason from Desire", *Phronesis,* 16(1971).

_____. *Plato's Earlier Dialectic,* Oxford: Clarendon Press, 1980.

Robinson, T. M., *Plato's Psychology,* Phoenix Supplementry Volume 8(1995).

Rosen, Stanley. "The Role of Eros in Plato's Republic", *Review of Metaphysics,* 18:3(1965: Mar.).

Shorey, P.(trans.), *Plato: Republic* Ⅰ, Ⅱ, Loeb Classical Library, 1969.

Stalley, R. F., *An Introduction to Plato's Laws,* Oxford: Basil Blackwell, 1983.

Strauss, Leo, *The Argument and the Action of Plato's Laws,* Chicago and London: The University of Chicago Press, 1975.

Waterfield, R.(trans.), *Plato: Republic,* Oxford: Oxford University Press, 1993.

Woods, Michael. "Plato's Division of the Soul". *Proceedings of the British Academy,* LXXIII, 1987.

제3장 아리스토텔레스의 aidōs와 timē 개념 분석

김요한

1. 들어가는 말

고대 그리스에서 timē 개념은 항상 aidōs의 구성요소인 가치평가를 떠나서 설명될 수 없기 때문에 aidōs에 대한 연구는 그리스인들이 생각하는 timē과 관련된 가치들에 대한 연구의 바탕이 된다.[1] aidōs는 수치심과 존경심이라는 복합적인 감정들을 포함한다. 왜냐하면 이 두 감정들은 완전히 무관한 것들이 아니기 때문이다. 어떤 일정한 행위의 금지라는 효과를 유발하는 수치스럽다고 느끼는 감정은 자신을 timē를 실추시킨 자로 묘사하는 일과 동일하며 타인에 대한 존경심을 나타내는 것은 그에 대한 timē를 인정하는 일과 동일시된다.

또한 이 두 감정이 하나의 개념으로 통합되는 것은 매우 논리적이다. 왜냐하면 자기 자신의 timē를 염려하는 일은 곧 자신을 타인 중의

---

[1] 고대 그리스에서 timē의 가치들은 적절함이라는 준미학적 표준들과 긴밀하게 연결되어 있다. 그 표준들은 행위와 사건의 상태를 '아름다운 것', '추한 것', '흉한 것' 등으로 분류한다. 따라서 aidōs라고 느끼는 감정은 timē가 걸린 상황들에 대한 반응, 즉 어떤 행위 또는 상황이 '추하다', 즉 '보기 좋지 않다'는 감정으로 간주된다.

하나, 즉 timē의 담지자로 상상하는 과정을 수반하기 때문이다. 따라서 timē를 추구하려는 자신의 권리 주장을 제한하는 일은 자신의 지위와 타인 지위의 상대성을 인정하는 일이며 또한 자기 과시를 금하는 일은 그런 행위가 얼마나 타인들의 timē에 타격이 될 수 있는 것임을 인식하는 일이 될 것이다. 자신의 timē에 타격을 가할 수 있는 타인들의 비난 때문에 어떤 일을 금지당하는 경험은 타인의 지위와 관련해 자기 자신의 지위를 고려하게 만들어 주는 상황 속에서 자신이 느끼는 금지적 자의식과 매우 유사하다.

이와 같이 우리는 aidōs 개념 속에 자아의 timē는 개인적 문제가 아니라 타인들의 timē와 밀접하게 연결되어 있음을 파악할 수 있다. timē는 혼자 열심히 노력한다고 해서 얻어지는 것이 아니다. 그것은 논리적으로 타인과의 관계를 전제로 하고 있다. 그 관계는 타인들을 바라보면서 자기 자신을 어떻게 자리매김하는가에 달려 있으며 어떻게 느끼고 있는가에 영향을 받는다. 배타적인 자기 과시는 절대로 타인의 존경을 불러일으킬 수 없다. 오히려 타인들로부터 수치를 당하지 않으려는 적극적인 자기 성찰이 timē의 첫걸음이 된다. 이런 자아와 타인에 관한 자기 성찰을 우리는 수치심이라고 느끼는 감정, 즉 aidōs라고 규정할 수 있다. aidōs는 자아의 timē와 타인의 timē 사이에 존재하는 균형이다. 따라서 자아의 timē 개념과 한편 그것과 타인의 timē의 상관관계를 이해하기 위해서는 자신과 타인에 대한 일종의 감정이면서 가치 평가적인 판단들로 구성된 aidōs이란 개념을 파악하는 것이 timē의 개념 규정을 위한 일차적인 논의의 대상이 되어야 할 것이다. 왜냐하면 자아의 timē와 타인들의 timē, timē의 개인적 경쟁 기준과 공동체적인 기준을 모두 통합하고 있는 timē 그 자체에 관한 규약이 자신의 timē와 타인의 timē에 대한 정서적 반응으로서 aidōs 개념 속에 반영되어 있기 때문이다.

이 연구에서 연구자는 timē를 이루는 구성 요소인 aidōs에 관한 아리스토텔레스의 논의를 고찰하면서 그것이 어떻게 자아의 timē을 형성하며 또한 개인의 자아상과 내적 도덕 표준의 기초가 되는지를 살펴볼 것이다. 이를 위해서 연구자는 첫 번째로, aidōs의 개념에 대한 일차적인 분석을 수행할 것이다. aidōs는 수치심과 죄책감으로 번역될 수 있다. 그러나 외적 제재로서 수치심과 내적 제재로서 죄책감이라는 이원적인 분석으로는 통합적인 aidōs를 설명할 수 없기 때문에 연구자는 이것들 모두 내적 표준에 근거하고 있음을 살펴볼 것이다. 두 번째로, 아리스토텔레스의 도덕적 탁월성에 대한 영혼의 기능들과 관련해서 어떻게 감정으로써 aidōs가 습성이나 경향성의 역할을 감당하면 또한 탁월성의 범주에까지 포함되고 그 기능들을 담당할 수 있는지에 대한 분석을 시도할 것이다. 결론적으로 아리스토텔레스의 aidōs 개념은 이처럼 내적인 도덕적 자아와 그 표준을 형성함으로써 timē의 근원이 됨을 주장하게 될 것이다.

2. 수치와 죄책감

aidōs는 정확하게 말하면 '수치심'이라고만 번역할 수 없다. 그러나 두 개념들은 매우 유사한 특징들을 가지고 있다. 여기서 '타인'이라는 관념은 두 개념들에 공통적인 요소이다. 한편 타인과 관련된 감정으로서 aidōs는 때로는 '죄책감'으로도 해석된다. 수치심과 죄책감은 비숫한 생리현상이라는 반응을 가지고 있지만 한 가지 중요한 차이가 있다. 그것은 수치심은 외적 제재에 대한 두려움, 특별히 타인들의 비난에 대한 두려움에 의해서 촉발되는 반면 죄책감은 내적인 제재, 즉 개인의 양심 또는 그 자신에 대한 자기 자신의 비난에 의해서 발생된다는 차이가 있다.

수치심은 타자의 개념을 함의하고 있으며 많은 경우에 이 타자는 실재적인 것이다. 우리는 우리의 행동들을 지켜보고 있는 사람들 앞에서 수치심을 느끼게 되면 타자가 우리에 관해서 무엇이라고 말하는지 또는 무엇을 생각하는지에 관해서 집중하게 된다. 그러나 수치심이 꼭 외적 자극에 의해서만 촉발된다고 말할 수는 없다. 그 안에는 내재적 요소가 담겨 있다. 테일러(G. Taylor)에 따르면 수치심과 관련된 타인의 역할이란 한 개인이 그 자신을 바라보도록 만드는 감정을 불러일으키는 것이라고 할 수 있다.[2] 그는 자신의 상황을 수치스러운 것으로 간주하게 되면 자신에 대해서 부정적인 판단을 하게 된다.

타인의 판단은 부정적, 중립적 또는 긍정적인 것이 될 것이다. 그렇다면 수치심이 발생하는 각각의 경우들을 살펴보자. 첫 번째로 타인의 판단이 긍정적인 것이라고 하더라도 우리는 수치심을 느낄 수 있다. 만일 그 상황 속에서 우리가 타인의 승인을 전혀 불러일으키고 싶지 않았거나 또는 만일 타인의 판단이 우리가 기대하는 것보다 더 낮은 단계에 우리를 자리매김할 경우, 타인의 승인과는 무관하게 우리는 수치심을 느낄 수 있다. 두 번째로 타인의 판단이 중립적인 것이 됨에도 불구하고 우리는 수치를 느낄 수 있다. 왜냐하면 우리의

2) G. Taylor, *Pride, Shame, and Guilt: Emotions of Self-Assessment*, Oxford, 1985, pp.64–68.

자아는 타인의 평가에 너무 의존적인 자신의 자아를 부정적으로 비판하고 수치심을 갖게 될 수 있기 때문이다.

세 번째로 우리 행동에 대한 타인의 부정적인 판단을 가지고 우리는 그들의 해석을 거부할 수 있지만 여전히 수치를 느낄 수 있다. 왜냐하면 그런 행동을 통해서 타인의 승인을 얻지 못한 것에 대해서 우리 자아는 수치심을 가질 수 있기 때문이다. 여기서 발견할 수 있는 사실은 타인에 의해서 촉발되기는 하지만 수치심이라는 감정은 자신에게 달려 있다는 사실이다. 따라서 수치심이 외적 제재에 대한 반응이라고 말하는 것은 지나친 단순화라고 할 수 있다. 매 경우에 있어서 수치심은 자신이 품고 있는 어떤 이상을 기준으로 자신에 대한 자아의 판단 문제이다.

한편 실재적인 타자 또는 실재적인 비판이 존재하지 않는다고 하더라도 타인의 판단들을 가정해 볼 수 있으며 이로 인해서 우리는 수치심을 느낄 수 있다. 여기서 타자는 환상 속에 존재하며 타자가 가질 수 있는 가정적인 판단들에 우리 자아가 반응하게 된다. 그렇다면 나의 수치심의 뿌리는 나의 품성, 나 자신의 기준 또는 나 자신의 이상 속에서 찾아져야 할 것이다.

그러나 여전히 수치심은 타인과의 관계를 전제로 하고 있으며 따라서 수치심은 '외부 타자'라는 개념을 요구한다는 점에서 죄책감과 근본적으로 다르다고 주장할 수 있다. 왜냐하면 죄책감은 자아 그리고 개인의 양심과 독점적으로 관련되어 있기 때문이다. 그러나 앞에서 살펴본 것처럼 타자의 실재적 현존이든 환상적인 현존이든 수치심이 타자의 개념과 명백하게 연관되어 있음에도 불구하고 내재화된 표준들이 중심 역할을 감당하며 따라서 수치심의 근원은 자아에 대한 자신의 판단이라고 할 수 있다.

테일러(G. Taylor)의 주장처럼, 외부 타자의 개념이 아니라 자신의 행동 또는 상황에 관찰자-기술의 평가가 수치심의 필수적인 요소라고 할 수 있다.[3] 따라서 우리가 자기 자신을 마주 보고 있는 관찰자의 입장을 취한다면 우리 자신이 타자가 될 수 있다. 타자와의 관계 또한 '눈'(eyes)이나 '보임'(being seen)이란 은유는 수치심 속에서 관찰자의 본질적인 역할을 보여 준다. 따라서 수치심은 '타자'의 개념을 요구하지만 타자는 전적으로 내재화된 타자가 될 수 있기 때문에 우리가 자신에 대한 관찰자가 될 수 있다. 실제적인 타자이든 환상 속의 타자이든 간에 관찰자의 개념은 수치심의 구조가 항상 동일하다는 점을 쉽게 증명해 준다. 수치심의 모든 사례들에서 우리는 어떤 이상(ideal)과 관련해서 자기 자신에 대한 부정적인 평가를 접하게 되며 그 기폭제는 외부 요소뿐만 아니라 내부 요소로부터 모두 생겨날 수 있다. 따라서 내적 제재 대(對) 외적 제재와의 관련성에 있어서 수치심은 죄책감과 다르지 않다.

어떻게 수치심이 죄책감과 마찬가지로 내적 표준들에 의존하고 있음에도 불구하고 여전히 수치심은 죄책감과 구분되는지에 관해서 피어스(G. Piers)의 정신분석학이 아래와 같이 제시하고 있다.[4]

   (1) 수치심은 ego와 ego-ideal 사이의 긴장으로부터 발생하는 반면, 죄책감은 ego와 superego 사이의 긴장으로부터 발생한다.
   (2) 죄책감은 superego가 설정한 경계를 위반하거나 접촉했을 때 발생하지만, 수치심은 ego-ideal이 제시한 목표에 도달하지 못했

---

3) G. Taylor, 1985, pp.57 – 68.
4) G. Piers and M. B. Singer, 1953, pp.23 – 24.

을 때 발생한다. 죄책감은 위반 후에 등장하지만 수치심은 실패
후에 등장한다.

여기서 피어스(G. Piers)의 핵심은 superego와 ego-ideal의 관계 또한
위반과 실패의 관계이다. 피어스는 ego-ideal을 superego와는 다른 구
성개념으로 간주하느냐 아니면 superego의 한 측면으로 간주하느냐에
따라서 정신분석학자들이 구분된다는 점을 지적하고 있다. 프로이트
(S. Freud)는 이 용어들을 교차해서 사용하지만 superego가 보다 포괄적인
용어라고 생각한다. 따라서 루이스(H. B. Lewis)는 ego-ideal을 superego가
갖는 기능의 한 측면으로 생각한다.5) 이런 개념하에서 수치심과 죄책
감은 모두 superego의 기능이다. 그렇게 주장하는 것은 그들이 ego 또
는 자아의 가치평가를 포함하고 있음을 함의한다. 그것들은 단지 다
른 종류의 자아-가치평가이며 다른 종류의 자아-규제이다. 그러나
피어스의 주장처럼 오직 실패와 위반의 차이에만 초점을 맞춰서 수
치심과 죄책감을 구분할 수 없다. 왜냐하면 그것들은 서로 연관되어 있
기 때문이다. 경계의 위반은 그것을 준수하는 일에 실패한 것이며 또한
어떤 목적을 성취하는 데 실패하는 것은 금지의 위반이기 때문이다.
또 다른 구분 방식은 어떤 목표를 성취하는 데 실패하는 일 또는
어떤 이상을 충족시키지 못하는 일은 우리가 되고 싶어 하는 어떤 것
이 **되는** 일에 실패하는 것인 반면, 금지 사항을 위반하는 것은 우리
가 하지 말아야 하는 것을 **행하는** 것이 된다는 사실에 주목하는 것이
다. 따라서 수치심은 우리가 되고 싶어 하는 사람과 연관된 자아 전
체에 무게중심을 두고 있고 죄책감은 우리가 행하는 것과 연관된 행

---

5) H. B. Lewis, 1971, p.25.

위자로서 우리의 행동들에 초점을 맞추고 있다.[6] 이 구분은 수치심이 왜 자아-존중의 재건 또는 증가와 관련이 있고 죄책감은 배상과 연관되는지를 설명해 준다. 그러나 수치심이 자아 그 자체에 집중하고 죄책감은 행동의 행위자로서 자아에 집중한다는 차이는 둘 모두 다 내새화된 도덕적 표준들을 침해함으로써 발생한다는 사실을 설명해 줄 수 없다.

수치심은 자신이 내재화시킨 도덕적인 표준들을 침해함으로써 발생될 수 있으며 이것은 자신의 자아 형상(self-image)에 부합하는 데 또는 도덕적 탁월성에 보여 주는 데 실패했음을 보여 준다. 한편 죄책감은 내재화된 금지사항을 위반함으로 자신의 도덕적 자아와 비도덕적인 행위의 불일치에 의해서 발생된다. 따라서 수치심이나 죄책감은 내재화된 자아 형상에 부합하는 일의 실패나 내재화된 금지의 위반을 통해 발생된다고 할 수 있다.

따라서 루이스(H. B. Lewis)와 테일러(G. Taylor)가 주장하듯 수치심과 죄책감은 모두 자아를 판단하고 자아에 대해 분노를 하는 것이다.[7] 이런 의미에서 보면 수치심은 행위와 자아-형상 모두와 연관되어 있다. 수치심은 단지 자아에 대한 불만족뿐만 아니라 어떤 단점을 통해서 보인 자아에 대한 부정적인 평가를 포함하고 있다. 그 단점은 바로 자신의 도덕적 표준들에 대립되는 행위인 것이다. 어떤 행위에 의해서 유발된 죄책감도 똑같이 자아-형상과 행동 사이의 불일치에 의해서 유발된 어떤 행동들에 의해서 촉발된 것이다. 따라서 죄책감도 항상 이상적인 자아와 행동의 관련성을 포함하고 있다.

---

6) H. B. Lewis, 1971, pp.27-30.

7) H. B. Lewis, 1971, p.35; G. Taylor, 1985, p.136.

수치심과 죄책감에 대한 논의를 통해서 다음과 같은 결론을 얻을 수 있다. 첫째, aidōs가 수치심이라고 정의된다고 하더라도 그것은 단지 외적 제재들의 준수뿐만 아니라 내재화된 표준과 관련되어 있다는 사실이다. 둘째, 외적 제재와 내적 제재를 통한 수치심과 죄책감 사이의 아무런 구분을 발견할 수 없기 때문에 또한 수치심과 죄책감은 서로 교차되기 때문에 수치심으로서 aidōs의 특성은 죄책감으로서 aidōs의 특성과 직접적으로 연관된다는 점이다. 연구자는 다음 절에서 이 논의를 바탕으로 아리스토텔레스가 어떻게 외적 제재로서 aidōs 개념을 내재화된 도덕적 표준을 형성하는 탁월성으로 형성시켜 가는지를 살펴볼 것이다.

3. aidōs와 aischynē

아리스토텔레스는 『니코마코스 윤리학』 1128b10−35에서 aidōs가 탁월성이라는 점을 빈번하게 부정하고 있다. 보통 이 구절은 둘 다 수치심이라고 해석할 수 있는 aidōs와 aischynē를 아무 근거 없이 후자를 통해 전자를 기술함으로써 두 개념들을 동일화시키고 있다는 지적을 받고 있다.[8] 그러나 여기서 아리스토텔레스는 aidōs나 aischynē를 동일한 것으로 간주하지 않으며 또한 그것들을 두 가지 각기 다른 개념들로 구분하지도 않고 있다. 오히려 그는 이 두 용어들을 수치심이란 전체 개념의 서로 다른 양상들을 지시하는 것으로 설명하고 있다.

---

8) W. C. K. Guthrie, *A History of Greek Philosophy, Vol.6: Aristotle: An Encounter*, 1990, Cambridge University Press, p.368; T. H. Irwin, *Aristotle: Nicomachean Ethics*, Indianapolis, 1985, p.330.

일반적으로 aidōs와 aischynē는 동의어로 간주된다. 그러나 aischynē는 수치스러운 사태에 관한 개인의 반응보다는 그 사태 자체를 언급한다. 또한 aidōs는 주로 시(詩)에 사용되는 용어로 일종의 탁월성으로 간주되는 반면, aischynē는 일반적으로 산문(散文)에서 사용되는 용어로 주로 감정과 품성의 특성으로서 aidōs의 작용을 나타난다. 그러나 아리스토텔레스는 aidōs와 aischynē를 동의어로 간주함으로써 그의 aidōs 개념에서 aischynē 개념으로의 논의 이동은 실질적으로 아무런 변화를 주지 못한다.

그러나 한 가지 특이한 점은 이 구절에서 aischynē는 외적 제재가 아닌 반성적인(retrospective) 성찰의 의미로 사용되고 있다는 것이다. aischynē(또는 aidōs)가 반성적 의미를 가진다는 것은 aidōs 개념 연구에 유익한 단서를 제공해 준다. 왜냐하면 아리스토텔레스는 반성적 aidōs를 불완전한 품성의 표지로서 사용할 수 있기 때문이다. 만일 우리가 자신이 한 행동에 대해서 수치스럽다고 느낀다면, 그는 aischron(수치스러운 것), 즉 도덕적으로 선한 사람이면 결코 하지 않았을 행위를 범한 것이다. 그러나 이 구절은 aidōs와 관련해서 탁월성으로 간주될 수 없다던 장래의 외적 제재로서(prospective) aidōs라는 개념이 도덕적인 불완전성의 지표를 나타내는 반성적 aischynē라는 개념으로 전환된 것이 아니다. 오히려 아리스토텔레스는 하나가 다른 하나를 논리적으로 함의하고 있으며 그 두 용어들을 수치심이라는 전체 개념의 두 양상들로 간주하고 있는 것처럼 보인다.[9] 왜냐하면 그는 외적 제재로서 aidōs의 개념을 실제적으로 도덕적인 가치를 갖는 성질로 바

---

9) 『수사학』, 1383b12 - 1384a23.

라보고 있기 때문이다.

이처럼 수치심은 반성적 성찰로서 aidōs의 기능을 요구하고 있다. 왜냐하면 aidōs는 자발적인 행위들(1128b28)로부터 발생되기 때문이다. 도덕적인 사람은 결코 자발적으로 수치스러운 행위를 하지 않을 것이다(b28-29). 따라서 어떤 행위를 실행하거나 실행하지 않거나를 스스로 결정할 수 있게 만들어 주고 수치스러운 행위를 금지시키는 aidōs를 경험할 수 있는 기질을 소유한다는 점은(여기서 aidōs는 외적 제재를 의미한다) 수치스러운 행위들을 스스로 실행하지 않도록 결정할 수 있게 만들어 주는 반성적 aischynē를 경험할 수 있는 기질을 또한 소유하고 있음을 반드시 함의해야 한다.[10]

그렇다면 아리스토텔레스가 수치스러운 행위를 금지하는 외적인 품성의 특성인 aidōs를 aischra(수치스러운 것들)을 실행하는 사람들 속에 발생하는 내적인 aidōs와 동일시함으로써 aidōs를 부정하고 있다는 의견은 근거 없는 이론이다. 만일 aidōs와 aischynē가 동일한 개념의 서로 다른 측면들을 언급하고 있으며 서로 교차되어 사용될 수 없다는 점을 인정한다면 아리스토텔레스 논증의 분명한 결론은 쉽게 이해될 수 있을 것이다. 왜냐하면 반성적 aidōs는 이제까지 aidōs 개념의 부분이며 따라서 aischron(수치스러운 행위)과 관련해서 고통을 경험하도

---

10) 이 주장은 다음과 같은 전제들에 의해서 뒷받침된다. 첫째, 어떤 추한 것(aischron)을 행위할 수 있도록 성격이 형성된다는 점은 부도덕한 사람의 표지이다(b25-6). 둘째, aischynē를 경험할 수 있는 조건 속에 놓여 있다는 점은, 즉 어떤 이가 추한 것을 행하게 된다면, 자기 자신을 도덕적인 사람으로 간주될 수 없다는 것을 함의한다(b26-8). 왜냐하면 반성적인 aischynē를 경험하도록 기질이 형성되어 있다는 점은 잘못을 저지를 수 있도록 기질이 형성되어 있음을 논리적으로 함축하기 때문이다. 그러나 정작 이 논증에서 중요한 전제는 생략되어 있다. 그것은 aischynē를 경험하는 기질의 형성은, 즉 어떤 사람이 추한 것을 행한다면, aidōs를 경험하는 기질의 소유를 논리적으로 함의한다는 점이다. 이 전제는 전체 논증이 aidōs가 탁월성이 아니라는 점을 증명하기 위해서 고안되었기 때문에 쉽게 보충될 수 있다. 따라서 아리스토텔레스는 반성적 aischynē를 경험할 수 있는 기질을 aidōs의 부분으로 간주해야만 한다. 이 주장은 b28-9에 나타난 사실에 의해서 설명될 수 있다.

록 기질이 형성된 사람은 그 행위가 과거, 현재, 미래와 관계없이 그 고통을 경험할 수 있도록 기질이 형성된 사람이기 때문이다.[11] aidōs 의 감정을 소유하는 일은 외적 측면과 반성적 측면을 모두 포함하고 있으며 여전히 품성의 긍정적인 특성(탁월성)으로 유지된다. 그러나 도덕적인 사람도 때로는 잘못된 행위를 저지를 수 있다. 그러나 아리스토텔레스의 이상은 완벽한 탁월성, 즉 잘못된 행위를 미리 배제하는 품성의 소유이다. 따라서 그는 aidōs가 탁월성이 될 수 있다는 점을 부정해야 했다.

아리스토텔레스의 탁월성은 to kalon 그 자체를 위해서 선택하는 기질(diathēsis)을 포함한다. 반면 aidōs와 aischynē를 경험하는 기질은 적어도 어떤 경우에는 우리가 아름다운 것보다는 aischron을 선택할 가능성을 염두에 두고 있다. 만약 aidōs/aischynē와 관련된 기질의 이런 측면이 도덕적으로 선한 사람 속에 실현될 수 없다면, aidōs는 탁월성이 될 수 없다. 왜냐하면 선한 사람은 습성을 소유할 뿐만 아니라 그것을 사용해야 하기 때문이다.[12] 따라서 아리스토텔레스는 aidōs의 개념이 탁월성의 개념에 전체적으로 부합되지 않는다는 점을 인식하고 있었다고 할 수 있다.

aidōs는 timē를 지키려는 감정의 명칭이면서 또한 timē 수호라는 적극적으로 개발된 품성의 이름이기도 하다. 따라서 아리스토텔레스는 aidōs가 반성적인 aischynē와 관련된 잠재적 능력임을 보여 준다. 이는 aidōs와 aischynē 관계가 잠재적인 것과 현실적인 것, 습성(hexis 또는 dynamis)과 행위(energeia 또는 to paschein)의 관계와 유사함을 암시해

---

11) 『수사학』, 1383b15.

12) 『니코마코스 윤리학』, 1128b30 – 1.

준다. 그럼에도 불구하고 아리스토텔레스는 aidōs는 습성이라기보다는 감정으로 간주하고 있으며 aidōs와 aideisthai의 모든 실례들은 외적·일시적인 정서들을 언급하고 있다. 따라서 aidōs는 기질로 간주될 수 없는 것처럼 보인다.

한편 그는 암묵적으로 반성적 aischynē와 연관된 기질을 논리적으로 함의하고 있는 aidōs와 관련된 기질을 인정하고 있다. 왜냐하면 aidōs와 연관된 기질을 통해서 우리는 aischynesthai(aidōs를 느낄 수 있는) 조건에 놓이기 때문이다.[13] 이 기질은 이름이 붙어 있지 않지만[이 기질의 소유를 통해서 우리는 수치스러움을 느끼는 자(aidēmōn 또는 aischyntēlos)라고 불린다] 이를 aidōs라고 불러도 무방할 것이다. 따라서 아리스토텔레스는 aidōs와 aischynē의 일시적 감정들에 대한 영속적인 기질로서 aidōs가 규정될 수 있음을 파악하고 있다고 할 수 있다.

4. aidōs와 egkrateia

그런 암시는 아리스토텔레스가 egkrateia(자기 통제)가 탁월함이 아니라고 하는 주장에서도 찾아볼 수 있다. aidōs는 일종의 egkrateia이기 때문에 두 개념들 사이에 어떤 연결 점을 찾아볼 수 있다. egkrateia는 탁월성보다 덜 칭송받는 조건이다. 왜냐하면 egkratēs(자기 통제 가능한 사람)는 자신의 훌륭한 판단이 오류가 되었을 때 흔들리기는 하지만 끝까지 자신을 잘 통제하는 사람인 반면 sōphrōn(절제하는 사람)

---

13) 『니코마코스 윤리학』, 1128b26 - 7, *to houtōs echein host……aischynesthai*.

은 자신의 태도를 고귀한 행위(kalon)에 항상 맞추는 데 성공하기 때문이다.14) 이 역학관계는 외적 aidōs와 연관 지어 볼 수 있다. 아리스토텔레스는 외적 aidōs를 통한 어떤 행위의 금지는 행위자가 실제적으로 숙고하지만 여전히 잘못된 행동에 이끌리게 되어 결코 명백한 탁월성의 단계에 도달하지 못하는 자기 통제의 한 형식이라고 생각할 수 있다. 그러나 aidōs와 egkrateia의 유비관계는 실제로 aidōs가 자기 통제의 한 형식이라거나 aidōs는 자기 통제를 요구해야만 한다는 점을 전제하지 않는다.

아리스토텔레스는 aidōs가 탁월성이 될 수 없는 이유는 aidōs가 일정한 형태의 부적절한 도덕적 투쟁을 포함할 수 있다는 점이다. 이와 관련해 aidōs와 egkrateia의 직접적인 관계를 추적해 볼 수 있다. egkrateia는 가장 최선의 상태, 즉 sōphrosynē라는 탁월성으로부터 한 단계 떨어져 있다. 즉 그것은 일정한 방식에서는 좋은 감정이지만 탁월성이 되는 가장 최선의 습성은 아니다. 그러나 egkrateia는 sōphrosynē는 한 단계 나쁘지만 잘못된 행동이 실제적으로 벌어질 수 있는 akrasia(자제심 없음)보다는 더 좋은 것이며 올바른 도덕 판단이 전혀 존재하지 않는 akolasia(방종)보다는 훨씬 좋은 것이다.15) aidōs도 이와 비슷한 역학 구조를 가진다. 왜냐하면 aidōs 역시 절대적인 탁월성으로부터 한 단계 낮은 상태이기 때문이다.

---

14) 소프로쉬네와 엥크라테이아의 차이에 관한 논의는 H. F. North, *Sophrosyne: Self-Knowledge and Self-Restraint in Greek Literature*, Ithaca, NY, 1966, pp.202-203; M. F. Burnyeat, "Aristotle on Learning to Be Good", in A. O. Rorty, *Essays on Aristotle's Ethics*, Berkeley and Los Angeles, 1980, pp.86-88; D. Charles, *Aristotle's Philosophy of Action*, 1984, pp.169-177.

15) D. L. Cairns, "Problems in *Aristotle's Philosophy of Action*", *Liverpool Classical Monthly*, 14.6: 1989, pp.86-89. 이와 반대로 Charles는 어떤 종류의 akolastos는 유덕한 최선의 판단을 가질 수 있다고 주장한다. D. Charles, *Aristotle's Philosophy of Action*, London, 1984, pp.169-177.

예를 들어 용맹에 관한 설명을 살펴보자. 참된 용맹은 로고스에 의해서 지시된 과정을 따르는 것을 포함한다. 로고스는 우리에게 고귀함을 선택하라고 명령한다. 고귀함 그 자체를 위해서 용맹스러운 행위를 행하는 것은 다른 동기들의 결과로서 공포를 참는 것과 대비된다. 후자 역시 참된 용맹과 거의 비슷한 결과를 갖는 행위를 추진시키기 때문에 용맹하다고 할 수 있으며 영웅이 아닌 일반 시민의 용맹은 이런 방식으로 존재하게 되는데 그것은 대부분 aidōs를 소유함으로써 용맹하게 된다.16) 왜냐하면 로고스의 명령이 아닌 수치심을 겪지 않으려는 aidōs라는 동기가 관여되어 있기 때문이다. 여기서 발견할 수 있는 중요한 논점은 aidōs가 정확히 egkrateia처럼 잘못된 욕구들의 통제를 포함한다는 것이 아니라 to kalon의 이성적인 파악을 필연적으로 전제하지 않는다는 점이다. 일반 시민의 용기를 가진 사람은 이성적 동기보다는 수치스럽지 않으려는 감정적인 동기(aidōs)에 의해서 용감하게 된 것이다.17) 따라서 비록 일반 시민은 timē에 관심을 가짐에도 불구하고 고귀한 행동의 본질적인 본성(auto to kalon)에 의해서 동기가 유발된 것이 아니다. 따라서 aidōs는 수치스러운 행위를 금지하는 감정으로서 그것의 외적 형식에서조차도 고귀한 행동을 실행하는 참된 유덕한 자의 동기(to kalon)를 파악하고 있는 로고스를 따름보다 낮은 등급의 동기(aidōs)로서 두 번째 위치를 차지하게 된다. 왜냐하면 정말 유덕한 자들은 자신의 행위의 본질적인 고결함(to kalon)을 관조하면서 그것 자체가 자신들에게 좋다는 것을 인식하고 있으며 그것을 적극적으로 원하기 때문이다.

---

16) 『니코마코스 윤리학』, 1116a17 - 29.

17) 『대 윤리학』, 1191a4.

따라서 용기에 관련된 논의에서 aidōs는 외적 timē와 관계되어 있다는 점이 드러난다.[18] 물론 timē는 아리스토텔레스에게 있어서 시시한 동기가 아니다.[19] 그러나 도덕적인 행위에서 최고 동기라고 평가될 수는 없다.[20] 따라서 용기와 관련된 구절에서 aidōs에 의해 촉발된 행위는 용감한 행위가 고귀함이고 그 반대는 추함이며[21] 고귀함 그 자체를 위한 행위는 참된 선한 사람의 일반적이며 타당한 선택을 통해서 확정된다는 사실에 의해서 유발된 행위와 대조를 이룬다.[22] 따라서 아리스토텔레스는 aidōs가 timē와 외적 제재들과 관련되어 있으며 행위들의 본질적인 도덕 특성과는 관련 없다고 생각하는 것처럼 보인다. 그렇다면 aidōs는 한 행위가 타인들의 눈에 수치스러운 것으로서 aischron하다는 판단을 포함하고 있는 반면 참된 탁월성을 소유한 사람은 타인들의 의견들을 살펴보지 않고서도 aischron 행위들을 배격하고 자신의 눈에 비친 kalon 행위들을 추구할 것이다.

5. 주관적 수치와 객관적 수치

『니코마코스 윤리학』에서 aidōs가 탁월성의 지위를 받지 못하는 이

---

18) 『니코마코스 윤리학』, 1116a18 - 19.

19) W. F. R. Hardie, *Aristotle's Ethical Theory*, Oxford, 1980, pp.106 - 107.

20) 큰 도량(*megalopsychia*)에 관해서는 R. - A. Gauthier, *Magnanimité: L'Idéal de la gradeur dans la philosophie paienne et dans la théologie chrétienne*, Paris, 1951, D. A. Rees, "'Magnanimity' in the *Eudemian* and *Nicomachean Ethics*", in P. Moraux, and D. Harlfinger(edd.), *Untersuchungen zur Eudemischen Ethik*,(Proc. 5th Symp. Aristo.), Berlin, 1971, pp.231 - 243. W. F. R. Hardie, "'Magnanimity' in Aristotle's Ethics", *Phronesis* 23, 1978, pp.63 - 79.

21) 『니코마코스 윤리학』, 1115b21 - 4.

22) 『니코마코스 윤리학』, 1115b12 - 13.

유는 아리스토텔레스가 aidōs의 정의를 단지 '나쁜 평판에 대한 공포'라고 생각하기 때문이다(1128b11-12). 이처럼 전통적으로 aidōs는 다른 사람들의 판단들과 직접적으로 연관되어 있다.[23] 그러나 다른 한편 aidōs는 앞에서 aischynē와 관련해 지적된 것처럼 내재화된 표준들을 언급하는 것처럼 보인다. 예를 들어 『수사학』에서 aischynē는 나쁜 평판으로 이끄는 질병들에 대한 반응으로 묘사되고 있다. 나쁜 평판에 대한 언급은 aischynē의 대상이 되는 고귀하지 못한 것들(kaka)을 어떤 부류에 속하는 것으로 분류하고 있으며[24] 우리는 aidōs의 초점이 되는 대중의 여론이 부재하거나 또는 오직 상상 속에만 존재할 때에도 그런 고귀하지 못한 것(kakon)을 언급함으로써 aidōs를 경험할 수 있게 될 것이다.

만일 aischynē가 나쁜 평판에 대한 상상(phantasia)이라면, 비록 우리가 타인들의 판단들에 의해 비롯된 나쁜 평판을 두려워함으로 aischynē는 증인들이 옆에서 지켜볼 때 훨씬 강력하게 느껴진다고 할지라도, 그것은 단순한 비판에 대한 두려움이라 할 수 없다. aidōs라는 나쁜 평판에 대한 정신적인 심상은 aidōs 그 자체에 관한 것이지 그 결과들에 관한 것이 아니다(1384a24-5). 따라서 aischynē는 단순히 가능한 결과들에 대한 계산이라고 말할 수 없다. 물론 여기서 강조되고 있는 사항은 행위나 상황 그 자체의 특성보다는 발각될 위험과 그 이후의 당혹감에 대한 예상에 맞춰져 있다. 그러나 여전히 행위나 상황은 그 자체로 당혹감을 불러일으키거나 수치스러운 것이라는 특징을 가져야만 한다. 수많은 경우에 우리는 우리 자신의 행위를 수치스러운 것으로 범주화

---

23) 『에우데모스 윤리학』, 1233b26-9.

24) 『에우데모스 윤리학』, 1248b19-20; 『수사학』, 1366a33-4.

시키고 이에 관한 타인들의 비판을 두려워하게 된다. 그러나 타인들이 비판할 때 사용하는 기준들은 역시 우리 자신의 내적 요소들이다.[25]

게다가 아리스토텔레스는 '관습적인' 추함과 '참된' 추함(aischra)을 구분하고 있다. 『수사학』 1381b19−21, 29−32에서 우리는 친구들 앞에서 참된 추함에 관한 aidōs를 느끼게 된다(aischynesthai)고 주장한다. 그렇지만 그것은 타인들의 의견에서 바라본 추함에 관한 aidōs가 아니다. 참된 추함의 경우에 우리는 그 상황이 추하다는 판단을 내적으로 공유하고 있으며 그래서 우리의 aischynē는 우리 자신의 비행과 잘못에 대한 인식을 외적 기준에 비추어 보지 않고서도 포함하게 된다. 이는 어떤 추함은 객관적으로 수치스러운 것이지만 다른 것들은 다만 관습에 의해서 수치스러운 것임을 함의하고 있다.[26]

동일한 구분이 aidōs가 분석되고 있는 『니코마코스 윤리학』에서도 나타난다. "만일 어떤 추함은 참으로 수치스러운 것이며 다른 것들은 관습(의견, doxa)에 의해서 수치스러운 것이라도 문제될 건 없다. 그중에 어떤 것도 행해져서는 안 된다. 따라서 우리는 aischynē를 경험해서는 안 된다."(1128b23−5) 여기서 분명한 점은 aidōs 또는 aischynē가 참된 추함과 연관될 수 있다는 것이다. 이 경우는 자신이 비난받을 만한 것으로 간주하지 않는 잘못들에 관한 타인들의 비판에 대한 단순한 공포라고 할 수 없다. 아리스토텔레스는 aidōs가 타인의 비난이라는 외적 현상에만 관련되어 있는 것이 아니라 자신의 행동들에 대한 참된 특성에 관한 주관적 자각을 포함하고 있다고 생각한다.[27]

---

25) *aischynē*의 전형적인 대상은 *ha aischynontai*이다. 『수사학』, 1383b19−1384a23. E. M. Cope, *Aristotle's Rhetoric*, ad loc., Cambridge, 1877.

26) E. M. Cope, *Aristotle's Rhetoric*, ad loc., Cambridge, 1877.

27) 『니코마코스 윤리학』, 1108a31−4; 『대윤리학』, 1193a1−10.

6. aidōs와 phronēsis

본질적 행위의 내적 자각은 『니코마코스 윤리학』(1178b4 - 20)에서 공동체의 도덕 교육에 관한 아리스토텔레스의 논의에서 한 번 더 강조된다. 여기서 aidōs는 aischron하기 때문에 비열한 것을 회피하고 참으로 to kalon을 사랑하는 품성의 소유와 연관된다. 또한 이 aidōs는 외적 제재들에 관한 단순한 공포와 대비되며 이 aidōs를 소유한 사람들은 단순한 감정에 따라 살아가는 사람들과 구별된다. 반면 1128b 이하에서 aidōs를 소유한 사람들은 자신의 감정들에 따라 살아가는 사람들이라고 기술되었다. 그럼에도 불구하고 여기서 aidōs는 다른 감정들(pathē)보다 더 높은 단계에 놓여 있다.[28] 따라서 이 두 본문 간에 실제적 차이는 논조의 차이이지 내용의 차이라고 할 수 없다. 양 본문에서 공통적인 내용은 aidōs가 참된 탁월성보다 한 단계 낮은 자들에게 적합한 것이며 참으로 aischron을 피하려는 욕구를 포함하고 있다는 점이다. 차이점은 앞선 본문에선 아리스토텔레스가 aidōs를 소유하는 것이 그렇게 특별히 인상적인 것이 아니라는 느낌을 주지만 두 번째 본문에서는 그 개념의 참된 가치를 지적하고 있다는 점이다.[29]

따라서 두 본문 사이에 어떤 갈등이란 존재하지 않는다. aidōs는 도덕심의 발전과정에서 필수 불가결한 요소이다. 그것은 고귀한 것을 추구하고 추한 것을 피하려는 참된 욕구를 우리에게 제공할 수 있는 것이다. 그 이유는 타인들이 그렇게 말하거나 그렇게 행하기 때문이

---

28) 『니코마코스 윤리학』, 1179b24 - 6, b29 - 1180a1.

29) M. F. Burnyeat, "Aristotle on Learning to Be Good", in A. O. Rorty, *Essays on Aristotle's Ethics*, Berkeley and Los Angeles, 1980, 79 - 80면.

아니라 추함 그 자체에 대한 혐오를 포함하고 있기 때문이다. 따라서 aidōs는 우리로 하여금 to aischron을 피하고 to kalon를 위해서 행동할 수 있도록 만들어 준다. 그것은 법의 명령이나 타인들의 의견들과 관계될 필요가 없다. 왜냐하면 그것들은 용기에 관한 논의에서 보이듯 aidōs를 부차적인 가치로 만들기 때문이다. 그렇지만 aidōs는 여전히 참된 탁월성보다는 한 단계 낮은 덕성이다. 결과적으로 첫 본문에서 aidōs가 탁월성이라는 목표와 관련해서 미완성의 표지로 평가하고 있지만 둘째 본문에서는 동일한 현상을 진보를 위한 능력의 표지로 바라보고 있다고 할 수 있다.

분명하게 아리스토텔레스는 aidōs에 의해서 고귀함을 선택하고 추함을 피하는 행위와 유덕한 사람이 하는 것처럼 고귀함 그 자체를 위해서 그렇게 행위하는 것을 구분하고 있다. 그러나 정확하게 어느 지점에 그런 한계선이 놓일 수 있을까? 아마도 단순하게 잘 양육된 사람이 참된 덕에 필수적인 요소인 phronēsis의 획득 후에 유덕한 사람이 되는 지점에 그런 구분이 놓일 수 있을 것이다. 따라서 용기에 관한 논의 속에서 참되게 용감한 자의 고귀함에 대한 선택은 로고스, 즉 이성의 지시에 의한 선택이었다.[30] 유덕한 사람에게 있어서 고귀함의 인식은 초보적인 덕을 소유한 자, 단지 적절한 선택들을 잘 할 수 있도록 습관만 들여진 사람에게 있어서 고귀함의 인식과는 엄격하게 구분된다. 왜냐하면 후자는 사실(hoti)은 잘 알고 있지만 그 원인(dioti)은 알지 못하기 때문이다.[31] 완벽한 탁월성을 소유한 사람은 고

---

30) 『대윤리학』, 1191a4.

31) 『니코마코스 윤리학』, 1095b6 – 7, 1098a33 – b4. M. F. Burnyeat, "Aristotle on Learning to Be Good", in A. O. Rorty, *Essays on Aristotle's Ethics*, Berkeley and Los Angeles, 1980, pp.71 – 73. N. Sherman, *The Fabric of Character: Aristotle's Theory of Virtue*, Oxford, 1989, p.194.

귀한 행동의 전모를 완전히 파악하기 때문에 그것을 이성에 따라 선택한다. 그러나 단지 적절하게 습관화된 사람은 aidōs라는 기초에 근거해서 직감적이며 감정적으로 반응하게 된다. 물론 고귀함은 오직 이성에 의해서만 파악되고 선택된다는 것을 의미하지 않는다. 참된 유덕한 자의 행동이 필연적으로 심사숙고 또는 계산의 산물이 될 필요는 없다. 그것은 이성적으로 선택되지 않더라도(proairēsis의 산물) 직감적이며 자동적인 반응으로 나타날 수 있다.[32] 『니코마코스 윤리학』 제6권에 나타난 것처럼 도덕적인 덕(품성의 탁월함)과 완전한 탁월함의 실현을 위해서 요구되는 phronēsis의 지적 능력은 오직 논리적으로만 감정으로부터 분리 가능하다.[33] 또한 도덕적인 덕 그 자체는 인식과 가치평가를 전제로 하며 그 인식은 궁극적으로는 실천적 지혜를 형성시키는 도덕적인 덕으로 안내하는 습관의 과정 속에서 획득되는 식별력이다. 실천적 지혜는 습성을 완성시키며 그래서 그 습성의 단계를 필요로 한다. 심지어 완전하게 유덕한 사람에게서도 고귀함을 선택하는 일은 순수하게 지적인 판단의 문제가 아니라 어릴 때부터 개발된 정서적인 상태들과 능력들을 요구하게 된다.

---

32) 1179a9 - 22. W. F. Fortenbaugh, *Aristotle on Emotion*, 1975, pp.70 - 75; J. M. Cooper, *Reason and Human Good in Aristotle*, 1975, pp.6 - 10; R. R. K. Sorabji, "Aristotle on the Role of Intellect in Virtue", in A. O. Rorty, *Essays on Aristotle's Ethics*, Berkeley and Los Angeles, 1980, pp.204 - 205; D. Charles, *Aristotle's Philosophy of Action*, 1984, p.187.

33) 『니코마코스 윤리학』, 1144a14 - 1145a12. J. D. Monan, *Moral Knowledge and its Methodology in Aristotle*, Oxford, 1968, pp.78 - 83.

7. 결론

따라서 탁월성에 관한 아리스토텔레스의 이론에서 aidōs의 위치에 관한 완전한 설명은 실천적 지혜에 의해서 형성되는 품성의 탁월성의 완전한 형태로 발전될 수 있는 정서적 기질과 가치 평가적 기질의 근원으로서 그것의 중요성을 인식하면서 전체로서 품성의 탁월성에 대한 그것의 기여를 고려해야만 한다. 이런 관점에서 바라보면 aidōs는 완전한 탁월성의 정서적 측면과 이성적 측면이 전개 과정에서 불가결한 요소로 등장한다.

아리스토텔레스는 품성의 탁월성에 대한 aidōs의 참된 기여에 관한 자신의 본질적인 입장을 재구성하고 있다. 그런 재구성으로부터 형성되는 점은 성숙한 시사점을 제공한다. 비록 aidōs는 완전한 탁월성에 대한 예비적인 단계라고 간주됨에도 불구하고 나쁜 평판에 대한 불쾌한 결과들에 대한 단순한 공포로 간주될 수 없으며 따라서 내재화된 도덕 표준들에 바탕을 두고 있는 일종의 양심으로 간주될 수 있다. aidōs는 그 자체로 추한 것의 거부를 포함한다. 자연적 기질이 적합한 습관화를 거친 사람은 자신의 행위들의 결과가 아니라 그것들의 본질적인 특성에 관계를 가져야만 한다. 따라서 aidōs는 어떤 한 요인으로서 그것의 기질적 요소와 가치 평가적 요소가 도덕적으로 선한 사람의 도덕적 통찰 속에 합체될 수 있다. 그러면 우리는 자기 자신의 가장 훌륭한 부분에 대한 관심 속에 수행되는 아리스토텔레스의 참된 자아의 수용과 고귀한 것에 대한 헌신 능력인 philautia(자신을 사랑하기)라는 능력의 역할을 인정해야 할 것이다. 자기 자신에게 참되기 위해서 philautos(자신을 사랑하는 사람)는 고귀함을 추구하고 추함을 배격한다. 추함은 그 자체를 위해서 자신이 동의하고 자신이 받아들이고 자기 자신의 것으로 만든 어떤 표준들의 담지자로서 자아상과 조화되지 않는다.[34] 이처럼 philautia에 대한 묘사에서 아리스토텔레스가 바라보고 있는 자아의 발전을 발견할 수 있다.

완전한 탁월성이라는 목적에 도달하는 것은 불가능한 업적이 될 수 있다. 그것은 일반적인 도덕 담론에서 그가 발견한 가치평가의 범주들에 근거해서 그가 건설할 수 있는 한 이상이라고 할 수 있다. 이 이상의 건설에서 그는 인간의 자연적 목적론에 기초한 시스템과 일반적인 신념의 대부분 현상들을 구제할 수 있는 설명과 조합시키는 데 혁혁하게 성공을 거두고 있다. 따라서 우리는 aidōs와 도덕적으로 선한 사람 속에서 aidōs에 의해서 형성되는 것에 대한 전체적 접근방식에서 이 작업의 중심적인 논점을 인식해야 한다. 그것은 aidōs가 단지 타인들의 판단들에만 의존하지 않는다는 점, 그것은 내재화된 도덕 표준들에 기초한 일종의 양심으로부터 기원할 수 있다는 점, 그것은 자신의 행동들의 본질적인 특성에 관한 관심을 표현할 수 있다는 점이다. 이런 방식으로 그리스 인들에게서 timē의 기초가 발생하게 된다.

---

34) T. H. Irwin, *Aristotle's First Principles*, Oxford, 1988, pp.376–377, 379–381. 인간 본성의 충족으로서 인간의 성품에 관해서 J. Lear, *Aristotle: The Desire to Understand*, Cambridge, 1988, pp.186–191.

참고문헌

Allan, D. J., "The Fine and the Good in the *Eudemian Ethics*", in P. Moreauxand D. Harlfinger, *Untersuchungen zur* Eudemishcen Ethik, (Proc. 5th Symp. Aristo.), Berlin, 1971, pp.63 – 72.

Burnyeat, M. F., "Aristotle on Learning to Be Good", in A. O. Rorty, *Essays on Aristotle's Ethics*, Berkeley and Los Angeles, 1980, pp.69 – 92.

Cairns, D. L., "Problems in *Aristotle's Philosophy of Action*", *Liverpool Classical Monthly*, 14.6: 1989, pp.86 – 89.

Charles, D., *Aristotle's Philosophy of Action*, 1984.

Cooper, J. M., *Reason and Human Good in Aristotle*, 1975.

Cope, E. M., *Aristotle's Rhetoric*, Cambridge, 1877.

Dirlmeier, F., *Aristoteles, Nikomachische Ethik*, Berlin, 1956.

Engberg – Pedersen, T., *Aristotle's Theory of Moral Insight*, Oxford, 1983.

Fortenbaugh, W. F., *Aristotle on Emotion*, 1975.

Fortenbaugh, W. W., "Aristotle's Rhetoric on Emotions", in J. Barnes, M. Schofield, and R. Sorabji, eds., *Articles on Aristotle*, Ⅳ. *Psychology and Aesthetics*, London, 1979, pp.133 – 153.

Guthrie, W. C. K., *A History of Greek Philosophy, Vol.6: Aristotle: An Encounter*, 1990, Cambridge University Press.

Hutchinson, D. S., *The Virtues of Aristotle*, London, 1986.

Irwin, T. H., "Aristotle's Concept of Morality", in J. J. Cleary, *Proceedings of the Boston Area Colloquium in Ancient Philosophy* 1, Lanham, Md., 1985, pp.115 – 143.

Iwin, T. H., *Aristotle's First Principles*, Oxford, 1988.

Irwin, T. H., *Aristotle: Nicomachean Ethics*, Indianapolis, 1985.

Kosman, L. A., "Being Properly Affected: Virtues and Feelings in Aristotle's Ethics", in A. O. Rorty, *Essays on Aristotle's Ethics*, Berkeley and Los Angeles, 1980, pp.103 – 116.

Monan, J. D., *Moral Knowledge and its Methodology in Aristotle*, Oxford, 1968.

North, H. F., *Sophrosynē: Self –Knowledge and Self –Restraint in Greek Literature*, Ithaca, NY, 1966.

Sherman, N., *The Fabric of Character: Aristotle's Theory of Virtue*, Oxford, 1989.

Sorabji, R. R. K., "Aristotle on the Role of Intellect in Virtue", in A. O. Rorty, *Essays on Aristotle's Ethics*, Berkeley and Los Angeles, 1980, pp.201 – 220.

제2부

로마 철학의 명예론

제4장 키케로의 글로리아(gloria) 개념의 윤리적 기반

임성철

> cavenda··· est gloria cupiditas.
>
> (De officiis, 1권 68)

1. 들어가는 글

정치 신인으로 관직귀족(nobilitas)[1]의 대열에 기사 신분인 키케로가 콘술(consul)로 로마 정치 일선에 뛰어든 해인 기원전 63년[2]부터 옥타

---

[1] 참조. J. Bleicken, "Die Nobilität der römischen Republik", in: Gymnasium 88, 1981, 236 – 253; P. A. Brunt, "Nobilitas and novitas", in: Journal of Roman Studies 72, 1982, 1 – 17; F. Goldmann, "Nobilitas als Status und Gruppe: Überlegungen zum Nobilitätsbegriff der römischen Republik", in: J. Spielvogel(Hg.), Res publica reperta, Stuttgart 2002, 45 – 66; H. Hill, "Nobilitas in the imperial period", in: Historia 18, 1969, 230 – 250; K. – J. Hölkeskamp, Die Entstehung der Nobilität. Studien zur sozialen und politischen Geschichte der Römischen Republik im 4. Jh. v. Chr., Stuttgart 1987.

[2] 주지하다시피, 공화정 로마의 정치가이자 철학자 마르쿠스 툴리우스 키케로(Marcus Tullius Cicero)는 기원전 63년에 '부채의 총체적 말소'를 들고 나온 카틸리나(Lucius Sergius Catilina)의 국가 전복 음모 사건을 발각 분쇄함으로써 로마를 구했다고 하여 '국부'(國父, pater patriae)의 칭호를 받은 인물로 잘 알려져 있다. 특히 키케로는 기원전 44년 3월 15일 카이사르가 암살된 후, 카이사르의 양자인 옥타비아누스와 제휴하면서 카이사르파(派)인 안토니우스를 공격, 공화국 로마를 최후로 기사회생시키려는 정치투쟁을 벌인다. 참조 카이사르 사망 이후, 키케로의 정치적 태도에 대해서는 W. Heilmann, Ethische Reflexion und Römische Lebenswirklichkeit in Ciceros Schrift De officiis, Wiesbaden 1982(Palingenesia

비아누스, 안토니우스, 레피두스 3자의 로마 통치에 관한 협약에 따라 기원전 43년 12월 7일에 살해될 때까지, 키케로는 옵티마테스(Optimates, 원로원파)와 포풀라레스(Populares, 민중파)라는 '양 신분의 화합'(concordia ordinarum)을 슬로건으로 내세워 로마 사회의 옛 조상들의 전통(mos maiorum)을 회복하고 이를 통해 로마 지배층의 권위를 되찾는 정치적 소신을 피력하는 일에 치중한다. 특히 이러한 정치적 소신을 펼치는 과정에서 키케로는 그라쿠스 형제 이전의 로마 공화국을 원로원의 권위에 입각해 법과 질서가 잘 유지되는(otium cum dignitate) 이상적인 국가 체제로 본다.[3]

키케로가 취한 그의 생애의 마지막 정치 투쟁은 역사가들에 의해 매우 부정적으로 평가되고 있다. 스톡턴(D. Stockton)은 키케로를 안토니우스와 옥타비아누스 시대에 정치적 방해물이며 시대에 뒤떨어진 인물이자, 정치적 불안정에 기인한 경제적−사회적 문제점들을 전혀 간파하지 못한 정치가로 평가한다.[4] 더 전체적인 시각에서 켄달(W. Kendall)은 키케로를 이론과 현실이라는 두 질서 사이에 모순적으로 끼인 사람으로,[5] 커밍(D. Cumming)은 그를 정치와 철학 사이에 영구적 괴리를 만든 인물로 평한다.[6] 더욱이 최혜영에 따르면,[7] 키케로는 "이론과 실생활이 이중적이었다는 점에서 '참지식인'의 범주에 들기

XVII), 172−179쪽을 확인할 것.

3) 허승일, 『인물로 보는 서양 고대사』, 도서출판 길, 2006, 523쪽.

4) D. Stockton, Cicero. A Political Biography, Oxford 1971, 306, 334. 비교. T. N. Mitchell, Cicero the Senior Statesman, New Haven & London 1991, 325f.

5) W. Kedall, Cicero and the Politics of the Public Orthodoxy, in: The Intercollegiate Review 1968−9, 99.

6) D. Cumming, Human Nature and History, Chicago 1969, Ⅰ, 272.

7) 최혜영, 「고대 로마의 지식인」, 서양사 연구 34집, 2006, 14쪽(위 각주 4번, 5번, 6번은 최혜영의 논문에서 재인용한 것임).

는 힘들며, 오히려 로마 사회의 병을 더 깊게 하였던 대표적인 지식인의 범주"에 속하며, 키케로가 "포풀라레스를 억누르고 옵티마테스의 권익을 대변함으로써 다른 방향으로 갈 수도 있었던 로마 정치의 흐름을 종국적으로 프린키파투스의 군주 독재 체제로 이르게 하는 데 일익을 담당하였다고" 보며, 오히려 카틸리나를 '행동하는 지식인'으로 평가한다.

역사가들에 의한 이러한 부정적 평가에도 불구하고, 키케로가 기원전 44년 10월부터 12월 사이에 (미완성의 형태로, 형식적으로는 당시 아테네에서 철학을 공부하고 있던 아들에게 부치는 서간문의 문체를 취하지만 논문의 형태로)[8] 작성한 『의무론』[9]이라는 저술에, 키케로를 긍정적으로 평가할 수 있는 정치 윤리 사상, 즉 로마 귀족의 도덕적 명예와 공동체적 의무와 책임의 근거를 이론적으로 규명해 로마 사회의 정치 윤리적 기반을 확립하고자 한 키케로의 철학적 소신이 열정적으로 서술되어 있다고 필자는 본다.

키케로의 정치적 에세이인 『의무론』은 그의 최후 작품이자 가장 본래적인 소신을 담고 있다고 할 수 있다. 또한 이 저작에서 키케로는 '이론적' 차원에서 로마 정치 현실에로의 마지막 정치적 복귀

---

8) 『의무론』 라틴 원문의 한글 번역상의 문제점에 대해서는 이창우, 서평: 「키케로의 두 윤리학 저서」, 『서양고전학연구』 15집, 2000, 129-146쪽을 참조할 것.

9) 『의무론』에서의 '의무'는 현대적인 의미에서의 정치적 법적 의무를 포함하여 인간이 인간으로서 행해야 할 도리 또는 인간이 참되게 사는 길을 뜻하므로 대체로 윤리규범의 실천 강령을 말한다. 『의무론』은 전 3권으로 구성되어 있다. 제1권의 주제는 '도덕적 선'으로 여기에 속하는 네 가지 기본적인 덕인 지식 혹은 지혜, 정의, 용기, 인내에 대한 논의로 시작하여 이것들을 지키면서 추구하여야 할 특별한 의무들을 서술하고 있으며, 제2권은 '유익함'이라는 주제 아래 인간이 살아가는 데 편리하고 유리한 것들을 분석하고, 제3권은 도덕적 선과 인간을 정도에서 벗어나게 하는 부득이한 유익함 사이의 비교와 상충 관계에 관해 쓰고 있다. 『의무론』 1권과 2권의 토대가 되고 있는 저술은 소(小)스키피오(Scipio Aemilianus Africanus) 학파의 핵심 인물로 키케로가 숭앙해 마지않았던 스토아 철학자 파나이티오스(Panaetios)의 소실된 *Peri tou kathekontos*이다(비교. Gellius XIII 28=Panaitios frg. 116 van Straaten. 참조. 『의무론』 1권 6, 2권 60, 3권 7).

(political come-back)를 시도하고 있으며, 종국에는 자신의 삶의 경험을 반영한 '정치적 유언'을 고(告)하고 있다고 할 수 있다.[10]

철학적 유언으로서의 비장한 각오는 키케로가 『의무론』을 저술하게 된 직접적인 동기에 잘 나타나 있다. "그러나 내 여가 생활은 나 자신의 희망에 따라 휴식을 갖고자 해서가 아니라 공직을 빼앗긴 채로 나에게 강요된 것이었다. 이제 원로원은 유명무실하게 되고, 법정의 문은 모두 폐쇄되어 버렸으니, 나의 자존심에 비추어 볼 때 원로원 의사당과 포룸에서 내가 할 수 있는 일이 과연 무엇이겠는가?"[11] (3권 2) 이러한 의미에서 우리는 키케로가 공화정이 유지되던 기간보다 공화정이 몰락한 이후에 더 많은 철학적 저술을 하게 된 까닭을 이해할 수 있게 된다.[12] 키케로의 철학적 저술 집필 시기가 기원전 54년에서 51년 사이, 즉 폼페이우스와 카이사르가 통치하던 시절, 그리고 기원전 46년에서 44년 카이사르의 독재 시절에 집중되고 있음은 이를 증명한다.

키케로의 『의무론』은 그의 모든 철학적 저작들과 비교해 볼 때, 저술 당시의 현실 문제와 가장 밀접한 연관성을 담고 있다. 비록 키케로의 『의무론』이 파나이티오스의 영향에 의해서 기술되었다고는 하나, 키케로가 희랍 철학 그 자체를 전달하기 위해 파나이티오스를 받아들였다기보다는 로마의 지배 계층의 실천적 삶에 대한 윤리적 반성을 위한 본질적 관점을 소개하고 이를 통해 그가 로마인들에게 촉

---

10) A. A. Long, "Cicero's politics in *De officiis*", in: A. Laks/M. Schofield(eds.), Justice and generosity: studies in Hellenistic social and political philosophy, Cambridge/New York 1995, 214[= 이하 A. A. Long(1995)으로 줄여 표기함].

11) 이 인용문과 이하 본 글에서 키케로의 『의무론』 인용은 허승일의 번역(서광사, 1997)에 따른다.

12) 비교. *Academica posteriora* 1, 11: Nunc vero-et fortunae gravissimo percussus vulnere et administrationem rei publicae liberatus-doloris medicinam a philosophia peto et otii oblectationem hanc honestissimam iudico.

구하고자 한 메시지를 전달하기 위해 파나이티오스의 철학적 입장을 받아들였다고 보는 것이 더 타당할 것이다.[13] 그렇다면 키케로가 자신의 철학적 이상과 그 당시 로마의 정치적 현실 사이에서 실제적이며 잠재적인 로마 지배 계층, 즉 로마의 젊은 지배 계층과 미래의 정치 후진을 향해 넌진 정치적 충고는 무엇이란 말인가? 아울러 그가 로마인의 전통적 가치 체계 가운데 새롭게 재구성하고자 한 혹은 개혁하고자 한 정치 윤리 사상의 핵심적 근간은 무엇에 기반을 두고 있는가?

이러한 물음에 답하기 위해서 우리는 『의무론』에 나타난 도덕적 선(honestum), 영예(gloria), 의무(officium),[14] 유익함(utilia), 칭송(laus), 적합함(decus), 덕(virtus), 권위(dignitas), 광채(splendor) 등 개념에 대해 관심을 기울일 필요성이 있다. 이 개념들은 '로마적 명예 코드'[15](Roman honour code)로서 로마의 지배 계층들에게 요구되는 혹은 이들이 추구해야 할 삶의 가치라 할 수 있다.

필자는 키케로에 대한 역사가들의 부정적 시각을 염두에 두면서, 앞서 언급한 개념들 가운데 로마식 윤리와 정치 이데올로기의 가장

---

13) W. Heilmann, Ethische Reflexion und Römische Lebenswirklichkeit in Ciceros Schrift *De officiis*, Wiesbaden 1982(Palingenesia XVII), 15. 참조. 『의무론』 I 6: "따라서 현시점에서 나는 확실히 가급적 스토아학파의 것을 따르려고 하는데, 이 경우 나는 단순한 주석자가 되기는 싫다. 어떻게 보일런지는 모르지만, 나는 내 목적을 위해 내 방식으로 나의 판단과 결정 사항을 저 스토아학파의 원천에서 도출해 내려는 것이다."

14) 키케로는 희랍어 단어 *kathekon*(복수: *kathekonta*)을 전의적(轉義的) 의미에서 'officium'으로 번역한다 (Att. XVI 11). 스토아학파의 철학자들에 의해 대중화된 개념인 *kathekon*은 appropriate behaviour, befitting actions 혹은 convenient action for nature, proper function을 뜻한다.

15) A. A. Long(1995), 216. 라틴어 honor의 철학 개념사적 의미 변천에 대해서는 H. Reiner, "Ehre", in: Historisches Wörterbuch der Philosophie, Bd. 2, hrsg. von J. Ritter, 1972, 319－323쪽을 참조할 것. 라틴어 honor는 희랍어 *time*와 그 의미가 부합하지 않는다. Honor가 virtus와 merita의 의미를 그 기저에 내포하고 있기는 하다. 그러나 *time*가 동료 시민의 언행에 대한 인정과 존경을 뜻한다면, honor는 공무상의 명예를 의미한다(320).

난해한 주제인 '영예'(gloria) 개념에 대한 키케로의 비판적 시각을 우선 확인하고, 그다음에 '도덕적 선'(honestum = *to kalon*, moral goodness, Ehrenhaftigkeit)과 '유익함'(utile) 개념을 중심으로 키케로가 자신의 『의무론』에서 밝힌 정치와 윤리의 결합 의도, 로마 전통 가치 체계 개혁의 저의, 그리고 그 당시 정치적 현실과 정치가에 대한 조언의 윤리적 기반을 논구하고자 한다. 이를 통해 필자는 궁극적으로 키케로가 이 두 개념을 재통합하고 그 근거를 설정하는 과정에서 보여 준, 로마 정치 이데올로기 개혁과 그 모델 설정의 이론적 근거를 확인할 수 있을 것이다. 그리고 필자는 gloria 개념의 가치 체계 변환의 의미와 이에 나타난 키케로의 정치사상의 개혁적 측면을 마지막으로 확인해 보도록 한다. 이 연구 작업은 아마도 현대를 사는 우리들에게 로마의 역사적 전통에 입각한 로마식 노블레스 오블리주(noblesse oblige)[16]의 정신을 선양(宣揚)하고 이를 실천 철학적 차원에서 새롭게 개혁하고자 한 키케로의 철학적 안목을 우리들에게 보여 줄 뿐만 아니라, 미래지향적 관점에서 이를 긍정적으로 해석할 수 있는 계기를 만들어 줄 것으로 필자는 판단한다.

---

16) 흔히 초기 로마 사회에서는 사회 고위층의 공공봉사와 기부, 헌납 등의 전통이 강하였고, 이러한 행위는 의무인 동시에 명예로 인식되면서 자발적이고 경쟁적으로 이루어졌다고 한다. 그리고 지도층에게는 높은 도덕성과 함께 남다른 의무가 지워졌다고 한다. 또한 지도자가 특권을 양보하고 자신을 희생하며 솔선하면서 부를 사회에 환원할 때 지도자로서의 존경을 받을 수 있었다고 한다. 하지만 이러한 로마 귀족의 솔선수범은 물론 개방성, 혼합성, 민주성 등은 지나치게 미화된 것으로, 그리고 18세기 이후 서구의 주도권을 정당화하기 위해 왜곡된 것으로 해석하는 입장도 있다(참조. 이정덕, 「로마의 노블리스 오블리제, 과연 사실인가?」, 열린 전북, 제106호, 2008, 49 – 53쪽).

2. 『의무론』 2권을 중심으로 고찰한 gloria 개념의 전제 조건 및 지향점

키케로는『의무론』2권 19에서 '운명'에 대한 짧은 언급을 마치고 나서, 동료 시민과의 유익하고 촉진적인 관계를 논구하기 시작한다. 그는 유익함의 측면에서 어떻게 동료 시민들의 호감을 사고, 협동심을 유발시킬 수 있는가, 또 그것을 유지하는 능력을 가질 수 있는 방법은 무엇인가를 논의의 주요 주제로 삼는다(20).

우선 키케로는 사람들이 동료 시민의 재산을 늘리고 명예를 높이기 위해 도움을 주게 되는 동기(動機)를 다음 여섯 가지로 열거한다 (21-22). (a) "그들은 어떤 이유로 그를 좋아하기 때문에 호의를 베풀어 돕는다." (b) "그의 덕을 높이 평가해서 최고의 행운을 얻을 만한 가치가 있는 사람이라고 생각하고 그를 존경하는 마음이 우러나 돕는다." (c) "그의 신의를 굳게 믿어서 그를 돕는 것이 그들 자신의 이익을 꾀하는 것이라 생각하고 그를 돕기도 한다." (d) "그의 권력을 두려워하여 마지못해 그를 돕기도 한다." (e) "(…) 베풀어 증여하는 선물 따위 등을 기대하여 그를 돕기도 한다." (f) "그들은 뇌물과 물질적 보상을 주겠다는 약속 때문에 그를 위해 행동하기도 한다."

이러한 지적에 이어 키케로는 로마 사회를 이해하는 데 있어서 중심 개념으로 다의적인 의미를 내포하고 있는 '영예'(gloria) 개념을 중심으로 로마의 전통적 가치가 불안정하게 된 원인을 찾고자 한다. 롱 (A. A. Long)이 지적하고 있듯이,[17] 키케로는 gloria 개념을 두 가지 측

---

17) A. A. Long(1995), 224.

면에서 사용한다. 즉 gloria는 honestum을 진정으로 가치 있게 만드는 일로부터 벗어남(deviation)을 설명하기 위한 개념으로, 그리고 다른 측면에서는 올바른 정치가에게 필요한, 적법하며 필수적인 열망을 갖게 하는 가치로 사용된다. 이 점과 더불어 간과할 수 없는 점은 키케로의 경우 로마인의 포기할 수 없는 삶의 가치인 gloria 개념의 중요성을 간과하거나, 그 당시 현실 정치에 뿌리박힌 대중적 gloria의 폐단을 등한시할 수는 없었다는 사실이다. 하지만 이 점에 대해서 두 가지 해석 관점이 서로 대립한다. 한 가지 측면에서 "콘술로서 자신의 dignitas를 유지하려는 그리고 연설가와 정치가로서 gloria를 추구하려는 열망으로 인해, 키케로는 자신의 개인적 야망의 터무니없는 요구를 정당화할 수 있었을, 충의(忠義)의 적도(適度), 로마인의 덕성, 그리고 귀족적 magnitudo anima[18](抱負)를 드러내지 못했다"[19]는 부정적 평가를 받고, 다른 측면에서 "고대이건 현대이건 간에, 마르쿠스 툴리우스 키케로보다 gloria를 더 열정적으로 애호했거나 혹은 그것을 지칠 줄 모르며 추구했던 사람은 거의 없었다"[20]라는 긍정적 평가가 있다.

키케로는 gloria 개념을 고찰하면서 가장 먼저 **'최고의 그리고 완벽한 영예'**(summa… et perfecta gloria)를 얻는 데 갖추어야 할 기본적인 세 가지 조건으로 **'선의'**(善意), **'신의'**(信義), **'존경과 칭찬'**을 들고 있다(2권 31). 키케로는 이러한 전제 조건을 획득할 수 있는 방식을 아래와 같이 설명한다. (1) 첫째로 **'선의'**는 실제로 선행에 의해서 최대

---

18) Magnitudo anima을 일단 抱負로 번역하기는 하나, 필자는 이 번역어가 라틴어의 의미를 전체적으로 담고 있지 않다고 본다. 필자는 이 개념을 향후 희랍어 megalopsychia와 연관해 다른 지면에서 다룰 것이다.

19) R. Syme, The Roman Revolution, Oxford 1939, 146.

20) F. A. Sullivan, Cicero and gloria, in: Transactions of the American Philological Association 72, 1941, 382.

한 획득되며, 선행의 의지에 따라 얻어진다. 하지만 키케로는 대중의 사랑이 강하게 영향받는 것으로 명성 그 자체와, 돈을 아끼지 않고 베푸는 것, 선행, 정의, 신의, 온후한 성격, 공손한 태도와 관련된 평판을 언급한다. 아울러 도덕적으로 선하고 예절이 밝다는 것 그 자체는 "가만히 있어도 저절로 우리 마음에 들어 기쁨을 주고, 그 내적인 본질로서, 그리고 외적인 모습으로 모든 사람의 마음을 감동시키고, (…) 여러 덕에서 빛을 발하고 있는 것"(32)이라 키케로는 말한다. (2) 두 번째 전제 조건인 '**신의**'가 확보될 수 있는 요건으로 키케로는 정의감과 결합된 미래를 내다보는 예지력이 있다고 판단되는 경우와 정의롭고 신의 있는 사람들의 경우를 지적한다(33~34). 이 두 가지 경우에서 후자가 전자보다 더 강하게 작용하기 때문에, 정의는 예지력 없이도 단독으로 작용하지만, 예지는 정의 없이는 아무런 가치가 없다고 키케로는 말한다. (3) '**존경과 칭찬**'은 세 번째 전제 조건이 된다. 키케로에 따르면, 사람들은 보통 자신이 생각한 것보다 위대하고 훌륭한 것, 예를 들어 한 개인의 탁월한 재능을 발견할 경우 이를 높이 평가한다. 이와 연관해 키케로는 타인에게 존경을 받는 두 부류의 인간상, 즉 (a) '**사악한 것과 decorum**[21]**하지 못한 것들에서 벗어나 자유로운 사람**'과 (b) '**고귀한 정신과 분별력을 지닌 위대한 사람**'을 소개한다. 특히 (b)에 해당하는 사람은 "자신에게 유익한 것이든 해로운 것이든 간에 그러한 두 가지 외부 상황들을 대수롭지 않은 사소한 것으로 무시할 수 있고, 고귀하고 훌륭한 목표가 그에게 제시되면 그러한 덕의 본래의 의미를 파악하고 그것을 잘 추구해" 나가는 사람이다(37). 이

---

21) Decorum은 '사물의 적합합의 올바른 인식'(propriety, Anstand)을 의미한다.

러한 진술을 토대로 키케로는 이러한 gloria를 얻기 위한 방법으로 제시된 세 가지 조건들 모두가 무엇을 근거로 해 획득되는가를 『의무론』 2권 38~42에서 다룬다. 키케로는 이러한 조건들의 근거를 '**정의**'(Gerechtigkeit)라고 밝힌다. 그 이유는 정의는 그 자체의 의미뿐만 아니라, 영예와 덕을 증대시키기 위해 필요한 것이기 때문이다.

그다음으로 키케로는 "**자기 자신이 남에게 어떻게 보이기를 원하는지를 스스로에게서 알아내어 그렇게 되도록 노력하는 것**"이라는 소크라테스의 말을 인용하며, 이를 gloria에 이르는 지름길로 밝히며, '참된 영예'(vera gloria)를 얻고자 하는 사람은 '정의'에 의해서 부과되는 의무를 부단히 수행해야 한다고 말한다(43).[22]

키케로에게서 'gloria'는 필연적이거나 그 자체로서의 개념이 아니며, 공동체적 삶에서 동료 시민의 호감과 협력을 유발시키는 *도구적인* 의미로 파악된다. 아울러 키케로는 gloria 개념을 정의로운 인간의 자족적 목적이 아닌, 공동체에서 유익함을 획득하기 위해 필요한 것으로 이해한다.[23]

이제 다음 장에서 키케로의 정치 윤리 사상의 중요 개념인 honestum, decorum, 그리고 utile의 기본 의미와 그 개념들 간의 상호 연관성을 확인하고, 이를 바탕으로 로마인의 전통적 gloria를 비판하고 vera gloria가 지향하는 새로운 가치 체계의 변화를 모색한 키케로의 정치 윤리 사상의 핵심적 기반을 이해해 보도록 한다.

---

22) 이러한 맥락에서 키케로는 (a) 영예에로의 길과 (b) 그것을 실천하는 일에서 드러난 사례를 구체적으로 분석하는 일을 주요 과제로 삼는다. 이에 대해 키케로가 열거하는 (aʹ)의 사례로는 전쟁에서의 명성을 떨치는 행위(2권 45)와 논쟁에서 큰 영향력을 행사하는 것(48~51)이, 그리고 (bʹ)의 사례로는 개인적이며 사회적인 활동에서 드러나는 호의와 관대함(52~71)이, 이에 덧붙여 정치적 활동과 연관된 전체 시민과 국가에 대한 선행(72~85)이 제시된다.

23) A. A. Long(1995), 231.

3. 『의무론』에 나타난 gloria 개념의 윤리적 기반에 관한 고찰

키케로는 '도덕적 선'과 '유익함'(utile)에 대한 파나이티오스의 논의를 그의 『의무론』 1권과 2권에서 소개하고,[24] 3권에서는 이 두 가지 것이 서로 상충되는 바를 아무런 도움 없이(nullis adminiculis), 즉 이전의 본보기 없이 키케로 자신의 사고를 중심으로 비교 분석한다. 키케로는 이 저술에서 파나이티오스가 주장한 도덕적 의무론을 가장 완전하게 밝히고 있으며(3권 7),[25] 파나이티오스가 제시한 윤리적 문제의 세 가지 분류를 다음과 같이 소개한다. (a) honestum versus turpe (도덕적으로 옳은가 옳지 않은가?), (b) utile versus inutile(유익한가 그렇지 않은가?), (c) honestum versus utile(도덕적으로 옳은 것과 유익한 것이 상충될 때 어떻게 결정 혹은 판단해야 하는가?). 키케로는 파나이티오스가 (c)의 논점을 간과하거나 고의적으로 생략했다고 말하는 사람들의 견해를 받아들일 수 없다고 언급한다. 그 이유는 키케로가 보기에 도덕적 선과 유익함이 상충될 수는 절대로 없기 때문이다(2권, 7~10).

키케로는 『의무론』 2권 9에서 『의무론』 전체 저술의 구조[26]를 상기시키면서, '의무'를 수행하는 데 있어서 고려해야 할 개념을 다섯 가지 범주로 구분해 아래와 같이 소개한다. 필자는 이 개념들을 1차 문헌을 중심으로 분석하고자 한다[아래 (1)~(4) 참조할 것].

---

24) 참조. H. A. Gärtner, Cicero und Panaitios, SB Heidel., Phil.–hist. Kl., Heidelberg 1974.

25) 이 글에서 파나이티오스와 키케로 간의 사상적 수용의 유사성과 차이점에 대해서는 지면 관계상 다루지 않는다.

26) 참조. Ch. Schubert, 서평: E. Lefèvre, Panaitios' und Ciceros Pflichtenlehre. Vom philosophischen Traktat zum politischen Lehrbuch, Stuttgart 2001, in: H–Soz–u–Kult, 2002. 5. 14,<http://hsozkult.geschichte.hu–berlin.de/rezensionen/AG–2002–016>[검색일자: 2011년 2월 1일].

honestum		도덕적 선	1권 주제
decus/decorum(=sympheron)		적합함	
utile	inanima(비동물적인 것)[27]	유익함	2권 주제
	animalia(동물적인 것)		
iudicium		판단	3권 주제

(1) honestum

키케로는 『의무론』 서두에서 '의무'를 탐구하는 것이 모든 철학자들의 공동 문제인 까닭을 아래와 같이 언급하고 있다(1권 4).

> "공적이든 사적이든, 포룸에서의 정치적인 것이든 가내사이든, 너 혼자만이 하는 타인과 더불어 행동하든 간에 실로 생활의 어떤 부분도 의무에서 벗어날 수가 없으니, 생에 있어서 도덕적으로 옳고 선하고 명예로운 것(필자: honestum)은 의무를 이행하는 데 달려 있고, 도덕적으로 옳지 않고 나쁘며 불명예스럽고 추한 것은 의무를 이행하지 않는 데 있기 때문이다."

키케로는 파나이티오스가 전하는 의무에 대한 논의를 소개하면서, 어떤 행동을 하려고 할 때 사람들이 심사숙고한 행동이 (a) honestum 한지 아닌지에 대해, (b) 생활의 편리함과 즐거움, 풍부한 재산과 부, 재산을 가져다주는지에 대한 유익함에 대해, 그리고 (c) 유익한 것으로 보이는 것이 honestum과 상충하는지에 대해 의문을 제기한다. 여기에 덧붙여, 키케로는 파나이티오스가 세 가지로 구분한 점을 다섯 가지로 구분해야 함을 확신에 찬 어조로 말한다. 즉 도덕적으로 선하고 명예로운 것에 대해서 이중적으로 논의해야 하고, 유익함에 대해서도 그러하며, 이런 연후에 이들에 대한 비교 검토해야 한다고 키케

---

27) 참조. 『의무론』 2권 11.

로는 밝힌다.

키케로는 honestum이 네 가지 부분, 즉 지혜, 정의, 용기, 인내 가운데 생겨난다고 말한다(1권 15). 다시 말하면 honestum은 (a) 진리에 대한 통찰과 이해에서 생각되거나, (b) 인간 사회를 유지하며, 각자의 것은 각자에게 나누어 주며, 계약된 것에 대한 신의에서 생각되거나, (c) 고귀하며 굽히지 않는 정신의 위대함과 강직함에서 생각되거나, (d) 행해지고 망해진 모든 것에 절도와 인내가 내재해 있는 질서와 온건함 속에서 생각되는 것이다. 이러한 언급에 앞서 키케로는 인간의 본능과 이성이 자신의 삶을 **"감각세계에서 정신세계로 확대해 가면서 말하고 행동하고 생각할 때 훨씬 더 아름다움과 일관성과 질서를 유지하려고 하여 언행 심사에서 예의범절에 어긋나거나 비신사적인 행위를 하지 않도록 하며, 일시적인 충동과 욕망에 사로잡히지 않도록 하는 것"**(1권 14)을 강조하며, 이를 통해서 honestum이 형성되어 나온다고 설명한다. 이는 바로 "도덕적으로 선하고 명예로운 것의 형상 자체와 모습"이라 할 수 있다(1권 15).

키케로에게서 honestum 개념의 의미 변화와 새로운 개념화 시도에 있어서 주목할 만한 점은 키케로가 **"(……) 어떤 것이 비록 일반적으로 고귀한 것이 아니어서 아무에게도 찬양받지 못한다고 하더라도 그것이 여전히 도덕적으로 선하고 명예로우며, 자연이 부여한 인간 본성의 면에서 볼 때 찬양받을 만한 가치가 충분히 있다"**(1권 14)고 주장하고 있다는 사실이다.[28]

---

28) 참조. A. A. Long(1995), 218. Long에 따르면, 이러한 주장은 키케로가 전통적 명예 코드로부터 '도덕적으로 선하고 명예로운 것'을 분리시키려는, 그리고 그것을 본래적 혹은 자연적 선이라는 말로 개념화하려는 근본적인 시도를 암시한다.

(2) honestum과 decorum

여기서 주목해야 할 점은 honestum과 decorum의 관계이다. 키케로
는 『의무론』 1권 94에서, decorum한 것은 도덕적으로 선하며, 도덕적
으로 선한 것은 decorum하다고 지적한다. 아울러 그는 honestum과 decorum
의 차이는 decorum한 것이 무엇이든지 간에 그것은 명예로운 도덕적
선이 먼저 있고 나서야 비로소 나타나는 것이기 때문에 설명보다는
직감으로 이해할 수 있다고 말한다. 덧붙여 그는 decorum한 것은 이
성과 웅변을 사려 깊게 이용하는 것과 행동을 신중히 하는 것, 그리
고 모든 사물 가운데 어느 것이 참된 것인가를 직시하여 유의하는 것
으로 정의 내린다. 이와 반대로 판단을 잘못하여 실수나 오류를 범하
여 기만당하는 것은 decorum하지 않은 것으로 키케로는 설명한다. 결
국 decorum한 것은 정당한 것이며, 그렇지 않은 것은 불의한 것이다.
이러한 것은 '용기'의 경우에도 유사하다.[29] 결국 decorum한 것은 모
든 도덕적으로 선한 것과 관계하며, 이 관계는 자명한 것으로 드러난
다고 키케로는 말한다(1권 95).

키케로는 decorum한 것은 사실 모든 덕에서 인식되는 것이며, 육체
의 미(美)가 건강상태와 분리될 수 없는 것처럼, decorum한 것은 덕과
완전히 혼합되어 있으며, 이것이 구별되는 것은 단지 인간의 느낌과
생각으로부터 기인하는 것으로 본다(1권 95). 그런데 이것은 두 가지
로 구분할 수 있다고 키케로는 기술한다. 그중 한 가지는 (a) 모든
honestum에 내재된 어떤 일반적인 decorum을 이해하는 것이고, 다른
한 가지는 (b) 일반적인 decorum에 종속되어 있으면서 honestum의 각

---

29) 참조. 『의무론』 1권 62: "음모와 사악으로 용기의 영예를 얻고자 하는 자는 그 누구도 찬양받지 못
한다. 그 이유는 정의가 결여된 것은 그 무엇도 도덕적 선이 될 수 없기 때문이다."

부분들과 관계를 맺고 있는 것이다. 키케로에 따르면(1권 96), (a)는 "decorum이라는 것은 인간의 본성이 나머지 짐승의 본성과는 다르다는 점에서 인간의 우수성과 합치하는 바로 그것"이며, (b)는 "사람들이 원하는 것인 decorum이란 자연, 즉 인간 본성과 합일하여 그곳에서 (…) 중용과 절제가 나타나는 바로 그것"이라고 정의할 수 있다.

(3) utile

키케로에게서 honestum의 상대 개념인 utile이란 무엇보다 인간 자신에게 달린 문제라 할 수 있다. 그 첫째 이유는 생명이 없는 것들이 대부분 인간들에 의해서 생성되기 때문이다(2권 13~15). "인간의 손과 기술이 가 닿지 않았더라면 그것들을 소유할 수가 없었을 것이며, 인간의 관리가 행해지지 않았더라면 그것들을 이용할 수가 없었을 것이다. 또한 참으로 건강에 대한 배려, 항해, 농사, 밭에서 나온 오곡백과의 수확과 저장 등, 그 어느 것도 인간의 노력이 없었더라면 불가능했을 것이다."(2권 12) 그 둘째 이유는 인간은 오로지 인간에 의해 해로움을 당한다는 사실이다. "우리가 인간들의 결합과 합의에 의해 큰 이익을 얻는 것과 마찬가지로, 다른 한편으로는 인간이 인간에게 가하는 해보다 더 무서운 것은 없다."(2권 16) 이러한 관점에서 '유익함'과 관련하여 도달하게 되는 결론은 "인간이 인간에게 최대의 이익을 가져다주는 원천이기도 하고, 또 최대의 손해를 끼치는 원천이기도 하다는 것"(2권 17)이다. 이러하기에 **"인간은 누구나 자신의 마음을 사로잡아 자기 자신에게 유리하게 붙잡아 두는 것"**(conciliare animos hominum et ad usus suos adiungere)이 덕[30]의 속성이라고 키케로는 규정한다(2권 17).[31]

(4) honestum versus utile

키케로는 honestum과 utile이 서로 상충되는 반대적인 것[32]이라는 문제점을 해결하기 위한 논의를 『의무론』 3권 19에서 32에서 행한다. 하지만 이에 대한 해결책을 제시하기 전에 키케로는 스토아학파에 동조하는 관점에서, "도덕적으로 선한 것들이 유익하게 보이는 것들보다 우선시되었다 할지라도, 도덕적으로 선한 것이 유익하지도 않고, 유익한 것이 도덕적으로 선하지 않다고 주장하는 사람들보다는, 도덕적으로 선한 것은 무엇이든 마찬가지로 유익하게 보이고, 도덕적으로 선하지 않은 것은 동시에 유익하지 않다고 하는 사람들에 의해 더 훌륭하게 논의되었기 때문이다"(3권 20)라는 점을 지적한다. 그래

---

30) 키케로는 모든 덕이 지혜, 인내, 정의로 구성되어 있다고 밝힌다. 즉 '지혜'는 인과 관계를 인식하는(res perspicere) 능력이며, '인내'는 혼란된 마음의 동요를 억제하고 본능적인 욕구를 이성에 복종시키는(motus animi cohibere/oboedientes efficere rationi) 능력이며, 마지막으로 '정의'는 공생 공존하는 사람들을 적절하게 기술적으로 이용하는(uti, quibuscum congregemur) 능력이다(2권 18). 비교. 키케로에 따르면, 인간의 유익함과 관련된 정의에 입각한 의무는 지식 추구와 이에 대한 의무늘보다 더 높이 평가되어야 한다. 그 까닭은 "정의는 우리 동료 시민들의 복리와 관련되어 있고, 또 인간의 유익함보다 더 인간에게 소중한 것으로 되어야 할 것은 없겠기 때문이다."(1권 155)

31) 키케로는 『의무론』 2권 마지막에서 유익함의 두 가지 종류가 서로 갈등 상황을 일으킨다는 것을 안티파테르(Antipater)의 예를 들어 설명한다(86~90). 스토아학파의 일원인 안티파테르는 파나이티오스가 간과한 '건강'과 '돈'을 유익함의 논의에 덧붙인다. 신체의 건강을 유지한다는 것은 모든 생활 방식과 정신적 편안함에서의 지속적인 자체이며, 가산은 도덕적으로 악하고 타락함이 없는 것들에서 추구되고, 근검과 검약에 의해서 보존된다고 판단한다. 신체적인 호조건으로 인한 이점과 신체 외적인 이점, 즉 부와 명예가 비교되고, 신체 외적인 이점과 신체상의 이점이 비교될 뿐만 아니라 신체상의 이점들 자체 상호 간에 그리고 신체 외적인 이점들 상호 간에 비교되어야 한다.

32) 참조. 파나이티오스의 경우, honestum과 utile은 분리할 수 없는 것으로 동일하다(3권 11~17). 키케로는 파나이티오스의 입장을 다음과 같이 이해한다. "그는 도덕적으로 옳은 것만이 유일의 선이고, 도덕적으로 옳지 않은 것과 상충되는 것들은 오직 유익한 것처럼 보이는 것뿐으로, 유익함과 유사한 것들이 있다 하여 생활을 더 낫게 할 수도 없고, 또 그렇다고 그러한 것들이 없다고 하여 생활이 더 나빠지는 것도 아니라고 판단하는 사람이기 때문에, 그가 도덕적으로 선한 것보다 유익한 것처럼 보이는 것에다 도덕적 무게를 더 두는 따위와 연루되는 문제를 제기했을 리가 없다."(3권, 11) 하지만 honestum과 utile이 서로 반대적인 것으로 인식되는 것은 무엇 때문인가? 이에 대해 키케로는 우선 사태의 본성에서 기인하는 의심으로써, 이익과 편리함을 기준으로 삼아 모든 것을 판단하는 사람들과 도덕적 선이 이익과 편리함보다 더 가치 있게 해 준다는 것을 의심하는 사람을 그 예로 든다(3권 18). 그다음으로 키케로는 특수하고 구체적인 상황에서 이 두 가지를 반대적인 것으로 판단하게 된다고 지적하며(19), 3권 40에서부터 이에 대해 상세히 논의한다.

서 키케로는 유익하다고 부르는 것이 도덕적으로 선하다고 생각하는 것과 충돌하는 것처럼 보일 때마다 어떠한 '규칙'이 마련되어야 한다고 주장한다. 이러한 규칙을 설정할 경우 중요시해야 할 점은 키케로에 의하면, **'타인의 것을 탈취하는 일'**, **'타인에게 불편함을 끼치는 일'** 그리고 **'자신의 편의를 도모하는 일'**이다(21). 왜냐하면 키케로에게 이러한 일은 죽음, 빈곤, 고통과 신체 외적인 것에서 발생할 수 있는 다른 어떤 것보다 더 자연에 반하기 때문이다. 이 점은 키케로가 앞서 『의무론』 3권 13에서, 스토아학파의 사람들이 최고 최선을 자연에 적합하게 사는 것이라 할 때, 이는 덕과 항상 일치하는 것이며, 반면 자연과 일치하는 다른 것들이 덕과 상치하지 않는다면 그것들을 선택하게 된다고 말한 바와 부합한다.

그렇다면 이러한 규칙 준수가 자연의 본성에 부합한다는 점을 논증하기 위해 키케로가 내세운 근거는 무엇인가? 그 근거로는 첫째, **인간의 유대와 공동체 생활을 유지하기 위함이다.** 인간 각자가 자신의 이익을 위해 타인의 물건을 훔치거나 해한다면 인류 사회가 붕괴되기 때문이다(21). 둘째, **정신의 고매함, 정신의 위대함, 그리고 예절, 정의, 관대함은 쾌락, 생활, 재산보다 훨씬 더 자연에 부합한다.** 특히 키케로는 신체와 재산상의 손실과 정신의 손실을 비교하면서, 개인의 이익과 전체 시민 집단의 이익은 동일하다는 것을 모든 인간은 목표로 삼아야 한다고 말한다(26). 셋째, **인간이 인간이라는 이유 때문에 타인에게 존경받기를 바라는 것이라고 규정할 수 있다면, 전체에게 공통적인 이익이 되는 것은 자연에 부합함이 분명하다**(27). 덧붙여 키케로는 다른 시민과 어떠한 법적 관계도 맺지 않으며, 공익을 위한 사회적 관계가 전혀 없다고 여기는 자는 모든 국가 사회를 파괴시키는 사람으로 단정한다.

앞서 언급한 내용을 기반으로 키케로는 honestum과 utile이 상충되는 바를 해결하기 위해 내세운 규칙의 이론적 신조(信條)를 다음과 같이 천명한다. **"도덕적으로 선한 것을 제외하고는 그 자체**(propter se) **때문에 추구되어야 할 만한 것은 단 한 가지도 없다."**(3권 33) 키케로는 도덕적 선과 유익함에 대한 기준이 같기 때문에 이 두 가지를 분리해 생각할 수 없다고 강조한다(3권 75~76). 따라서 키케로에게 honestum과 utile 간의 상충되는 문제는 실재하는 것이 아니라, 단지 실재하는 것처럼 보이는 '외관상의'(scheinbar) 문제인 것이다(34).[33]

키케로는 이러한 자신의 입장을 더욱 실증적으로 증명하기 위해서 로마의 역사(40~42), 우정(43~46), 국가와 국가 간의 관계(46~49), 개인 사례들(50~74), 그리고 약속(92~115)을 예로 들어 honestum과 utile 간의 외관상 상충되는 바를 구체적으로 설명해 나간다. 이러한 증명의 논증 근거로 키케로는 다음 두 가지 관점을 언급한다. (a) 첫째로, 인간의 본성이 정직과 조화와 일관됨을 요구하며 그 반대의 것을 거부한다는 사실을 근거로, 도덕적으로 선한 것은 유일한 선이자 최고의 선이 되고, 선한 것은 유익하며, 따라서 도덕적으로 선한 것은 무엇이든지 유익하다고 키케로는 주장한다(35). (b) 두 번째, 키케로는 플라톤이 소개한 '귀게스(Gyges)의 반지'[34]를 예로 들면서, 인간의 도덕적 직관을 옹호한다. 그 이유는 "선한 사람들이란 비밀을 은폐하지 않고 정정당당하게 도덕적 선을 추구하기 때문이다."(3권 38)

---

33) 비교. Ch. Schubert, 서평: E. Lefèvre, Panaitios' und Ciceros Pflichtenlehre. Vom philosophischen Traktat zum politischen Lehrbuch, Stuttgart 2001, in: H−Soz−u−Kult, 2002.5.14, <http://hsozkult.geschichte.hu−berlin.de/rezensionen/AG−2002−016>[검색 일자: 2011년 2월 1일].

34) 플라톤, 『국가』 2권, 359b−360d.

키케로는 『의무론』 3권 마지막에서(101), honestum과 utile의 상호 연관성의 의미를 더욱 분명히 다음 구절에서 밝힌다. "인간들은 유익함을 도덕적 선과 분리시킬 때, 자연에 의해 수립된 근본 원리들을 전도시키고 있다. 왜냐하면 우리는 모두 우리에게 유익한 것을 얻으려고 추구하고 있기 때문이다. (……) 그러나 우리는 칭송, 명예, 도덕적 선 이외의 그 어느 것에서도 자신에게 유익한 것을 발견할 수 없기 때문에, 그 이유 한 가지만으로도 이 세 가지를 얻어야 할 최초, 최고의 대상을 지목하고 있는 것이다. 사실 우리가 유익함이란 단어를 구사할 때, 그것을 우리의 권위를 더해 주는 장식품으로서보다는 생활하는 데 필요한 필수품으로 생각하고 있기는 하지만 말이다." 키케로에게서 개인과 사회 가운데 그 어느 것도 도덕성에 기초하지 않고서는 진정한 이익을 얻을 수는 없다. 결국 도덕성은 utile의 본질적 속성이라 할 수 있다. 이러한 면에서 키케로는 칭송, 명예, 도덕적 선이라는 개념이 전통적으로 내포한 특성을 보존한다고 볼 수 있다. 하지만 키케로는 희랍 철학을 근간으로 그러한 개념들의 외연을 확장 변화시키고 있다고 말할 수 있다.[35)]

*

Ⅲ장의 고찰을 통해 확인할 수 있는, honestum, decorum, utile 개념의 의미와 그 개념들 간의 상호 연관성은 다음과 같다. (1) (Ⅱ와 Ⅲ장의 언급을 바탕으로) honestum과 gloria는 대립적이지 않다고 볼 수 있

---

35) A. A. Long(1995), 217.

다. 그 까닭은 vera gloria가 그것의 속성에 의해 드러나는 행위를 통해 공동체의 이익을 얻어내며, 이는 바로 개인들의 이익과 공공의 utile 을 결합하는 가치이기 때문이다.[36] (2) decorum한 것이란 honestum과 분리될 수 없으며, honestum과 마찬가지로 모든 덕 가운데 인식되는 것으로, 인간이 honestum을 기준으로 삼아 주어진 삶의 상황과 자유로운 자기 결정(Selbstbestimmung) 가운데 실현해 나가는 구체적인 삶의 모습이라 할 수 있다.[37] (3) 마지막으로 utile은 honestum에 대한 기준과 동일함으로 honestum과 utile은 분리해 생각할 수 없으며, 이 두 가지가 상충되는 것은 외관상의 문제일 뿐이다. 따라서 키케로에게서 honestum, utile, decorum, gloria, 그리고 앞서 고찰하지 않은 그 외의 개념들(laus, virtus, dignitas, splendor 등)은 '도덕성'에 기반을 둔 이념으로서 로마의 정치 현실에 결여된 윤리성을 요구하고 있다고 할 수 있다. 특히 완고한 로마의 변호사로서 키케로는 vera gloria 개념을 통해 로마 윤리 사상과 정치이데올로기의 접점을 희랍적 모델로 개혁하려는 의지와, 특히 honestum과 utile을 재통합하려는 의도를 자신의『의무론』 전반에서 드러내고 있다.

---

36) 참조. 위의 책, 231.

37) 비교. Decorum의 의미는 『의무론』 1권 98에서 잘 드러난다. "참으로 육체의 미가 지체(肢體)들의 적절한 조화를 이룸으로써 뭇사람의 시선을 끌고, 또 신체 각 부분의 조화를 이루어 균형미, 우아함을 보여 준다는 것 바로 그 점이 우리를 즐겁게 해 주듯이, 생활에서 빛을 내는 이 데코룸은 모든 말과 행동에 있어서의 질서, 일관성, 중용을 준수하게 함으로써 공생하는 자들의 동의를 얻게 하는 것이다." 참조. M. Erren, "Wovon spricht Cicero in 'De officiis'?", in: Würzburger Jahrbücher für die Altertumswissenschaft N.F.13, 1987, 181 – 194.

4. Gloria 개념의 가치 체계 전환의 의미 및 이에 수반 되는 시사적 측면

키케로는 gloria 개념을 정의에 기반을 둔 공동체의 '협력적'(cooperative) 가치 체계에로의 전환을 시도한다. 이는 재산권과 부의 축적에 대한 그의 권고에 잘 나타난다. 이러한 권고의 목적은 개인과 공동체의 이 익을 조화시키려는 그의 의도에서 기인한다.[38]

키케로가 그의 저작 『최고선악론』(De finibus bonorum et malorum) 3권 마지막에서 다룬 내용을 논의의 출발점으로 삼고 있는 『의무론』에서, 그는 '의무'에 관한 모든 문제는 '이중적임'을 밝힌다. 이중적이라 함 은 이 문제가 선의 한계, 즉 최고선(summum bonum)에 관한 것과 일생 생활 전 영역에 적용될 수 있는 교훈에 관한 내용임을 뜻한다. 이는 키케로가, 비록 전자의 문제가 후자보다 더 우위에 속하지만, 전자가 덜 중요하게 여겨지는 까닭을 '공동생활에 관한 교훈(institutio vitae communis)을 성찰하는 것'이 더 큰 비중을 차지하는 것으로 보기 때문 이다(1권 7). 키케로의 이러한 입장은 그의 『의무론』의 고찰 내용이 도덕 이론에 대한 성찰에 머무르지 않고, 이를 개인과 공동체 생활에 구체적으로 적용해 정의에 입각한 영예와 부에 대한 로마 윤리 사상 체계의 새로운 개혁 의지를 도모하고 있다고 볼 수 있다. 즉 키케로 의 실천 철학에 대한 의지 표명은 로마의 정치 엘리트가 지향해야 할 새로운 정치적 패러다임인 것이다.

이러한 태도를 키케로가 견지하는 까닭은 그가 스토아학파의 철학

---

38) A. A. Long(1995), 233.

적 세계관에 동조하며, 자연은 인간의 본성에 이성의 힘을 빌려 인간과 인간이 언어와 사회생활의 공동 유대를 맺도록 결합시키는 역할을 수행한다고 밝힌 내용에서 잘 드러난다(1권 12). 키케로가 내세운 의사소통의 행위를 통한 인간과 공동체의 유대감 획득 노력은 다름 아닌 *인간 합리성의 자연적 표명*이라 할 수 있다.[39] 이러한 그의 시각은 다음 구절에 잘 나타나 있다. "(…) **인간공동체와 사회의 연결고리는 사유 능력인 이성과 말하는 능력인 언어인데, 바로 이 이성과 언어가 가르치고 배우며 의사를 전달하고 토론하며 판단하는 것을 통해 인간 상호 간의 결합을 돈독하게 하며, 어떤 자연 발생적인 형제애와 같은 사회정신을 함양시키는 것이다.**"(1권 50)

키케로에게서 인간과 사회의 유대(societas hominum coniunctioque)는 최상의 utile로 이해된다. 그 이유는 그러한 유대가 모든 개인의 유익함을 담보하기 때문이다. 또한 그에게 사회는 개인적 유익함의 집합체(communis utilitas)이다.[40] 그래서 키케로는 개인에게서 재산과 부의 축적의 유익함에 관심을 기울이고, 이를 격려하며, 이러한 취지에서 합법적 사유 재산의 보호와 사유 재산에 대한 정부의 무간섭[41]을 언급하고 있는 것이다.

필자는 위에서 언급한 키케로의 정치사상의 주안점을 중심으로, gloria 개념의 가치 체계 전환 가운데 그가 드러내고자 한 정치 윤리 사상의 시사적 측면을 간략하게 살펴보고자 한다.

(1) 첫째로, 키케로는 공동물과 개인의 사적 소유물을 구분하면서

---

39) A. A. Long(1995), 234.

40) A. A. Long(1995), 234.

41) 참조. "국가 행정을 담당해야 할 사람이 제일 먼저 주의해야 할 점은 각자 자기의 것을 소유하게 하며, 사유 재산에 대해서는 국가의 간섭에 의한 침해가 일어나지 않도록 하는 것이다."(2권 73)

'정의'의 문제를 다룬다. 그는 공지(空地)의 선점, 전쟁에서 얻은 승리, 법률, 계약, 협정, 추첨 등에 의해 사유물이 나타나게 됨을 언급하면서, "각자의 것은 본래 자연상태에서는 공동물이었던 것이므로 각자에게 할당된 것은 각자가 소유하게"(1권 21) 하자고 말한다. 아울러 그는 누군가가 타인의 몫을 더 많이 탐하는 것은 "죽음, 빈곤, 고통과 신체나 신체 외적인 것에서 발생하는 다른 어떤 것보다 더 자연에 반하는 것"(3권 21)으로 규정한다. 키케로는 공동체적 삶에서 개인의 사유 재산의 분배가 공정성을 갖는가에 대해서 전혀 관심을 기울이지 않는다. 또한 키케로는 토지를 선점한 자들을 그들의 거처에서 내쫓기 위한 농지법과 채무자에게 채무를 말소시켜 주려는 사람들, 예를 들어 술라(Sulla)와 카이사르 같은 사람들은 화합과 형평을 깨뜨리며 (참조. 1권 43), 공화국의 주춧돌을 흔드는 사람들로 간주한다. 그 이유는 "각자가 방해받음이 없이 자기 재산을 안전하게 보호하도록 하는 것이 시민공동체인 국가와 도시의 고유 기능이기 때문이다."(2권 78)[42] 이 점에서 알 수 있듯이, 키케로는 공동체의 경제적 복지를 향상시키는 문제보다는 개인의 사유 재산 보호를 위한 정당성을 확보하는 일에 더 치중한다.

(2) 둘째로, 키케로는 사유 재산에 대한 국가의 개입, 예를 들어 세금이나 할당, 재분배는 개인이 다른 개인의 재산을 훔치는 일만큼이나 잘못된 일로 판단한다. 이는 현대적 의미에서 급진적 보수주의 정

---

[42] 비교. 키케로에 따르면(2권 84), 국가는 공공의 안녕을 해치는 부채가 발생하지 않도록 노력해야만 한다. 부채 발생 시, 국가는 부자들이 그들의 재산을 상실하지 않게 하고, 채무자들은 남의 재산을 차지하지 않도록 조치를 취해야 한다. 그래서 키케로는 '재산세'에 대해서도 반대하는 입장을 밝힌다. 그 이유는 "(……) 만일 채무 관계가 법에 정한 바에 따라 반드시 청산되지 않는다면, 신의 (필자: financial integrity)는 결코 존재할 수 없기 때문이다."(2권 84).

치 노선이라 할 수 있다. 키케로는 부유한 개인은 가난한 사람을 도와주어야 하고,[43] 그리고 국가의 이익을 위해 돈을 지출해야 할 의무가 있다고 생각한다. 하지만 앞서 언급한 맥락에서 그는 국가가 공동체의 복지에 관여해야 할 의무가 있다고는 말하지 않는다.[44]

(3) 셋째로, 키케로는 개인의 이익과 공동체의 이익을 동일시 여긴다. 키케로는 자기 자신의 편익을 위해 타인을 해치는 사람들의 행동을 자연에 부합하는 행동이라고 생각하는 것을 비난한다. 이는 그들이 신체와 재산상의 손실을 정신의 소실보다 더 중요하게 여기는 잘못을 범하는 것으로 키케로는 말한다. 따라서 "일개인의 이익과 전 시민단의 이익은 동일하다고 생각하게 하는 것, 바로 이것을 모든 인간의 목표로 삼아야 한다."(3권 26) 이러한 의미에서 "개인이 공동의 선에 귀속되어야 할 것을 자신의 이익 추구를 위해 가로챘다면, 모든 인간의 결속은 깨지"게 된다고 키케로는 생각한다(26). 하지만 키케로는 국가와 인간 사회의 이익, 즉 '공공의 유익'을 목적으로 삼는 경우, 누군가가 타인의 것을 빼앗는 것을 제한적으로나마 인정한다(30). 이는 아마도 키케로가 로마의 정치 현실과 그의 정치 윤리 이론 사이의 타협점을 찾으려는 태도로 보인다.

키케로에게서 공공의 유익은 자기 이익과 무관하지 않으며, 모든 사람들의 이익과 함께한다는 조건하에서 정당하다. 이러한 조건은 개별적 인간 노력의 피할 수 없는 추구 대상인 유익함과 정의에 입각한 공공재(social goods)의 조화를 말한다.[45] 여기에 덧붙여 공공의 유익은

---

43) 키케로는 국가의 자선보다는 개인의 자선 문제에 주목한다. 참조. 『의무론』 1권 43, 49; 3권 22, 52, 63(비교. 73).

44) A. A. Long(1995), 236.

45) A. A. Long(1995), 238.

키케로에게서 실천 철학적 입장에서 공리주의적 시각에서 해석할 여지가 있다고 할 수 있다[46]. 아울러 이러한 키케로의 관점에 대한 해석은 그가 시도한 gloria 개념의 개혁에 대한 의도와도 연관성이 있다고 할 수 있다.

(4) 넷째로, 키케로에게서 '자선'과 '호의', 그리고 '인간적 연대(solidarity)'의 문제가 중요한 시사점을 제시한다. 키케로는 인간 사회와 생활 공동체의 유지는 '정의'와 '자선'에 의해서 전개된다고 밝힌다. 그에 따르면 정의는 덕을 최대로 빛나게 하며, 정의와 결부된 것이 자선으로 친절과 관대함으로 불릴 수 있다(1권 20). 특히 키케로에게 개인의 자선은 타인을 위하여 재원의 자발적인 지출을 내포한다. 이러한 의미에서 "호의를 베풀고 은혜를 보답함에 있어 모든 조건이 같다면, 최대의 의무란 도움이 필요한 자에게 가능한 최대의 도움을 주는 것이다."(1권 49) 키케로는 대부분의 사람들이 이와는 반대로 행한다는 것을 지적하고, 가장 큰 것을 기대하는 사람에게 가능한 한 최대로 봉사할 것을 당부한다.

인간적 연대의 경우 사유 재산권과 계약은 정의를 통해 보장된다고 키케로는 본다. 이러한 연대를 공고하게 만드는 '신의'(fides)는 사회구성원 간의 상호 이익에 그 기반을 둔다. **키케로에게서 사회구성원 개개인의 utile은 honestum의 필연적 특징이라 할 수 있다.**[47] 이 점에 대한 강조는 키케로에게서 주목해야 할 정치 윤리 사상의 공헌이라 할 수 있다.[48]

---

46) 참조. A. A. Long(1995), 238: "The legitimate pursuit of private interest *qua* private interests is *implied by* a man's partnership in the community."

47) A. A. Long(1995), 239.

48) 참조. A. A. Long(1995), 239; N. Wood, Cicero's Social and Political Thought, Berkeley/Los Angeles 1988, 11f.

(5) 마지막으로, 키케로의 사상은 그가 오늘날의 자본주의 경제 시스템을 알고 있지 않음에도 불구하고, 자본주의적 성격을 강하게 내포하고 있다는 점이다.[49] 이에 대한 키케로의 관점은 아래 인용문에 잘 나타나 있다.

> "공화국을 수호하는 것이 의무인 정무관들은 어떤 사람들에게서 빼앗아 다른 사람에게 주는 이런 유의 선물 증여는 삼가야 할 것이다. 그리고 무엇보다 특히 그들은 법과 법정의 형평 원칙에 입각한 운영으로 각자 자신의 소유 재산을 보호받아 지니게 해야 하며, 보다 약한 사회의 빈곤층은 그들이 미천하다는 이유 때문에 억압받게 해서는 안 되며, 부자들이 자기들의 재산을 보전하거나 다시 찾아 회복하는 데 빈자들의 시기심이 장애 요인으로 작용하지 않도록 노력을 기울여야 한다. 그들은 그 외에도 가능한 한 전쟁과 평화의 모든 수단을 다 동원하여 지배력을 확보하고, 농지 획득과 조세 수입으로 공화국을 부강하게 하도록 노역해야 함은 물론이다."(2권 85)

5. 결론

1465년에 독일 마인츠에서 키케로의『의무론』이 처음으로 출간된 이후, 그의 정치철학과 도덕철학에 대한 관심은 서구사회에서 고조되어 왔다. 비록 역사가들에 의해서 그 당시 정치 현실에서 그가 표방한 정치적 태도와 소신이 부정적으로 해석될지라도, 그의 도덕철학에 근거한 정치 윤리 사상은 철학자들과 정치가들[르네상스 시대의 휴머니스트들, 로크, 몽테스키외, 프리드리히 대제(大帝), 칸트, 비스마르

---

49) A. A. Long(1995), 240.

크 등]에 의해 긍정적인 관점에서 칭송받았다는 것 또한 잘 알려진 사실이다. 하지만 키케로의 정치 윤리 사상, 특히 그가 『의무론』에서 밝히고 있는 입장은 그의 정치적 노선과 이에 따른 행위에 대한 부정적 평가로 인해 그간 주목받지 못한 것이 사실이다.

키케로는 '철학'과 '수사학'이 현실 세계에서 멀어져 아무런 성과 없이 훈계조로 말하는 것을 비웃고,[50] 인간들을 근본적으로 변화시키는 대신에 그들을 단지 지적으로 가르치려는 것을 맹렬하게 비난한다.[51] 이러한 그에게서 철학의 사명은 이론과 실천을 일치시키는 일이었다. 이러한 시각에서 키케로가 『의무론』에서 보여 준, 당시 로마 정치 현실을 개혁하려는, 그리고 정치 질서를 새롭게 바로잡으려는 시도에서 출발한 실천 철학적 숙고는 그가 이론적 모델로 삼고 있는 희랍 철학의 정치 윤리적 패러다임을 로마 정치 현실에 적용시키고 이를 통해 그의 정치적 이상을 실현시키고자 한 그의 마지막 철학적 열망의 발로(發露)라 필자는 생각한다. 이러한 측면에서 vera gloria 개념은 키케로에게 그 당시 현실 정치의 문제점을 타파하는 데 있어서 가장 본질적이고 핵심적인 주제였던 것이다.

키케로가 『의무론』에서 밝힌 gloria 개념은 정직에 기반을 둔 도덕적 가치로서, 로마 사회가 잃어 가는 정치적 안정과 건전성을 회복하려는 의도에서, 즉 도덕적 선과 유익함 사이의 관련성 가운데 파악되어야 한다. 즉 gloria는 개인에게는 유익함의 차원에서, 그리고 도덕적 선 그 자체와의 조화 가운데 이해될 수 있다. 이는 키케로가 시도한 도덕적 선과 유익함의 재통합 과정에서 바로 드러난 점이다. 이러한

---

50) *De or.* II 21.

51) *Fin.* IV 7.

의미에서 키케로는 gloria의 협력적 가치 체계 변환을 시도한 것이다. 이 시도에서 부와 gloria는 윤리적 기반 가운데 그 목적이 설정된다. 그래서 개인과 공동체의 이익 문제, 특히 재산권 문제에 있어서, 개인의 자유를 보장하는 일에 키케로가 전력을 다한 것은 개인의 유익함이 도덕적 선의 필연성을 수반해야 한다는 그의 정치 윤리적 소신에서 기인한다고 할 수 있다.[52]

전체적인 맥락에서 볼 때, 도덕적 선과 유익함에 대한 키케로의 논의에서 확인되는 실천 철학적 측면은 키케로의 정치사상의 기본 노선인 '보수적 자유주의'(konservativer Liberalismus)[53]를 긍정적으로 이해할 수 있는 계기를 마련해 준다고 할 수 있다. 더욱이 키케로의『의무론』에 나타난 gloria의 의미 규정은 21세기 글로벌한 세계를 살고 있는 현대인에게 실천적 차원에서 노블리스 오블리주를 이해할 수 있는 이론적 계기를 제공해 준다고 볼 수 있다.

필자가 보기에, 키케로에게『의무론』의 저술[54]은 기원전 44년 4월부터 11월 사이 정치적 긴박 상황에서 로마인의 전통적 gloria 개념을 비판하며 철학의 아레나(arena)에 돌아와 로마의 정치를 구하려는 열정을 불살랐다는 점에서 어쩌면 '철학의 위안'(consolatio philosophiae)이었을 것이다.[55]

---

52) '고대 윤리학'과 '현대의 도덕성 개념'에 대한 논의는 Chr. Horn의『옛사람들에게 배우는 삶의 길』, 김성현·최경은 옮김, 생각의나무 2005, 249-287쪽을 참조할 것.

53) 참조. 김용민,「키케로의 정치철학:『국가에 관하여』와『법률에 관하여』를 중심으로」, 한국정치연구, 제16집, 2007, 1-33; 곽준혁,「키케로의 공화주의」, 정치사상연구 13집, 2007, 132-211.

54) A. A. Long(1995), 240: Long에 따르면, 키케로가 정의하고자 한 공화국의 진상(眞相)은 그의『국가론』 (De re publica)이 아니라, 바로 그의『의무론』에서 더 잘 드러난다.

55) 참고. V. Buchheit, "Ciceros Triumph des Geistes", in: Ciceros literarische Leistung, hrsg. v. Bernhard Kytzler, Darmstadt 1973, 489-514; M. Fuhrmann, "Cicero: Über Macht und Ohnmacht eines Intellektuellen in der Politik", in: Humanistische Bildung, Heft 7/1983, 19-38; G. Gawlick/W. Görler, "Cicero", in: H. Flashar(Hg.), Die hellenistische Philosophie, Grundriß der Geschichte der Philosophie, Die Philosophie der Antike, Bd. 4, Basel 1994, 1118-1125.

참고문헌

마르쿠스 툴리우스 키케로 지음, 허승일 옮김, 『의무론』, 서광사, 1997.

마르쿠스 툴리우스 키케로 지음, 김창성 옮김, 『최고선악론』, 서광사, 2001.

A. A. 롱 지음, 이경직 옮김, 『헬레니즘 철학』, 서광사 2000.

크리스토프 호른 지음, 김성현 · 최경은 옮김, 『옛 사람들에게 배우는 삶의 길』, 생각의나무 2005.

곽준혁, 「키케로의 공화주의」, 『정치사상연구』 13집, 2007, 132 - 211.

김용민, 「키케로의 정치철학: 『국가에 관하여』와 『법률에 관하여』를 중심으로」, 한국정치연구, 제16집, 2007, 1 - 33.

이정덕, 「로마의 노블리스 오블리제, 과연 사실인가?」, 열린 전북, 제106호, 2008, 49 - 53.

이창우, 서평: 「키케로의 두 윤리학 저서」, 『서양고전학연구』 15집, 2000, 129 - 146.

최혜영, 「고대 로마의 지식인」, 『서양사 연구』 34집, 2006, 5 - 35.

허승일 외 지음, 『인물로 보는 서양고대사』, 도서출판 길, 2006.

M. T. Cicero, *De officiis* — Vom pflichtgemäßen Handeln. Lateinisch und deutsch. Übersetzt, kommentiert und herausgegeben von Heinz Gunermann. Stuttgart 1984.

Bleicken, J., "Die Nobilität der römischen Republik", in: Gymnasium 88, 1981, 236 - 253.

Brunt, P. A., "Nobilitas and novitas", in: Journal of Roman Studies 72, 1982, 1 - 17.

Buchheit, V., "Ciceros Triumph des Geistes", in : Ciceros literarische Leistung, hrsg. v. B. Kytzler, Darmstadt 1973, 489 - 514.

Erren, M., "Wovon spricht Cicero in 'De officiis'?", in: Würzburger Jahrbücher für die Altertumswissenschaft N.F.13, 1987, 181 - 194.

Fuchs, H., "Ciceros Hingabe an die Philosophie", in: Museum Helveticum 16, 1959, 1 - 28.

Fuhrmann, M., "Cicero: Über Macht und Ohnmacht eines Intellektuellen in der Politik", in: Humanistische Bildung, Heft 7/1983, 19 - 38.

Gawlick, G./Görler, W., "Cicero", in: H. Flashar(Hg.), Die hellenistische Philosophie, Grundriß der Geschichte der Philosophie, Die Philosophie der Antike, Bd. 4, Basel 1994, 991 - 1168.

Gärtner, H. A., *Cicero und Panaitios*, SB Heidel., Phil. — hist. Kl., Heidelberg 1974.

Goldmann, F., "Nobilitas als Status und Gruppe: Überlegungen zum Nobilitätsbegriff der römischen Republik", in: J. Spielvogel(Hg.): Res publica reperta, Stuttgart 2002, 45 – 66.

Heilmann, W., *Ethische Reflexion und Römische Lebenswirklichkeit in Ciceros Schrift De officiis*, Wiesbaden 1982(Palingenesia XVII).

Hill, H., "Nobilitas in the imperial period", in: Historia 18, 1969, 230 – 250.

Hölkeskamp, K. – J., *Die Entstehung der Nobilität. Studien zur sozialen und politischen Geschichte der Römischen Republik im 4. Jh. v. Chr.*, Stuttgart 1987.

Long, A. A., "Cicero's politics in *De officiis*", in: A. Laks/M. Schofield(Eds.), Justice and generosity: studies in Hellenistic social and political philosophy, Cambridge/New York 1995, 213 – 240.

Nickel, R., *Lexikon der antiken Literatur*, Düsseldorf/Zürich 1999.

Reiner, H., "Ehre", in: Historisches Wörterbuch der Philosophie, Bd. 2, hrsg. von J. Ritter, 1972, 319 – 323.

Saller, R. P., "Pietas, obligation and authority in the Roman family", in: P. Kneissl/V. Losemann(Hgg.), Alte Geschichte und Wissenschaftsgeschichte. Festschrift für Karl Christ zum 65. Geburtstag, Darmstadt 1988, 393 – 410.

Schubert, Ch., "서평: E. Lefèvre, *Panaitios' und Ciceros Pflichtenlehre. Vom philosophischen Traktat zum politischen Lehrbuch*", Stuttgart 2001, in: H – Soz – u – Kult, 2002.5.14., <http://hsozkult.geschichte.hu – berlin.de/rezensionen/AG – 2002 – 016>.

제5장 스토아 철학자
에픽테토스의 명예론

서영식

1. 들어가는 말

　이 글의 목적은 후기 스토아 철학의 대표자 중 한 사람이었던 에픽
테토스(Epictetus, c.55~c.135)가 '명예'(timē/honor)를 어떻게 생각하였
는지 전승된 자료를 통해 고찰하고, 그의 철학사상에 내포된 명예의
의미와 가치를 음미해 보는 데 있다. 이를 위해 이 글에서는 먼저 에
픽테토스가 활동했던 서양 고대사회의 명예관을 간략히 살펴보고, 다
음으로 그의 가장 중요한 사상적 배경이라 할 수 있는 소크라테스의
철학적 사유 및 이로부터 도출되는 그의 명예의식을 검토해 본다. 이
어서 에픽테토스의 몇 가지 철학 개념들['자유'(eleutheria), '우리에게
달려 있는 것'(to epi hēmin), '프로하이레시스'(Prohairesis) etc.]에 대한
분석을 바탕으로 그가 생각한 명예의 의미를 고찰하고자 한다.

2. 서양 고대사회의 명예관

서양 고대사회에서 활동했던 대부분의 철학자와 지성인들은 인간이 마땅히 지녀야 할 명예와 수치심이 어떤 것이어야 함을 진지하게 논구했던 사람들이다.[1] 특히 고대 그리스인들은 진정한 명예란 내면적인 덕성의 함양과 밀접하게 연관되어 있다는 점에 주목하였다. 명예가 누구나 추구해야 할 덕목으로 평가받을 수 있는 이유는, 자신이 소유한 부와 권력 혹은 타고난 정신적 능력을 세상에 과시할 수 있기 때문이 아니다. 오히려 명예를 추구하는 사람은 스스로 온전한 인격과 이성적인 판단능력을 갖추고자 끊임없이 노력하는 자이어야 한다. 이처럼 철학자를 비롯한 지성인들의 계몽을 바탕으로, 그리스인들은 단순히 세상에서 유명인이 되는 것만으로는 진정한 의미에서 명예로운 인간이 될 수 없음을 자각하게 되었다. 타인의 존재와 가능한 모든 압력에 맹목적으로 굴종하는 것도 자신의 명예를 훼손하는 태도이지만, 자신의 감정과 내면에서 들리는 양심의 목소리에 반하는 행동을 함으로써 스스로 수치심을 불러일으키고, 이 때문에 내적인 자긍심을 훼손하는 것은 가장 치욕적인 일로 간주되었다. 이는 자신의

---

1) 고대 그리스 사회의 명예관 및 가치의식에 관해서는 다음의 연구를 참고. A. W. H. Adkins, *Merit and Responsibility: A Study in Greek Values*, Chicago and London: The University of Chicago Press, 1960; A. W. H. Adkins, *Moral Values and Political Behaviour in Ancient Greece: From Homer to the end of the Fifth Century*, W·W ·Norton & Company INC, 1972; D. L. Cairns, *Aidōs: The Psychology and Ethics of Honour and Shame in Ancient Greek Literature*, Oxford: Clarendon Press, 1993; K. J. Dover, *Greek Popular Morality in the Time of Plato and Aristotle*, Univ. of California Press, 1974. 이 중에서 특히 주목할 만한 연구는 Adkins의 저술들일 것이다. 그는 자신이 평생에 걸쳐 진행한 고대사회의 가치연구의 맥락에서 명예의 의미를 분석하고 있다. 예컨대 호메로스로 대변되는 서사시대에는 여타의 덕목들보다는, 상호 경쟁을 통해 타인으로부터 인정받고 명성을 획득하는 것이 무엇보다 중시되었다. 따라서 개인의 명예는 사회 안에서 중요한 덕목으로 간주되었으며, 이는 당시의 사회가 영웅주의에 기초한 사회라는 점을 함축한다는 것이다. 이와 같은 해석은 명예를 행위에 대한 개인적인 보상과 선물(geras)의 관점에서 이해하는 것이다. 따라서 Adkins의 연구는 명예가 정의(dikaiosynē)와 같은 연대적 차원의 덕목과 연관된다는 점에는 별로 주목하지 않은 것으로 볼 수 있다.

내면에 올바른 가치관과 윤리의식이 결여되어 있음을 스스로 고백하는 행위와 다를 바 없기 때문이다. 결국, 고대 그리스에서는 철학자들뿐만 아니라 일반 시민들조차 명예의 의미와 역할에 대해 끊임없이 숙고했으며, 이를 실천에 옮기려는 노력을 아끼지 않았다.

이러한 명예관이 현실 속에서 구현된 예들 중 한 가지로, 아테네를 중심으로 발달한 고대 그리스의 정치제도를 들 수 있다.[2] 잘 알려져 있듯이, 고대 그리스 사회는 우리 인류가 발견한 정치형태 중 오늘날까지 가장 모범적인 것으로 평가받는 민주주의가 형성되고 발전을 이룬 곳이다. 그리스의 민주주의는 두 가지 측면에서 인류 정치사의 이상적인 정치제도로 간주되고 있다. 첫 번째, 시민들은 '폴리스'(polis)로 지칭되었던 국가공동체 안에서 자유롭게 자신의 의사를 피력하고, 이를 국사에 적극 반영시키고자 노력하였다. 시민 각자는 기회가 균등하게 보장된 사회 안에서 자신에게 주어진 권리를 적극적으로 행사하려 했던 것이다. 두 번째, 사회의 질서 유지를 위해 시민들은 자신들의 합의로 만들었든 조상들이 만들었든 관계없이 주어진 '법규'(nomos)와 규범들을 충실히 지켜나갔으며, 이 과정을 통해서 자신이 속한 집단은 물론 그 구성원인 자아를 존엄하고 명예로운 존재로 격상시키는 데 성공하였다. 시민들이 법을 잘 지켰다는 사실은, 각자가 공명정대한 방식으로 자신에게 주어진 의무를 완수하고자 최선의 노력을 경주하였음을 의미한다. 역으로 의무를 따르지 않거나 혹은 국가 내의 현안을 등한시하는 태도는 가장 비열하고 불명예스러운

---

2) 고대 그리스 사회에서 명예와 민주주의 제도의 상관성에 관해 고찰한 근래의 연구로는 다음을 참조. Ch. Brüggenbrock, *Die Ehre in den Zeiten der Demokratie. Das Verhältnis von athenischer Polis und Ehre in klassischer Zeit*, Göttingen, 2006.

일로 평가절하되었다.

다른 한편 로마인들은 여러 가지 덕목 중에서 특히 개인의 '명예'(honor)를 중시하였다.[3] 로마 사회에서 명예란 단순히 정치권력이나 재력을 통해서 유명인이 되는 것이 아니었다. 오히려 명예는 일시적으로 유용한 것이나 사사로운 이익을 돌보지 않고, 매사에 공명정대한 자세를 견지함으로써 지니게 되는 자기 확신의 감정이다. 따라서 명예롭기를 원하는 자는 먼저 내면적인 자긍심과 높은 수준의 도덕성을 갖추고 있어야 한다. 외부에서 주어지는 칭찬과 존경심은, 사회구성원인 행위 주체가 자신에게 주어진 임무를 충실히 수행하면 자발적으로 따라나오는 결과일 따름이다. 실제로 로마인들은 항상 명예를 '유용성'(utilitas)과 대비시키고, 현실 속에서 양자가 상충할 경우에는 사사로운 이익을 버리고 도덕성의 징표인 명예를 택해야 한다는 사회분위기를 형성하였다. 개인의 명예로운 삶을 위해서는 두 가지가 강조되었는데, 첫 번째는 생활 속에서 갖추어야 할 예의범절이며, 두 번째는 국가와 사회에 대한 책임과 의무이다. 먼저, 우리 인간은 말과 행동, 심지어는 신체의 움직임과 정지상태에서조차 욕망을 절제하고 이성적인 태도를 견지해야 한다. 나아가서 개인과 국가 간의 조화로운 관계는 당사자의 명예를 판단하는 중요한 기준이 된다. 국가는 신의 의지에 따라 형성되고 유지되며, 자연적인 이상이 가장 잘 구현되는 곳이기 때문이다. 이와 같은 분위기 속에서 로마인들은, 자신의 도덕적 의무에 충실하기 위하여 생명까지도 기꺼이 포기할 수 있었다. 이들이 자발적으로 자기희생과 죽음을 선택한 것은 명예

---

3) 고대 로마 사회의 명예관념에 관한 연구로는 다음을 참고. C. A. Barton, *Roman Honor*, Berkeley, 2001; 허승일, 『(증보) 로마 공화정 연구』, 서울대학교 출판부, 1995.

를 가장 소중하게 생각하였기 때문이며, 그것은 로마 사회 발전의 정신적 배경이 되었다.

3. 에픽테토스의 영혼의 스승 소크라테스의 철학적 명예론

에픽테토스가 소크라테스를 역사상 가장 위대한 철학자로 간주하였으며, 그의 사상적 유산('자기 인식')을 자신의 철학적 화두로 삼고 나름의 관점에서 발전적으로 해석하려 했다는 점은, 그의 현존하는 작품인『담화록』(diatribai)과 그의 사상의 축약본이라 할 수 있는『엥케이리디온』(Encheiridion) 곳곳을 통해서 확인할 수 있으며, 현대의 연구자들 역시 이 점에 대해 의견의 일치를 보이고 있다.[4] 따라서 에픽테토스의 명예관을 논하기에 앞서 소크라테스의 철학 및 그의 명예관을 간략히 살펴볼 필요가 있을 것이다.

실존했던 철학자 소크라테스의 사상이 그의 제자 플라톤의 작품에서 대화주도자로서 등장하는 소크라테스의 논변과 어떻게 다른가의 문제는 그동안 많은 논의의 대상이 되어 왔다(이른바 '소크라테스의 문제'). 근래 들어 몇몇 연구자들은『변론』편의 사실성에 기초해서 역사적인 소크라테스의 상을 재구성하는 시도를 수행하였다. 되링은『변론』편과 여타 작품들 사이 서술방식 차이(독백형식 - 대화형식)를 역사적 사실성과 관련된 양자 간의 차이에 대한 암시로 해석함과 동

---

4) 에픽테토스와 소크라테스의 철학 사이의 연관성을 다룬 근래의 연구로는 다음을 참고. M. Erler, "Death is a Bugbear: Socratic 'Epode' and Epictetus' Philosophy of the Self", in, A. S. Mason & Th. Scaltsas (ed.), *The Philosophy of Epictetus*, Oxford University Press, 2007, pp.99 - 111; 이창우,「우리에게 달려 있는 것 - 에픽테토스의 메시지와 소크라테스 - 」,『서양고전학연구』31집, 2008, pp.33 - 56.

시에, 사물들의 '본질'(ousia) 파악 가능성에 대한 견해 차이를 근거로 『변론』 편을 역사적인 소크라테스 이해를 위한 신뢰할 만한 전거로 받아들인다.5) 소크라테스의 제자인 플라톤은 사물들의 본질 파악이 가능하다고 확신하며, 대화 편 속에서 등장인물 소크라테스가 "현상들을 초월하며 영원히 자기 자신과 동일한 인식의 대상들로서의 형상들의 전제, 그리고 이들의 도달 가능성"에 대하여 말하게 하지만, 『변론』 편의 역사적인 소크라테스는 "무엇이 가장 중요한 것인가-여기서 그는 선, 정의, 경건 등을 염두에 두고 있다-에 대한 확실한 인식은 인간에게 근본적으로 거부된다"6)는 점을 강조하고 있다는 것이다. 역사적인 소크라테스는 "행위를 위해 절대로 동요되지 않는 확실한 규범을 제공하는 보편타당하며 확실한 인식"을 거부하는 대신, "순간적으로는 확실해 보일 수도 있겠지만, 추후에 변경을 필요로 한다는 점이 드러나는 부분적이며 임시적인 앎"7)만을 인간에게 가능한 것으로 받아들였다는 해석 입장은, 지혜 추구로서의 철학에 대한 소크라테스의 요구가 절대적인 것에 대한 완벽한 파악이 아닌, 자기 인식, 선행 등과 같은 덕목들을 가능한 한 실천하려고 노력함에 있었음을 의미할 것이다.8) 이러한 해석은 대다수 아테네 시민들이 착각 속에서 자신의 의견을 그릇되게 인식으로 믿지만, 자신은 적어도 모르는 바에 대해 알고 있다고 착각하지는 않을 만큼의 작은 지혜를 가지

---

5) K. Döring, "Der historische Sokrates: ein unlösbares Quellenproblem?", in, *Freiburger Universitätsblätter*, 155 (2002), p.12. 찰스 칸도 역사적인 소크라테스의 문제를 같은 방식으로 해석한다. Ch. H. Kahn, *Plato and the Socratic Dialogue*, Cambridge, 1996, pp.36 - 100 참고. 이 문제를 다룬 국내의 연구로는 다음을 참고. 박규철, 『역사적 소크라테스와 등장인물 소크라테스』, 동과서, 2003.

6) Ibid.

7) Ibid.

8) Ch. Göbel, *Griechische Selbsterkenntnis. Platon -Parmenides -Stoa -Aristipp*, Stuttgart, 2002, p.30 f. 참고.

고 있다는 소크라테스의 자기 인식에 대한 언급과도 모순되지 않는다. 소크라테스가 가지고 있던 자기 자신에 대한 정확한 이해로서의 '작은 지혜'9)는 그가 아고라 광장에서 청년들과의 철학적 탐구를 게을리 하지 않게 만드는 자극제 역할을 했을 뿐만 아니라, 당시의 혼란스런 현실 정치 상황 속에서 죽음을 무릅쓰고 정의를 위해서 싸울 용기를 부여했던 것이다.10)

그렇다면 소크라테스는『변론』편에서 명예를 어떻게 평가하였는가? 그는 재물과 마찬가지로 명성과 명예를 완전히 부정하지는 않더라도 슬기로움이나 진리보다는 가치가 덜한 것으로 간주하며, 영혼을 최대한 훌륭하게 만드는 데 슬기와 진리는 적극 기여하지만 명성과 명예는 그렇지 못한 것으로 평가하였다. "그대는 가장 위대하고 지혜와 힘으로 가장 이름난 나라인 아테네의 시민이면서, 그대에게 재물은 최대한으로 많아지도록 마음 쓰면서, 또한 명성(doxa)과 명예(timē)에 대해서도 그러면서도, 슬기로움(phronēsis)과 진리(alētheia)에 대해서는 그리고 자신의 혼(phsychē)이 최대한 훌륭해지도록 하는 데 대해서는 마음을 쓰지도 않고 생각도 하지 않는 것을 부끄러워하지 않습니까(29d-e)?" 이처럼 소크라테스에게 있어 명예와 명성이 슬기로움

---

9)『변론』, 21d.

10) 역사적인 소크라테스의 철학적 작업에 대한 논의를 방법론적으로『변론』편에 국한한다면, 우리는 다음과 같이 추론해 볼 수 있을 것이다. 비록 소크라테스는 평생토록 자기 인식과 인간의 한계에 대한 이해에 전념하지만, 인간학적인 탐구기반을 통해 인간의 본질을 해명하려 시도하지는 않았다. 이 단계는 플라톤에 의해 비로소 완성되는데, 그는 자신의 영혼에 대한 이해를 바탕으로 '델피 신탁이 요구하는 바의 완전한 학문적 이해'에로 나아가기 때문이다. H. D. Betz, "Humanisierung des Menschen: Delphi, Plato, Paulus", in, ders., *Hellenismus und Urchristentum*, Tübingen, 1990, p.125. 어쨌든『변론』편에서 등장하는 소크라테스가 동명의 역사적인 인물의 행적을 반영하는가 혹은 이를 바탕으로 자기 인식 및 인간에 대한 이해와 관련된 소크라테스와 플라톤의 차이를 실제로 구분할 수 있는가와는 별도로, 그의 출현과 자기 인식에 대한 철학적 가르침이 아테네 사람들을 열광시켰다는 점은 분명한 것 같다. 역사적인 소크라테스의 철학활동과 관련해서는, 그가 적어도 자기 인식의 의미와 중요성을 일관되게 강조해 왔음이 틀림없다는 연구자들 사이의 일반적인 견해에 기초해서 그의 철학적 입장의 기본구조와 가치 그리고 자기 한계를 가늠해 볼 수 있을 것이다.

이나 지혜와 대비되어 부정적인 의미를 지니게 된 것은 당시 소피스트들의 등장과 맞물려 있는 것으로 보인다. 왜냐하면 명성(doxa), 즉 의견과 평판이 확고하게 자신의 권리를 주장하게 된 것은 당시 새롭게 등장했던 소피스트들에 의해 가능했기 때문이다. 또한 제자인 플라톤의 기록에 따르면 소크라테스는 바로 그와 같은 소피스트들의 출현이 내포한 위험을 누구보다도 잘 알고 줄기차게 비판했던 사람이다. 여기서 명예는 내면적인 자부심이나 자존감에 바탕을 두기보다는, 오히려 명성과 마찬가지로 타인의 의견이나 평판에 의존하는 것으로 소크라테스는 판단하였기 때문이다.[11]

이러한 입장은 소크라테스의 제자 플라톤에 의해 더욱 구체적이며 분명하게 표명된다.[12] 스승을 이어서 플라톤이 비판한 소피스트의 명예 개념은, 당대 최고의 소피스트였던 고르기아스와의 논전을 묘사한 『고르기아스』편에서 다음과 같이 묘사되고 있다. 플라톤은 고르기아스와 같은 소피스트가 지니고 있는 말과 관련된 능력과 기술, 즉 '수사술'(rhētorikē)이 무엇인지 규정하고 있으며, 더불어 고르기아스의 수사술이 국가공동체(polis)에 대해서 갖는 정치적 의미를 명확히 인식하고 있었다. 사실 고르기아스에게 수사술은 그 능력을 지니고 있는 자의 자부심의 표현이기도 하다. "참으로 뛰어나다고, 만약 네가, 호메로스가 말했듯이, 내가 자랑으로 여기고 있는 바로 그것(ho ge

---

11) 그렇다면 왜 소크라테스는 명예를 슬기로움과 진리보다 하위의 가치로 간주하였는가? 이 물음은 소크라테스가 명예나 명성이 근거하는 것으로 간주한 의견과 평판의 본성이 무엇인지와 직접 관련이 있다고 말할 수 있는데, 그에 관한 의미 있는 대답은 사실 『변론』편에서는 구체적으로 제시되지 않으며 이후 플라톤이 저술한 여러 대화편을 통해 가늠해 볼 수 있다. 이에 대한 구체적인 논의는 다음 기회로 미룰 수밖에 없다.

12) 플라톤의 주요 작품들을 검토하면서 그의 명예관의 특성을 밝히고 있는 논의로는 다음의 연구를 참고. 박규철, 「플라톤의 '명예'의 윤리학」, 『CNU 인문학연구』 82호, 2011, pp.215–248.

euchomai einai)과 관계해서 나를 부르고자 한다면, 말이요."(449a) 나아가서 고르기아스에 따르면, 이와 같은 말의 '기술'(technē)이 국가공동체에 대해 갖는 의미는, 첫째, 폴리스 안에 사는 사람들에게는 '자유의 근거'(aition eleutheriās)이며, 둘째, 다른 사람들에 대해서는 '지배의 근거'(aition tou archein)가 된다(452d). 이에 대응하여 플라톤은 수사술을 고르기아스가 아니라, 그의 제자인 폴로스의 입장에 따라 규정한다. 수사술은 기껏해야 대중의 '어떤 특정한 기호와 기쁨을 산출'(charitos tinos kai hēdonēs apergasiā, 462c)하는 경험적인 영합의 술수, 즉 '아첨'(kolakeia, 463b)에 불과하다는 것이다. 이와 더불어 세간의 평판과 깊이 관련된 가치 개념인 '명예' 역시 세속적이며 무가치한 것으로 치부되고, 진리를 탐구하는 철학에서 배제된다. "대다수 사람들이 명예를 방치해 두고, 진리를 탐구하면서 나는 참으로 내가 할 수 있는 한에서 최선으로 살고 죽을 때 죽으려고 시도할 것이다."(526d)[13]

---

13) 그렇지만 『국가』 편 등 다른 대화편을 살펴보면, 플라톤이 명예를 항상 부정적으로만 생각한 것은 아님을 알 수 있다. 예컨대 『국가』 편 1권의 트라시마코스와의 대화에서 플라톤은 기술이나 지배는 자신에게 유용한 일을 행하는 것이 아니라, 지배받는 자에게 유용한 것임을 증명한 다음, 그렇기에 아무도 자의적으로 지배하려 하지 않고 지배를 해야 한다면 보수를 요구할 수 있다고 말하면서, 이러한 보수의 예로 돈, 명예, 형벌 등을 거론한다(346e-347a). 플라톤은 『국가』 편 3권에서도 명예에 대해 긍정적인 평가를 내리고 있다. "그리고 아이들 사이에나 청년들 사이에서 그리고 어른들 사이에서 언제나 그런 시험을 거쳐 더럽혀지지 않은 것으로 판명된 사람을 우리는 나라의 통치자(ho archōn) 및 수호자(phylax)로 임명해야 하네. 또한 그에게는 살아서도 영예가 주어져야 하지만, 죽어서도 무덤이나 그 밖의 기념물에 있어서 최대의 특전을 부여받아야 하네."(413e-414a) 여기서 '명예'라는 번역어의 원어 표현은 timas이고, '특전'으로 번역된 말의 원어 표현은 gera이다. 이처럼 플라톤은 시험을 거쳐 판명된 국가 지도자나 수호자에게는 살아서는 '명예'(timas)가, 죽어서는 '명예의 선물'(gera)이 주어져야 한다고 말하고 있다. 플라톤은 국가의 통치자나 수호자와 같이 '선별된 자들'(hoi prokrithentes, 537b)이 남들보다 더 큰 명예를 누려야 한다는 점을 분명히 한다. "그러니까 이 기간 뒤에, 스무 살이 된 자들 중에서 남들에 앞서 선발된 자들이 남들보다도 더 큰 영예를 누리게 될 것이며, 또한 이 아이들이 순서 없이 교육받게 된 교과들을 결집해서, 이들 교과 상호 간의 친근성 및 '실재'(to on)의 본성(physis)에 대한 '포괄적인 봄'(synopsis)을 갖도록 해야만 되네."(537b-c) 이러한 입장은 호메로스와 헤시오도스로부터 이어져 내려온 그리스의 전통적인 명예 관념과 사실상 맥을 같이하는 것으로 보인다. 다만 플라톤은 전통적인 명예 관념을 새로운 시대, 즉 철학의 시대에 자신의 이상국가론을 바탕으로 새롭게 정초한 것이다. 결국 명예란, "각자가 목적한 바를 성취하게 될 경우에, 이들(그것이 사려로부터 유래하는 기쁨이든 존경받음으로부터 유래하는 기쁨이든) 모두에게 따라오는"(582c) 것이다.

4. 철학 개념들을 통해 본 에픽테토스의 명예관

1) 에픽테토스의 생애와 저술

에픽테토스(Epictetus, c.55~c.135)는 피뤼기아(Phrugia) 지방의 히에라폴리스(Hierapolis)에서 노예로 출생하였다. 그는 로마에서 성장하였으며 에파프로디투스(Epaphroditus)라는 사람의 노예로 생활하면서도, 스토아 철학자 무소니우스 루푸스(Musonius Rufus)의 지도하에서 철학을 공부한 것으로 알려졌다. 에픽테토스는 노예에서 해방된 후 일정기간 동안 로마에서 철학을 가르쳤다. 그러나 서기 93년경 황제 도미티아누스(Domitianus)가 철학자들을 로마에서 몰아냈고, 그 역시 로마를 떠나야만 했다. 이후 에픽테토스는 그리스 에페이로스(Epeiros) 지역에 위치한 신도시 니코폴리스(Nicopolis)로 이주하였으며, 그곳에 철학 학교를 세우고 가르쳤다. 에픽테토스는 직접 저술 작업을 하지 않았으므로 그의 작품으로 전해지는 것도 없다. 다만 그의 사상을 정리한 수제자 루키누스 플라비우스 아리아누스(Lucinus Flavius Arrianus Xenophon, 86~160)의 원고가 전승되는데, 이것이 오늘날 『담화록』(diatribai)으로 알려진 저술이다. 『담화록』(diatribai)은 본래 여덟 권이었으나 현재는 네 권만 남아 있다. 나아가 아리아누스는 『담화록』(diatribai)에 서술된 내용 중 핵심적인 것들을 모아 『엥케이리디온』(Encheiridion)을 편찬하였다. 즉 『엥케이리디온』(Encheiridion)은 『담화록』(diatribai)을 대중들이 쉽게 읽을 수 있도록 요약본으로 편집한 것으로 볼 수 있다. 에픽테토스의 사상은 후대 사상가들에게 적지 않은 영향을 끼쳤으며 대중적으로도 인지도가 높았던 것으로 알려져 있다. 신분상 그와 전혀 어울리지 않아 보이는 로마황제 마르쿠스 아우렐리우스(Marcus

Aurelius, 121~180)도 자신의 명저 『명상록』에서 『담화록』을 자주 언급하며 사상적 영향을 인정하고 있다.[14)

2) 에픽테토스 철학의 기본구도

에픽테토스가 활동했던 당시의 후기 스토아학파는 이전의 사변적이고 논리적인 탐구경향에서 벗어나 주로 윤리적이며 실천적인 문제에 관심을 두었다. 이것은 당대의 스토아 학자들이 시대적 분위기에 적응한 결과로 볼 수 있는데, 당시(2세기 초반) 로마제국에서는 철학이란 교육이나 윤리와 같은 실천적인 문제를 다루는 것이라는 인식이 지배적이었다.[15)] 에픽테토스 역시 이러한 분위기 속에서 주로 윤리적인 문제에 관심을 갖고 어떻게 살아야 하는가에 대한 해답을 제시하고자 하였으며, 특히 앞에서 소개했던 바와 같이 소크라테스를 모범으로 해서 자아의 문제('자기 인식')에 집중하였다.

---

14) 에픽테토스의 생애 및 저작과 관련된 사항은 다음을 참고. 김재홍, 『에픽테토스「담화록」』, 서울대학교 철학사상연구소, 2006, pp.1 - 10.

15) 이와 관련해서 스토아의 윤리학 및 명예관념에 대해 간략히 언급할 필요가 있을 것이다. 스토아 철학자들에 따르면, 인생의 목적은 행복하게 사는 것이다. 여기서 행복이란 '자연과 합일하여 사는 것' 혹은 '자연에 의해 인간에게 부여된 이성적인 성향과 일치되도록 사는 것'을 의미한다. 즉 행복은 좋은 것을 말하며, 좋은 것은 덕이다. 따라서 행복은 자체로서 선한 덕에 내재하는 것이다. 나아가 스토아에 따르면, 오직 '도덕적으로 선한 것'(honestum), 즉 '명예'만이 최고선이 될 수 있으며, 이 명예는 스토아학파의 네 가지 기본적인 덕목(四樞德)인 '지식'(scientia), '정의'(iustitia), '용기'(fortitudo), '인내'(temperantia)에서 나온다. 실제로 스토아의 영향을 받았던 로마인들은 사회구성원 전체가 어린 시절부터 미풍양속을 익히고, 진리를 탐구하여 지식과 지혜를 쌓고, 불의와 부정을 용납하지 않음으로써 정의를 추구하였다. 또한 만용이 아닌 참된 용기를 고무하고, 인내함으로써 관용을 베풀고 절도 있는 생활을 하도록 적극 권장하는 건전한 사회분위기 형성에 노력하였다. 스토아의 윤리사상을 종합적으로 정리하여 소개한 키케로의 『의무론』에 따르면, 앞의 네 가지 덕들로부터 나오는 최고선인 '명예'는, '유익하거나 편의적인 것'(utilitas), 즉 유용성과 대비되는 개념이다. 현실 속에서 명예와 유용성이 상충하게 될 경우에는, 사사로운 이익이나 편의를 버리고 도덕적으로 선한 명예를 택해야 한다. 개인의 명예로운 삶과 관련해서, 현실 속의 로마 사회는 특히 두 가지를 중시하였는데, 첫 번째는 생활 속에서 인간이 갖추어야 할 예의범절이며, 두 번째는 국가와 사회에 대한 개인의 의무였다. 키케로 저, 허승일 역, 『케로의 의무론 - 그의 아들에게 보낸 편지』, 서광사, 2006 참고.

(1) '우리에게 달려 있는 것'과 '우리에게 달려 있지 않은 것'의 구분

에픽테토스가 철학적 사색을 전개하는 과정에는 몇 가지 핵심적인 개념이나 비유가 등장하는데, '우리에게 달려 있는 것'(to epi hēmin), '프로하이레시스'(Prohairesis), '자유와 노예' 등이 그것이다. 이 중에서 에픽테토스의 철학적 사색의 출발점은 '우리에게 달려 있는 것'과 '우리에게 달려 있지 않은 것'의 규정 및 양자의 엄격한 구분에 있다. 『엥케이리디온』(Encheiridion), 1장(1~3절)에서 그는 다음과 같이 말한다.

> "§1. 존재하는 것들 가운데 어떤 것들은 우리에게 달려 있는 것들이 아니다. 우리에게 달려 있는 것들은 믿음, 충동(선택), 욕구, 혐오, 한마디로 말해서 우리 자신이 행하는 그러한 모든 일이다. 반면에 우리에게 달려 있지 않은 것들은 육체, 소유물, 평판, 지위, 한마디로 말해서 우리 자신이 행하지 않는 그러한 모든 일이다.
>
> §2. 게다가 우리에게 달려 있는 것들은 본성적으로 자유롭고, 훼방받지 않고, 방해받지 않지만, 우리에게 달려 있지 않은 것들은 무력하고, 노예적이고, 방해를 받으며, 다른 것(사람)들에 속한다.
>
> §3. 그러므로 만일 네가 본성적으로 노예적인 것들을 자유로운 것으로 생각하고 또 다른 것에 속하는 것들을 너 자신의 것으로 생각한다면, 너는 장애에 부딪힐 것이고, 고통을 당할 것이고, (마음이) 심란해지고, 신들과 인간들을 비난하게 될 것이라는 점을 기억하라. 그러나 만일 (이와 반대로) 네가 사실상 너의 것만을 너 자신의 것으로 생각하고, 또 다른 사람에게 속하는 것을 (실제로 그런 것처럼) 다른 사람에게 속하는 것으로 생각한다면, 그 누구도 어느 때고 너에게 강요하지 않을 것이고, 그 누구도 너를 방해하지 않을 것이고, 너는 그 누구도 비난하지 않을 것이고, 그 어떤 사람을 힐난하지도 않을 것이고, 자의에 반해서 결코 어떤 한 가지라도 행하지 않을 것이고, 그 누구도 너에게 해를 끼치지 않을 것이고, 어떤 적도 없을 것이라는 것을 기억하라. 왜냐하면 너는 해가 되는 어떤 것에도 고통을 당

하지 않을 것이기 때문이다."[16]

에픽테토스가 말한 '우리에게 달려 있는 것'이란 무엇을 의미하는가? 위의 인용문에서 믿음, 충동(선택), 욕구, 혐오 등을 '우리에게 달려 있는 것'의 예로 제시한 사실에서 알 수 있듯이, '우리에게 달려 있는 것'은 일차적으로 정신의 영역에 속한 것이다. '우리에게 달려 있는 것'은 외부가 아닌 자기 자신과 직접 관련된 것이기에, 그것은 어떤 경우에도 자아의 의지와 능력을 통해 온전히 도달할 수 있으며 따라서 도덕적 책임을 져야 할 영역이다. 에픽테토스는 이러한 차원에서 '우리에게 달려 있는 것'은 '자유'의 영역을 구성하는 것이며, 나아가 나 스스로 행하는 사태로서 행복과 불행을 검증할 수 있는 유일한 영역이라고 말한다.[17]

이에 반해 대립 개념인 '우리에게 달려 있지 않은 것'은, 부모 자식이나 형제 같은 가족, 사회적 지위와 평판, 조국, 외모나 건강 등 신체적 조건, 물질적 재산의 소유와 상실, 자연재해, 전쟁 같은 시대적 상황 등 우리를 둘러싼 외적인 모든 것들의 총칭이라 말할 수 있다. 에픽테토스에 따르면, 예컨대 상식적 차원에서 우리의 육체와 직접적으로 관련이 있으며 따라서 자기 자신의 것이라고 느끼는 행위조차도, 그것이 숨쉬기나 걷기와 같이 지극히 단순하고 쉬운 일이라 할지라도 온전히 우리 자신의 것이라고 말할 수는 없는데, 그러한 행위들에는 외부로부터 방해받을 가능성이 항상 존재하기 때문이다. 나아가

---

16) 『엥케이리디온』(Encheiridion)의 인용은 김재홍의 번역본을 따름: 에픽테토스, 김재홍 역, 『엥케이리디온. 도덕에 관한 작은 책』, 까치, 2003; 김재홍, 『에픽테토스 「담화록」』(서울대학교 철학사상연구소, 2006)의 부분 인용도 참고.

17) 김재홍, 『에픽테토스 「담화록」』, 서울대학교 철학사상연구소, 2006, pp.48−51의 설명 참조.

그에 따르면 '우리에게 달려 있지 않은 것'들은 자체로서는 좋은 것도 아니지만, 그렇다고 무조건 나쁜 것이라고 말할 수도 없다.[18] 다만 이것들은 특별히 가치를 부여할 만한 대상이 아님에도 우리가 가치를 부여하고 극단적으로 추구할 경우, 결국 우리는 고통과 좌절 그리고 분노의 감정에서 빠져나올 수 없게 된다.[19]

이상 살펴본 바와 같이, 일반적으로 사람들은 '우리에게 달려 있지 않은 것'을 추구하고 그것에 큰 가치를 부여하곤 한다. 그러나 그것은 본성상 우리에게 속한 것이 아니기 때문에 언제 어디서든 타의에 의해 박탈당할 수 있으며 그것의 획득이나 실현 그리고 보존 역시 온전히 진행되지 않을 수 있다. 따라서 우리 인간은 오직 '우리에게 달려 있는 것'이 무엇인지 정확히 알고 그것을 추구하는 경우에만 모든 외적인 압박에서 벗어나고, 인생의 궁극목표라 할 수 있는 '자유와 행복'(eleutheria kai eudaimonia)[『엥케이리디온』(Encheiridion), 1장 4절]에 도달할 수 있다. 본성상 '우리에게 달려 있는 것'에 대한 올바른 인식은 삶의 목표에 도달하는 데 결정적인 역할을 하는 것이다.[20]

---

18) "(과녁을) 빗맞히기 위해서 과녁을 세우지 않는 것처럼 우주에는 악의 본성 또한 없는 것이다."[『엥케이리디온』(Encheiridion), 27장] 에픽테토스는 스토아의 사고방식을 이어받아, 세상에서 자연적으로 악한 것은 존재하지 않는다고 보았다.

19) cf. 『담화록』, 2.16.1 – 2, 11 – 12. 두 영역의 구분에 실패함은 단순히 대상이나 사실 착오의 문제가 아니라, 일종의 가치판단의 오류를 범하는 것으로 볼 수 있다. 사람들은 가족, 지위, 평판 등을 '우리에게 달려 있는 것'으로 판단할 경우 그러한 판단 자체에 머물지 않고, 그것에 매우 큰 가치를 부여하고 온 힘을 다해 추구하지만 거의 대부분 실패함으로써 큰 고통을 느끼기 때문이다. 유사한 방식의 논의로는, 전현상, 「아리스토텔레스와 에픽테토스 윤리학에서의 프로하이레시스 - '우리에게 달려 있는 것'과의 연관성을 중심으로」, 『서양고전학연구』, 43집 (2011), p.144 참고.

20) 다른 한편 에픽테토스에 따르면, 올바른 것 혹은 반대는 외부세계에 있는 것의 본성에 기인하지 않고 그에 대한 우리의 판단에 기인한다. "[5a] 사람들을 심란하게 하는 것은 그 일들(자체)이 아니라, 그 일에 관한 (그들의) 믿음이다. 이를테면 죽음은 전혀 두려운 것이 아니다. 왜냐하면 소크라테스에게도 역시 그렇게 여겨졌을 것이기 때문이고, 그러나 죽음에 관한 믿음, 즉 두렵다는 것, 바로 이것이 두려운 것이기 때문이다. 그렇기 때문에 우리가 방해를 받거나 심란하거나 슬픔을 당할 때에도 [5] 결코 다른 사람을 탓하지 말고, 우리 자신, 즉 우리 자신의 믿음들을 탓해야 한다."[『엥케이리디온』(Encheiridion), 5장]

(2) 자유와 노예

에픽테토스는 '우리에게 달려 있는 것'과 '우리에게 달려 있지 않은 것' 사이의 구분을 통해서 사람들이 자신의 내면에 간직된, '자유'(eleutheria)를 실현할 수 있는 능력을 발견하고 그것을 효과적으로 사용해야 함을 강조하였으며, 따라서 그의 사상 안에서 '자유'는 매우 중요한 개념으로 자리매김된다.

그에 따르면 한 인간의 '자유로움과 자유롭지 못함'은, 자신을 둘러싼 일체의 외적 사건이나 사태에 대해 스스로 어떻게 생각하고 선택하거나 욕구하는가에 달려 있다고 말할 수 있다. 따라서 에픽테토스는 '우리에게 달려 있는 것'이 무엇인지 알고 그에 따라 살아갈 수 있는 사람을 '자유'에 도달한 사람으로 규정한다. 그가 말하는 자유란, 자기 외부의 무엇인가에 의해 방해받거나 고통당하는 상황에서 벗어난 상태, 원리적으로 보면 모든 인간이 누릴 수 있으나 실제로는 오직 소수의 지혜로운 사람들만이 도달해 있는 삶에 대한 태도를 의미한다. 이처럼 자유에 대한 그의 태도를 통해, 자유란 특정한 상황에서 무언가를 스스로 선택할 수 있는 능력(자유의지)을 선천적으로 보유하고 있는 인간이 자신에게 주어진 현실적 상황을 수용하고 그것에 자기 자신을 완전하게 일치시키려는 마음가짐을 의미한다고 말할 수 있을 것이다.

> "인간이여, 그대가 직면한 목적은 외적 인상들을 자연에 따라 일치해서 사용할 수 있도록 너 자신을 준비하는 것이고, 욕망에서는 그대가 얻고자 하는 것을 실패하지 않도록, 회피에 있어서는 그대가 회피하고자 하는 것에 빠지지 않도록, 결코 불행하거나 불운하지 않도록, 자유롭고, 방해받지 않고, 강제 당하지 않고, 제우스의 질

서에 일치함으로써, 이에 복종함으로써, 이에 만족함으로써, 누구
도 비난하지 않고, 누구도 탓하지 않고, 전 마음을 다해서 이 시를
말할 수 있어야 하는 것이다. '제우스신이여, 운명의 신이시여, 당
신이 나를 이끄소서.'"21)

이에 반해 '노예'는 사회적 지위나 재산 등과 같은 외적인 상황과
관계없이 전적으로 자아의 정신적 미성숙 탓에 형성된 영혼의 부자
유, 즉 자신의 능력으로는 도달하거나 성취하는 것이 불가능할 수도
있는바, '자신에게 달려 있지 않은 것'에 집착하는 상황을 비유적으로
표현한 것이다. 에픽테토스는 말한다. 자유롭고자 한다면 '우리에게 달
려 있는 것'의 한계 안에 있는 것만을 바라고 기대하라! 반대로 노예처
럼 살고자 한다면 '우리에게 달려 있지 않은 것'을 끝없이 갈망하라!

> "§7. [30] 너는 이런 것들 대신에 무감동과 자유, 마음의 평정을 얻
> 기를 원하는지, 이런 것들을 잘 살펴보라. 만일 그렇지 않다면
> 그것에 대해서조차 생각하지 말라. 마지 어린아이처럼 지금은
> 철학자가 되고, 나중에는 세금 수납원이 되고, 다음에는 수사
> 학자(웅변가)가 되고, 그다음에는 황제의 보조관이 되듯이 행
> 동하지 말라. 이런 것들은 함께 어울릴 수 없다.
> 너는 선하든 악하든 '한' 인간이어야만 한다. 너 자신의 능력
> 을 가지고 자신을 지배하는 원리에 매달리거나 혹은 외적인
> 것에 매달려 일해 나가야만 한다. [35] 너는 내적인 것에 집중
> 하거나 혹은 외적인 것에 집중해서 열심히 해나가야만 한다.
> 즉 철학자의 구실이든 혹은 평범한 사람의 구실(임무)이든 (그
> 길을) 수행해 나가야만 한다."22)

---

21) 『담화록』, 2.23.42.

22) 『엥케이리디온』(Encheiridion), 29장.

(3) 프로하이레시스

앞에서 소개된 개념들과 더불어 에픽테토스 철학의 핵심을 구성하는 또 하나의 개념으로 '프로하이레시스'(prohairesis)를 들 수 있다. 이 개념은 선택, 의지, 결의 등으로 번역될 수 있을 만큼 폭넓은 의미를 내포하고 있다.[23] 에픽테토스의 사유 안에서 프로하이레시스는 자율적인 방식으로 이루어진 도덕적 차원의 의지와 선택을 의미하는 것으로서, 우리 인간 각자가 의식이나 판단 그리고 욕구와 같은 정신적 차원의 기능을 통해서 내가 어떤 존재인가를 보여 주는 역할을 수행한다고 말할 수 있다. 이러한 의미에서 그는 프로하이레시스는 바로 나의 의지이자 나 자신이며, 따라서 내가 원하는 모든 것은 이 '의지'(prohairesis) 안에서 이루어져야 한다고 말한다.

> "(……) 만일 네가 자연에 따르는 너의 선택(prohairesis)을 유지하기 바란다면 네가 해야만 할 것에 주의를 기울이라. 왜냐하면 네가 원하지 않는다면 다른 사람은 너에게 해를 끼치지 않을 것이기 때문이다. 하지만 네가 해를 입었다고 너 자신이 믿을 때에만 너는 해를 입게 될 것이다."[24]

이처럼 프로하이레시스는 우리 인간이 신으로부터 부여받은 정신을 통해 할 수 있는 모든 능력, 즉 반성, 충동, 욕구나 회피의 능력을 의미한다. 이것은 본성상 외부의 어떤 것으로부터도 방해받거나 강제되지 않는 것이며, 심지어는 이것을 부여한 신(제우스)조차도 특정한 방향으로 강요하거나 구속시킬 수 없는 능력이다.

---

23) 이 개념의 우리말 번역에 관해서는, 이창우, 「우리에게 달려 있는 것-에픽테토스의 메시지와 소크라테스-」, 『서양고전학연구』, 31집, 2008, p.44 이하 참조.

24) 『엥케이리디온』(Encheiridion), 30장.

"너는 본성적으로 방해받지 않고, 강요받지 않는 프로하이레시스를 가지고 있네. (……) 이 점에서 네가 방해받지 않고 제약받지 않고 훼방당하지 않는 프로하이레시스적인 기능을 가지고 있음을 보는가? 만일 그것(프로하이레시스)을 우리에게 주었던 신이 그 자신에게서 바로 그 자신의 부분을 빼앗음으로써 신은 그것을 그 자신이거나 혹은 다른 어떤 것에 의해서 방해받도록 혹은 제약되도록 만들어 놓았기 때문이라면, 그는 더 이상 신도 아닐 것이고 그가 했던 바대로 우리에 대해 돌봐 주는 것이 아닐 것일세. (……) 만일 네가 그러고자 바란다면, 너는 자유로울 것이네. 네가 그러고자 바란다면 너는 누구도 비난하지 않을 것이고, 누구도 고소하지 않을 것이네."25)

인간 각자의 자아를 구성하며 또한 자아와 동일시되는 프로하이레시스는, 앞에서 소개된 '우리에게 달려 있는 것'과 밀접한 연관성을 가지는바, 에픽테토스는 이 점을 다음과 같이 표명하였다. "우리에게 달려 있는 것은 프로하이레시스와 프로하이레시스가 하는 모든 일이고, 우리에게 달려 있지 않은 것은 몸, 몸의 부분, 소유물, 부모, 형제, 자식, 조국과 같이 우리와 결부되어 있는 모든 것이다."(『담화록』, 1.22.10)

3) 에픽테토스의 명예관

에픽테토스는 『엥케이리디온』 25장에서, "칭찬을 하고 명예를 얻는 것보다 더 중요한 것이 있다"고 말한 바 있다. 그에 따르면, 금전, 쾌락 혹은 명예를 사랑하는 사람은 자기 자신도 남도 제대로 사랑하지 못한다. 세상의 명예는 단지 세상 사람들이 내리는 일종의 '평판'(doxa)에 불과하며, 어떤 경우에도 이성에 근거한 참된 진리를 알려 주지 못한다. 명예와 같은 평판은 우리가 스스로 만들어 낼 수 없

---

25) 『담화록』, 1.17.21 – 28.

는 것, 즉 '우리에게 달려 있지 않은 것'이다. (적어도 에픽테토스 당시의 관점에서는) 마치 우리의 외모가 마음에 들지 않는다 하여 바꿀 수 없듯이, 외부에서 유래하는 평판을 우리의 의지대로 변화시킬 수는 없는 것이다. 이와 같은 상황에서 우리는, 그 평판의 대상이 되는 것이 만약 좋은 것이라고 한다면 누군가가 거기에 이르렀을 때 기뻐해야 하고, 만약 나쁜 것이라고 한다면 거기에 이르지 못하였다고 화내는 일이 없어야 한다. 그럴 경우에만 우리는 '우리에게 달려 있는 것'과 관계할 때 좋고 나쁨을 가릴 수 있는 자격을 갖추게 되는 것이다.

> "§1. 만일 누군가가 연회에서 혹은 인사받는 데에서 혹은 조언을 구하는 데에서 너보다 영예를 받았다면, 또 만일 그것들이 좋은 것이라고 한다면 그가 이러한 것들을 받는 것을 너는 기뻐해야만 한다. 이와 반대로 그것들이 나쁜 것이라고 한다면, 네가 그것들을 받지 못했다고 해서 근심하지 말라. 만일 네가 우리에게 달려 있지 않은 것들을 얻으려는 기대로(얻기 위해서) 같은 일을 하지 않는다면, [5] 너는 (다른 사람과) 똑같은 것을 (받을 만하다고) 주장할 수 없다는 것을 기억하라."26)

이처럼 좋고 나쁨을 '우리에게 달려 있는 것'들과 관계해서만 판단하고 좋은 것에 대해서는 기뻐하고 나쁜 것에 대해서는 화내지 말아야 한다는 에픽테토스의 태도는 스토아적 의미에서 종교적이라 말할 수 있을 것이다.27)

명예에 대한 에픽테토스의 부정적인 평가는, 명예와 같은 외부의 평판을 '이성'(logos)의 판단이 아닌 '감정'(pathē)의 소산이라고 보는

---

26) 『엥케이리디온』(Encheiridion), 25장.

27) 주지하듯이, 스토아에서 신, 이성, 자연과 동일한 의미를 지닌다. 따라서 어떤 태도가 종교적이라 함은 자연 내지 이성과 일치하는 경건한 삶을 사는 것을 의미한다.

스토아의 관점과 연관된다. 스토아에 따르면, 감정적인 판단은 자연과 이성이 제공하는 규범들로부터 일탈한 것이다. 인간의 감정적 태도는 달리는 사람에 비유될 수 있는데, 그가 앞으로 달려 나갈 경우 정지해야 할 곳에서 자신의 신체를 효과적으로 제어하지 못하는 일이 자주 발생하듯이, 감정에 따른 판단이나 행위도 제대로 통제하는 것이 대부분 불가능하다. 감정이 올바른 판단작용을 거부하는 직접적인 이유는, 감정적인 사람의 도덕적인 믿음이 상대적으로 약하기 때문이다. 우리가 감정이 필요하다고 판단되는 경우에도 사실은 오직 이성의 명령에 복종함으로써만 온당하게 일을 처리할 수 있다. 어떤 경우에 감정이 편리하고 실용적이라고 판단하는 이유는 단지, 그렇게 생각하는 당사자에게 더 나은 영혼의 능력인 이성이 결여되어 있기 때문이다. 우리 인간이 현실적인 삶에서 어려움을 겪는 이유는 적지 않은 경우 영혼을 교란시키는 감정의 작용 때문이다. 따라서 건전하고 행복한 삶을 영위하기 위해 감정은 제거되어야 한다. 이처럼 감정으로부터의 조건 없는 해방을 염두에 둔다면, 명예와 같이 감정에 기초한 판단에서 벗어난다는 것은 궁극적으로 '우리에게 달려 있지 않은 것'을 포기함을 의미하는데, 앞에서 논의한 바와 같이 우리 인간은 오직 이럴 경우에만 '자유와 행복'에 도달할 수 있는 것이다.

스토아 철학자 에픽테토스가 생각한 명예 개념을 음미해 보면, 일단은 명예 자체의 부정적인 측면들이 부각될 수밖에 없다. 이러한 에픽테토스의 명예관은 그의 사상 자체가 그러하듯이 헬레니즘 시기의 철학적 특징과도 연관되어 있다. 로마제국의 형성과 더불어 개인의 역할은 자신이 할 수 있는 개인적인 것으로 제한된 상황에서, 자신의 내면으로 잦아들지 않는 한에서 인간이 할 수 있는 일이란 주어진 세계의 질서에 자신을 일치시키는 것이었다. 그로부터 도출된 에픽테토스의 철학적 태도는 앞에서 살펴본 바와 같이, '우리에게 달려 있는 것'들에 대해서만 만족하고 그렇지 않은 것들에 대해서는 초연한 것이다. 만약 우리가 에픽테토스의 명예 개념 안에서 단지 부정적인 측면만이 아니라 어떤 긍정적인 측면을 발견하고자 한다면, 그것은 그가 발굴한 도덕의 원리들을 그가 배제한 것들('우리에게 달려 있지 않은 것')에 다시 적용시킬 가능성에 대한 탐색에서 출발해야 할 것이다. 이처럼 에픽테토스 철학에서 등장하는 도덕의 이성적인 원리들에 대한 보다 심층적인 논구와 더불어, 새로운 의미의 적극적인 명예 개념에 대한 인식이 전혀 불가능하지는 않을 것이다.

5. 결론

우리는 흔히 명예를 개인, 사회, 국가를 지탱하는 바탕이며 의식적인 삶을 살아가는 모든 사람이 추구하는 지고한 덕목으로 간주하곤 한다. 그러나 오늘날 추구되는 명예의 모습은, 내면적인 자긍심과는 동떨어진 채 부와 권력의 추구와 과시에 종속되어 있을 뿐이다. 특히 현재 한국사회가 직면한 극단적인 사회불안과 총체적인 도덕해이 (moral hazard) 현상은, 한 사회를 유지하고 발전시키는 데 필요한 바람직한 가치관, 즉 '진정한 의미에서 인간이 갖추어야 할 명예란 무엇인가?'에 대한 자각의 결여에 기인한다. 그 결과 민주화를 거친 오늘날에도 우리 사회 전반에는 헤아릴 수 없이 많은 윤리적인 문제들이 발생하고 있다. 마찬가지로 고대 철학자 에픽테토스는, 당시 세간에서 추구했던 명예는 사적인 욕구를 넘어서는 내면적 자긍심과 자기 확신을 전제로 하지 못했으며, 오직 타인과의 조화를 통해서만 실현되는 가치 개념이 되지도 못한 것으로 평가한 듯하다.

그럼에도 명예는 자기 자신에 대한 평가와 직접적으로 관련되어 있으며, 더불어 자아의 가치관을 형성하는 과정에서 가장 근원적인 역할을 하는 감정의 한 형태임을 부정할 수는 없을 것이다. 물론 인간은 자기 자신을 의식적으로 타자화하고, 스스로를 평가의 대상으로 삼기도 한다. 그렇지만 명예 감정은 본질적으로 자신을 둘러싼 세상, 그리고 그 안에서 활동하는 사람들과의 접촉과 교류의 과정에서 형성되는 것이다.[28] 명예는 우리 인간의 자존적인 삶과 불가분의 관계를 맺고 있으며, 어떤 의미에서는 사회의 작동을 가능케 하는 근원적인 메커니즘의 한 형태로 볼 수 있다. 따라서 우리는 명예 자체를 에픽테토스처럼 단지 '우리에게 달려 있지 않은 것'으로 간주하거나 혹은 일단의 근대 사상가들이 주장했던 것처럼, 생존과 인정투쟁의 산물로만 보아서는 아니 될 것이다. 명예의식은 때로 공동의 토론을 요구하기도 하며, 깊은 반성적 사고와 호혜성의 능력으로 발전되기도 한다. 인간은 공동체 안에서 타인을 배려하는 가운데 권리와 의무의 주체로서 스스로 명예로운 자의 길을 추구하는 것이다. 이러한 차원에서 앞으로 '명예'라는 감정에 대한 윤리적 차원의 논의는, 현재 한국사회가 올바른 가치의식의 부재로 인해서 겪고 있는 문제들을 극복하기 위한 인문학적 토대의 역할을 할 것이다.

---

28) 다시 말해서 명예의 감정은 자신이 속한 사회나 집단 구성원들과의 접촉과 관계유지를 통해서 형성되는 것이기 때문에, 시대와 지역 등에 따라 서로 다른 양상을 띠게 된다. 따라서 한 사회가 지니고 있는 명예 감정에 대한 분석과 해명은 곧바로 그 사회의 핵심에 접근하는 통로를 여는 것으로 볼 수 있다.

참고문헌

김재홍, 「상식의 철학자 에픽테토스와 스토아 윤리학」, 『서양고전학연구』, 17집,
    2001, pp.97 – 131.
김재홍, 『에픽테토스「담화록」』, 서울대학교 철학사상연구소, 2006.
박규철, 「플라톤의 '명예'의 윤리학」, 『CNU 인문학연구』, 82호, 2011, pp.215 – 248.
박규철 외, 『고대 그리스 철학의 감정이해』, 동과서, 2011.
박규철, 『역사적 소크라테스와 등장인물 소크라테스』, 동과서, 2003.
베르나르도 로고라, 남경태 역, 『로마 사람들』, 사계절, 2004.
앤소니 A. 롱, 이경직 역, 『헬레니즘 철학』, 서광사, 2000.
에픽테토스, 김재홍 역, 『엥케이리디온·도덕에 관한 작은 책』, 까치, 2003.
이상인, 「스토아의 자유 정초」, 『범한철학』, 36집, 2005, pp.37 – 69.
이정은, 『사람은 왜 인정받고 싶어 하나』, 살림, 2005.
이창우, 「우리에게 달려 있는 것 – 에픽테토스의 메시지와 소크라테스 – 」, 『서
    양고전학연구』, 31집, 2008, pp.33 – 56.
이창우, 「행복, 욕구, 자아 – 헬레니즘철학의 이해」, 『철학연구』, 62집, (2003),
    pp.57 – 74.
이창우, 「스토아 철학에 있어서 자기지각과 자기애」, 『철학사상』, 17집, (2003),
    pp.215 – 243.
전헌상, 「아리스토텔레스와 에픽테토스 윤리학에서의 프로하이레시스 – '우리
    에게 달려 있는 것'과의 연관성을 중심으로」, 『서양고전학연구』, 43집,
    (2011), pp.123 – 148.
조대호, 「소크라테스 윤리의 그리스적 전통에 대한 연구」, 『철학논총』, 33집 3
    권, (2003), pp.317 – 337.
허승일, 『(증보) 로마 공화정 연구』, 서울대학교 출판부, 1995.
허승일, 「헬레니즘 시대의 스토아사상과 현실정치」, 『서양고전학연구』, 31집,
    (2008), pp.57 – 82.
크리스토프 호른, 최경은·김성현 역, 『옛사람들에게 배우는 삶의 길』, 생각의
    나무, 2005.
키케로 저, 허승일 역, 『키케로의 의무론 – 그의 아들에게 보낸 편지』, 서광사, 2006.
Adkins, A. W. H., *Merit and Responsibility: A Study in Greek Values*, Chicago and

London: The University of Chicago Press, 1960.

Adkins, A. W. H., *Moral Values and Political Behaviour in Ancient Greece: From Homer to the end of the Fifth Century*, W · W · Norton & Company INC, 1972.

Algra, K., J. Barnes, J., Mansfeld, J., Schofield, M.(ed.), *Hellenistic Philosophy*, Cambridge, 1999.

Annas, J., *Hellenistic Philosophy of Mind*, Berkeley, Los Angeles, and Oxford: University of Califonia Press, 1992.

Annas, J., "Epictetus on Moral Perspectives", in, A.S. Mason & Th. Scaltsas(ed.), *The Philosophy of Epictetus*, Oxford University Press, 2007, pp.140 – 152.

Barton, C. A., *Roman Honor*, Berkeley, 2001.

Boter, G., *The Encheiridion of Epictetus and its Three Christian Adaptations; Transmission and Critical Editions*, Brill, 1999.

Brüggenbrock, Ch., *Die Ehre in den Zeiten der Demokratie. Das Verhältnis von athenischer Polis und Ehre in klassischer Zeit*, Göttingen, 2006.

Cairns, D. L., *Aidōs: The Psychology and Ethics of Honour and Shame in Ancient Greek Literature*, Oxford: Clarendon Press, 1993.

Dietrich, A., *Philosophie der Stoa*, Gruenwald, 2006.

Dobbin, R. F., "Prohairesis in Epictetus", in, *Ancient Philosophy*, 11(1991), pp.111 – 135.

Dobbin, R. F., *Epictetus; Discourses Book 1*, Oxford, 1998.

Erler, M., "Death is a Bugbear: Socratic 'Epode' and Epictetus' Philosophy of the Self", in, A. S. Mason & Th. Scaltsas (ed.), *The Philosophy of Epictetus*, Oxford University Press, 2007, pp.99 – 111.

Long, A. A. and Sedley, D. N.(ed.), *The Hellenistic Philosophers*, 2 vols. Cambridge: Cambridge University Press, 1987.

Long, A. A., *Epictetus: A Stoic and Socratic Guide to Life*, Oxford, 2004.

Long, A. A., *From Epicurus to Epictetus: Studies in Hellenistic and Roman Philosophy*, Oxford, 2006.

Inwood, B., *Ethics and Human Action in Early Stoicism*, Oxford, 1985.

Inwood, B., Gerson, L. P., *Hellenistic Philosophy: Introductory Readings, 2nd edition*, Hackett, 1997.

Inwood, Brad and Gerson, L. P. (eds.), *Hellenistic Philosophy: Introductory Readings*, 2nd edition. Indianapolis: Hackett, 1997.

Inwood, B., *Cambridge Companion to the Stoics*, Oxford, 2003.

Pohlenz, M., *Die Stoa: Geschichte einer geistigen Bewegung*, 2 vols., Goettingen, 1964.

Saunders, Jason L.(ed.), *Greek and Roman Philosophy after Aristotle*. New York: Free Press, 1996.

Scaltsas, Th. and Mason, A. S., *The Philosophy of Epictetus*, Oxford, 2008.

Schenkl, H., *Epicteti Dissertationes ad Arriani Digestae*, Stuttgart, 1965.

제6장 마르쿠스 아우렐리우스의 정치적 지향성으로서의 명예윤리적 기반

최양석

1. 들어가는 말

마르쿠스 아우렐리우스 안토니우스(Marcus Aurelius Antonius, 121~180)는 로마제국의 황제이며, 동시에 대표적인 스토아 철학자 중 한 사람이다.[1] 그런데 그는 천성적으로 내성적인 성격이었으며 독서와 명상에 심취하였기 때문에, 40세에 황제에 오른 후 지속된 정무와 전쟁에 시달리는 삶을 즐거워하지 않았던 것으로 알려졌다. 후기 스토아 철학에는 로마에 살면서 가르침을 베풀었던 세 명의 저명한 철학자가 있는데, 귀부로서 얼마 동안 네로 황제의 자문관이었던 세네카(B.C. 4~A.D. 65), 노예였던 에픽테토스(A.D. 60?~120) 그리고 황제 마르쿠스 아우렐리우스가 그들이다. 마르쿠스는 스토아의 핵심사상을 에픽테토스[2]를 통해 터득하였으며, 철학적 사변과 분석에 있어서 많은 경

---

1) 황제 마르쿠스 아우렐리우스는 자신에 관한 증언 '명상록'을 후세에 남긴 유일한 통치자이다. 그는 낮이면 이민족들과 전쟁을 치르고, 밤이면 막사에서 철학적인 경구와 금언을 글로 적었다. 그 기록서는 아우렐리우스가 죽고 난 다음에 발견되어 편찬되었지만 아쉽게도 그의 필적이 담긴 원본은 전해지지 않는다. 가장 오래된 판본은 14세기에 만들어진 것이다.

2) 마르쿠스는 루스티쿠스(Rusticus)에게 그의 장서 중에서 에픽테토스의 저서를 자신에게 주어 감명 깊

우 그와 의견을 같이한다. 이들은 모두 내적 평정이야말로 인간이 추구해야 할 궁극적 목적이며, 참다운 행복은 우주의 자애로운 질서에 복종함으로써만 찾을 수 있다고 생각했다.

스토아 철학에 의하면 덕이 있는 사람으로 되려고 하면 고독 속에 고립되어 있어서는 안 되고, 활동적인 생활을 하려고 결단하지 않으면 안 된다. 이런 점에서 항상 개인주의적인 키니코스학파나, '숨어서 살아라!'고 하는 원칙을 따르는 에피쿠로스학파들과도 다르다. 스토아학파는 인간이 사회적 존재이며 또 인간이 자기 자신을 찾으려면 동시에 남들도 찾아야 한다는 것을 알고 있었다. 그 이유는 그는 평안한 사생활을 하지 않고, 공공생활에 끼어들며, 이 공공생활에서 자기의 의무를 다해야 하기 때문이다. 제국의 일을 돌볼 무거운 짐을 지고 있던 마르쿠스 아우렐리우스는 다음과 같이 말한다. "네가 피곤해 일어나기 싫을 때, 너의 본성에 알맞은 일을 하려고 서두르지 않는가."[3]

에픽테토스가 노예 신분으로 태어나 불우한 성장기를 보내고, 이후 총명함으로 인해 자유민이 된 이후에도 고독을 즐기며 자신만의 철학적 사색에 몰두했다면, 아우렐리우스는 개인적 명상이나 진리 탐구뿐만 아니라, 대제국의 황제로서 세상을 올바로 통치해야 할 의무를 지니고 있었다. 따라서 그의 철학 안에는 적지 않은 경우, 현실적인 차원에서 세상을 올바로 인식하고 덕을 바탕으로 통치하기 위한 나름의 고민과 성찰이 담겨 있다. 마르쿠스가 아무리 철학적인 사색을 좋아한다고 하여도 에픽테토스는 될 수 없었다.[4] 누더기를 걸치든

게 터득할 수 있게 해 준 데 대해 감사를 표시하고 있다.『명상록』Ⅰ 7.

3)『명상록』Ⅴ 1.

4) 철학에 매료된 나머지 허술한 옷을 입거나 맨바닥에서 잠을 자는 견유학파 철학자 흉내를 내다가 어머니의 만류로 그만두고는 여전히 그런 생활에 미련을 버리지 못하던 마르쿠스에게 그의 스승인

고독 속에 살든, 그것은 에픽테토스의 마음이다. 그가 무엇을 하든, 그것은 다른 많은 사람의 인생을 좌우하는 것은 아니다. 하지만 마르쿠스는 황제였다. 제국의 안전과 백성의 안전이 보장되어야만 했다. 아우렐리우스는 인간의 의지를 중시하기 때문에 자신의 본질과 행위를 철저하게 일관시키는 것이 항상 최고의 의무 중의 하나라고 본다. "사람들은 법칙으로 나아가는 똑바른 길을 고수하여, 항상 똑바른 길을 가는 신을 따라야 한다."5) 이러한 행위의 삶을 가능케 해 주는 제일 좋은 것은, 우리들이 공공생활에 참여하는 것이다.

본 연구에서 필자는 마르쿠스 아우렐리우스의 정치적 삶에서의 명예와 황제로서의 명예를 살펴보고, 명예의 부정적 측면과 긍정적 측면을 고찰하려고 한다.

2. 마르쿠스 아우렐리우스의 명예 개념

에피쿠로스 철학은 사람들에게 어떻게 하면 이 적의에 찬 현실세계에서의 고난을 벗어날 수 있는가를 가르치고자 한 데 비하여, 스토아 철학은 사람들에게 설혹 싸우다가 자신이 멸망하는 한이 있더라도 이 세계의 악과 용감히 싸울 것을 권장하였다. 그리고 에피쿠로스 철학은 사람들에게 어떤 평온한 도피처에서 조금씩 쾌락을 찾도록

프론토는 이런 말로 위로했다고 한다. "카이사르여, 그대가 클레안테스나 제논 같은 뛰어난 철학자와 마찬가지로 총명을 타고났다 해도, 철학자가 걸치는 거친 옷이 아니라 황제의 보랏빛 망토를 걸치는 것이 그대에게 지워진 의무입니다." 시오노 나나미, 『로마인 이야기 II 종말의 시작』 김석희 옮김, 한길사, 2003, 67쪽.

5) 『명상록』 X 11.

권장한 데 비하여, 스토아 철학은 사람들에게 그들의 개인적인 고락을 염두에 두지 말고 제 자신의 행복 같은 것은 그것과 비하면 아무 것도 아닌 것이 되어 버릴 그러한 목적을 위하여, 그리고 이 목적을 실현하는 데 있어서는 아낌없는 노력을 기울이도록 역설하였다. "그 대가 그대 자신의 의무를 수행하고 있는 한, 그대가 춥거나 덥거나, 수면 부족을 느끼거나 충분한 수면을 취했거나 혹은 악담을 듣거나 칭찬을 듣거나, 그리고 죽음에 직면에 있을지라도, 그 밖에 어떤 일을 당하거나 행동하고 있을지라도 아무런 차이가 없다는 것을 명심하라."[6]

에픽테토스와 마르쿠스 아우렐리우스 두 사람은 후기 스토아 철학자들이다. 그러나 그들의 사회적 지위는 서로 달랐다. 즉 에픽테토스는 주인의 덕분으로 자유민이 된 노예였고, 마르쿠스 아우렐리우스는 로마제국의 황제였다. 이와 같은 차이는 명예에 대한 관점을 통해서도 분명히 드러난다. 즉 에픽테토스에 따르면 세상의 명예는 단지 사람들이 내리는 일종의 평판(doxa)에 불과하며, 어떤 경우에도 이성에 근거한 참된 진리를 제공하지 못한다. 그는 우리에게 달려 있는 것과 우리에게 달려 있지 않은 것을 구분하며, "우리에게 달려 있는 것들은 믿음, 충동, 욕구, 혐오, 한마디로 말해서 우리 자신이 행하는 그러한 모든 일이다. 반면에 우리에게 달려 있지 않는 것들은 육체, 소유물, 평판, 지위, 한마디로 말해서 우리 자신이 행하지 않은 그러한 모든 일이다."[7] 명예는 우리 외부에서 연유하며 따라서 우리 스스로 만들어 낼 수 없는 것, 즉 우리의 권한 밖의 일이기 때문에, 그것을 추구하거나 그로 인해 희로애락의 감정을 느끼는 것은 현명하지 못한

---

6) 명상록, Ⅵ 2.

7) 엥케이리디온, 에픽테토스, 김재홍 옮김, 까치, 2003. 제1장 § 1.

처사이다. 명예는 자신에게 달려 있는 것이 아니라 다른 사람에게 달려 있다. 그러므로 명예는 자신과 무관한 것이며, 명예가 없는 것이 나쁜 것이 아니다. 결국 명예는 자연과의 일치를 통해서 가능하게 되는 이성적인 판단과는 무관한 것이며, 기껏해야 금전이나 쾌락 등과 동일한 차원으로 평가절하되었다.

마르쿠스는 한편으로는 에픽테토스의 계승자로서 스토아적 특성을 가지며, 다른 측면에서 에픽테토스를 보완하고 넘어서는 특징을 보인다. 그러므로 마르쿠스는 명예에 관해 이중적인 경향을 보이고 있다. 즉 첫째, 도덕적 자기 확신으로서 개인을 모든 외적인 것으로부터 독립하는 것과 연관하여 형성된 부정적 명예관, 둘째로 개인이 그 속에서 일부가 되는 전체와의 관계에서 발생하는 문제에 관하여 정의롭게 처신하는 일과 연관하여 형성된 긍정적 명예관이 그것이다.

마르쿠스는 자신 외의 모든 것에 완전히 독립적으로 된다 해도, 그럼에도 불구하고 자신들이 그러한 종류의 것과 결합되어 있음을 느꼈다. 인간은 자신을 우주의 부분으로 인식하고 이러한 전체를 위하여 일하기로 맹세하며, 자연의 모든 합리적 존재들과 관계하고 있음을 안다. 인간은 서로서로를 위해 사는 것이 자신들의 자연적 운명으로 생각하였다. 따라서 사회공동체적인 본성이 인간에게 심어져 있는데, 이것이 두 가지 성질을 요구하는 것이다. 동지들에 대한 사랑과 정의는 공동체의 기초적인 조건이었다.

물론 세속적인 명예나 평판 혹은 감각을 통해서 주어지는 것에 대한 부정적인 입장은 아우렐리우스의 사상 안에서도 어렵지 않게 찾아볼 수 있다. "우리의 눈앞에 고기나 그 밖의 음식물이 놓여 있을 때 우리는 다음과 같은 인상을 받게 된다. 이것은 생선의 시체이고 새의 시체이며 돼지의 시체이다. (……) 이 자줏빛 긴 옷은 양털에 어떤 조개의 피를 물들인 것이라고. 이러한 인상이 이제는 사물 자체로 옮아가서 그 사물이 어떤 종류의 것인가를 알게 된다. 이와 같은 방법으로 전 생애를 통하여 행동해야 한다. 우리의 찬양을 가장 많이 받을 사물이 있을 경우 우리는 이것을 적나라하게 보이게 놓고 그것의 무가치함을 주시하며 그 사물에 대한 모든 찬사를 제거해야 한다."[8] 이처럼 아우렐리우스는 감각적으로 주어진 일체는 사실상 무가치함을 선언하고, 개인의 삶을 철저한 금욕주의적 태도로 일관하였다. 즉 세상 만물은 끊임없이 변화하며, 영원하고 무한한 시간과 공간상에서 일순간 발생하는 미소한 현상에 불과하다는 것이다. 또한 그는 원자론적 사고의 영향을 받아, 외면적인 현상을 원자들의 이합집산으로 규정하기도 하였다. 나아가 그는 사회적인 명예나 평판에 대하여 허무주의적인 입장을 취한다. "세상 사람들이 말하는 명예나 찬양은 공허하고 변하기 쉬운 것이므로 이러한 것을 얻으려고 노력해서는 아니 된다."[9]

그렇지만 세상사에 관한 아우렐리우스의 사상은 단지 가치론적 허무주의로 끝나지는 않는다. 자연에 순응하는 이성적인 태도의 현실적인 모습은 단순히 세상을 등지고 은둔자의 삶을 사는 것이 결코 아니다. 오히려 누군가 스토아의 이상인 신적인 것과의 합일에 도달하고자 한다면, 그는 "일상에서 부지런하고 성실하고 절약하고 우정에 충실하며 균형과 평등의 사고를 지니고 자신의 의견에 반대하는 사람에 대해서도 언론의 자유를 허락하며 훌륭한 시책과 충언을 받아들

---

8) 명상록, Ⅵ 13.
9) 명상록, Ⅳ 30.

이는 데 인식하지 않아야 한다"[10]고 한다. 이와 같은 관점에서 아우렐리우스는, 세속적인 권력이나 전쟁에 기초한 명예나 부, 행복을 부정하고 국민들에게 공평무사한 정의와 평등을 실현하는 데 노고와 정진을 아끼지 않았던 자신의 양부인 황제 안토니우스를 존경하였다.[11]

명예나 칭송은 단지 세속적인 허영심을 만족시키는 것에 불과하므로, "자신의 주어진 능력과 분수를 지키는 마음을 존중하고 자기 자신에 만족을 느끼는 것이 최고의 덕"[12]이다. 이처럼 아우렐리우스는 마치 소크라테스처럼, 이성에 바탕을 두고 자연의 질서에 따라 절제하고 겸손한 태도로 일관하는 삶을 최고의 이상으로 생각하였다. 이것이 동시에 그가 추구한 최상의 명예이다.

아우렐리우스의 이성적인 판단에 기초한 명예의식은 그의 전쟁관에서도 엿볼 수 있다. 그는 평화 애호가였으며, 전쟁은 인간의 불명예이고 불행이라 여겨 가능한 한 전쟁 상황을 피하고자 하였다. 그렇지만 일단 전쟁이 발생하면 죽음을 무릅쓰고 싸움으로써 한 사회와 국가 안에서 진정한 명예와 용기가 무엇인지 보여 주고자 하였다. "그는 전쟁을 인간 본성에 대한 모독이자 재앙이라고 생각해서 혐오했다. 그러나 정당방위의 필요성이 생겨 무기를 들어야 할 때는 과감하게 출정해서 얼어붙은 도나우 강변에서 여덟 번의 동계 작전을 수행하기도 했다. 그러나 그곳의 혹독한 추위는 허약한 체질이었던 그에게 치명적이었다. 그는 후손들에게 감사와 존경을 받았으며, 그가 죽은 후 1세기가 지나서도 많은 사람들이 집안의 수호신으로 마르쿠스

---

10) 명상록, Ⅵ 30.
11) 명상록, Ⅰ 16.
12) 명상록, Ⅵ 16.

의 초상화를 모셨다."[13] 이처럼 비록 아우렐리우스는 세속적인 권력이나 전쟁을 통한 명예 획득에 대해서는 항상 비판적인 시각을 견지하였으나, 자신에게 주어진 고귀한 임무를 성실히 수행하는 가운데 주어지는 명예, 즉 세계의 이성적 질서와 일치하는 새로운 차원의 명예 개념을 인정한 것으로 볼 수 있다.

3. 정치적 삶에서의 명예

스토아 철학자에 의하면 철학이란 '지혜의 실천' 또는 '옳은 학문의 실천'[14]이다. 그들은 에피쿠로스와 그 밖의 그리스 철학자처럼 이론적 도덕가였을 뿐 아니라 실천적 도덕가이기도 했다. "지혜로운 사람이라면 보통 정치에 참여할 것이다"라는 것이 스토아의 금언이었는데, 마르쿠스 아우렐리우스는 공직 생활에 이름을 떨친 대표적인 스토아 철학자이다. 그 이전에는 제논과 클레안테스(Kleanthes)의 제자였던 스푸로스(Sphuros)가 스파르타 사회를 개혁하고자 했던 클레오메네스(Kleomenes) 왕의 개인 교사와 고문으로 활동했으며,[15] 소 카토(Cato Minor)와 세네카도 공직생활을 한 사례를 들 수 있다.

마르쿠스 아우렐리우스 안토니우스(Marcus Aurelius Antonius)가 태어난 것은, 서기 121년 4월 26일이다. 스페인의 코르도바 근처에 거주하던 마르쿠스 아우렐리우스의 가족은 그가 태어나기 100여 년 전에

---

13) 에드워드 기번, 로마제국 쇠망사, 윤수인·김희용 옮김, 민음사, 2008, 87쪽.

14) Stoicorum veterum fragmenta, ed. H. von Armin. 4 Bde., Stuttgart, 1968, SVF Ⅱ 35, 36. 이하에서는 SVF로 약칭함.

15) SVF Ⅰ 622-623.

로마로 이주했다. 증조부 대에는 원로원에 들어갔으며 속주 출신을 적극적으로 등용한 베스파시아누스 황제 때에는 귀족으로 승격했다. 마르쿠스의 본명은 마르쿠스 안니우스 베루스(Marcus Annius Verus)로 그의 아버지 P. 안니우스 베루스는 시칠리아 총독을 지낸 귀족이었고, 그의 어머니 루킬라는 집정관 카탈리우스 세베루스의 딸로 매우 자애로운 여인이었다.[16) 그의 부모는 일찍 사망했으며, 아버지가 죽자 마르쿠스는 할아버지에게서 자랐다. 마르쿠스가 태어나던 해 상당한 재력을 지니고 있던 그의 할아버지는 집정관의 자리에 올랐다. 이 시기에 그의 집을 자주 드나들던 손님들 가운데 황제 하드리아누스가 있었다. 할아버지는 이미 제국의 권력 중추에 있었다. 하드리아누스 황제의 신임이 유난히 두터워 제국 순행을 위해 자주 수도를 비운 황제를 대신하여 국정을 맡기도 했다. 마르쿠스는 사회적 지위와 재산이 당시 로마 최상층에 속하는 집안에서 태어난 것이다.

태어날 때부터 허약했던 그는 학교에 다니지 않고 훌륭한 가정교사들로부터 교육을 받았다. 무척 총명했던 그는 그리스어, 라틴어, 수사학, 스토아 철학 등에 매료되었고 학문에 대한 열정이 매우 높았다. 그는 127년 여섯 살의 어린 나이로 로마 사회에서 원로원 계급에 버금가는 기사계급의 일원이 되었다. 로마에서 초등교육은 7세부터 11세까지 행해졌는데, 교육 내용은 읽기, 쓰기, 산수였다. 12세부터 5년 동안은 중등교육 과정이었다. 그는 사설학원에 다니지 않고 가정교사에게서 교육을 받았다. 마르쿠스는 풍족한 환경에서 자랐으면서도 사

---

16) 나중에 마르쿠스는 어머니에 대해 이런 글을 썼다. "어머니에게서 겸허와 인덕을 배웠으며, 나쁜 일에 손을 대서는 안 될 뿐만 아니라 생각조차 해서는 안 된다는 것, 부자들의 습관과는 거리가 먼 소박한 생활 방식을 배웠다." 명상록, Ⅰ 3.

치나 방탕한 생활에 물들지 않았다. 어린 시절부터 그는 엄격하고도 금욕적인 스파르타식의 생활방식을 고집했다. 12세 되던 해에 그는 편안한 침대 대신 마룻바닥에 멍석을 깔아 놓고는 그 위에서 잠을 청했다. 15세에 성년식을 치르고 케이오니우스 코모두스의 딸인 케이오니아와 약혼했다. 그 직후에 하드리아누스 황제는 케이오니우스 코모두스를 후계자로 삼겠다고 공포했다. 마르쿠스는 차기 황제의 딸과 약혼한 셈이었다.

성년식 이후 마르쿠스를 가르치는 교수진이 더욱 충실해졌다. 그를 위해 많은 스승들이 초빙되었으며 그들은 모두 당대 최고의 인물이었다. 하드리아누스 황제의 지시에 의해 선발된 교수진에 의해 마르쿠스는 미래의 황제로서 제국을 이끌어 갈 통치법과 황제로서 해야 할 일 등을 배웠다. 마르쿠스에게는 4명의 문법학자와 1명의 수사학자, 또 1명의 법학자, 그리고 8명의 철학자 스승이 있었다. 예를 들면, 알렉산드로스: 소아시아 프리지아 태생의 그리스 사람, 호메로스 연구자이며, 정통 그리스어 교육자, 트로시우스 아페르: 슬로베니아 태생, 정통 라틴어 교육, 코르넬리우스 프론토 등이다. 하드리아누스는 하급 관직을 두루 거친 마르쿠스를 안토니누스에게 추천했다. 안토니우스는 마르쿠스를 양아들로 삼은 뒤, 그에게 자신의 왕권을 승계할 수 있는 길을 열어 주었다.

138년 1월 1일 차기 황제로 결정된 아일리우스 카이사르가 죽었고, 이어 2월 25일 안토니우스 피우스를 후계자로 지명하였다. 그해 7월 10일 하드리아누스의 사망과 동시에 안토니우스 피우스의 치세가 시작되었다. 고모 파우스티나와 그녀의 남편 아우렐리우스 안토니우스 피우스 사이에 아들이 없었던 관계로 마르쿠스는 그들의 양자가 되었다. 그리하여 마르쿠스는 마르쿠스 아우렐리우스 안토니우스란 이름을 얻고, 아우렐리우스 가문의 후계자가 되었다. 안토니우스는 양자로 삼은 마르쿠스를 불러 죽은 아일리우스 카이사르의 딸과 파혼하고 대신에 자기 딸 파우스티나와 약혼하기를 권유했다. "안토니우스 피우스 황제는 두 아들이 있었음에도 불구하고, 가문의 영광보다는 제국의 번영을 생각해서 딸 파우스티나를 마르쿠스와 결혼시킨 다음 원로원의 동의를 얻어 그에게 호민관과 집정관의 권력을 주었으며, 주변의 질시 따위는 무시하거나 모른 체하며 정부의 모든 일에 참여시켰다."[17]

139년 열여덟 살이 된 마르쿠스는 국가 요직의 출발점인 회계감사관에 선출되었다. 이해에 안토니우스 황제는 그에게 카이사르라는 칭호를 주었다. 이는 차기 황제인 황태자를 의미한다. 소아시아 출신의 젊은 그리스 학자인 아리스티테스가 서기 143년에 로마제국의 통치자 계급인 원로원 의원들 앞에서 연설을 하였다. 그는 당시 57세인 안토니우스 피우스 황제가 아니라 이미 카이사르라는 칭호를 얻어 차기 황제로 결정되어 있었던 22세의 마르쿠스 아우렐리우스에게 "젊은이여, 로마제국이 앞으로도 선인들의 발자취를 따라갈 수 있을지 어떨지는 가장 고귀한 지위를 차지하게 될 그대의 두 어깨에 달려 있다"고 자신의 연설을 마무리했다.

---

17) 에드워드 기번, 로마제국 쇠망사, 윤수인·김희용 옮김, 민음사, 2008, 86쪽.

4. 황제와 명예

후세가 5현제 시대라고 부르며 칭송을 아끼지 않은 시대는 서기 96
년부터 180년까지 약 1세기, 네르바, 트라야누스, 하드리아누스, 안토
니우스 피우스, 마르쿠스 아우렐리우스 등 다섯 황제가 다스린 시대
이다. 이 시대 100년을 황금시대(saeculum aureum)라 불렀다. 오현제
시대를 특징짓는 것은 황제의 친아들이 아닌 제국에서 가장 훌륭하
다고 인정받은 젊은이를 양자로 삼아 후계자를 지명하는 방식이다.
161년 3월 6일 로마 근교 별장에 머물고 있던 황제 안토니우스 피우
스가 갑자기 세상을 떠났다. 안토니우스 황제가 죽고 원로원에서는
안토니우스 황제의 양아들인 40세의 마르쿠스를 다음 황제로 지명했다.
그러나 그는 굳이 안토니우스의 다른 양자인 31세의 루시우스 베루스
(Lucius Verus)와 함께 공동 황제가 되었다. 그래서 로마에서 처음으로
황제가 두 사람인 시대가 되었다. 마르쿠스의 공식 이름은 다음과 같
이 결정되었다. '임페라토르 카이사르 마르쿠스 아우렐리우스 안토니
우스 아우구스투스'(Imperator Caesar marcus Aurelius Antonius Augustus).

아우렐리우스 황제의 두 선황제인 하드리아누스(Hadrianus, AD 117~138
년 재위)와 안토니우스 피우스(Antonius Pius, AD 138~161년 재위)는
신중한 방어력 강화정책을 추구했다. "두 황제는 각자 브리타니아 북
부에 타인(Tyne) 강에서부터 솔웨이(Solway) 강까지 이어진 하드리아
누스 방벽과 포스(Forth) 강과 클라이드(Ciyde) 강 사이 지협을 봉쇄하
는 안토니우스 성벽을 건설했는데, 이 방벽들은 그들의 정책을 가장
잘 요약해 보여 주고 있다."[18] 독일 남부 지역과 북아프리카의 일부
국경선에도 그에 상응하는 방어시설이 구축되었다. 하드리아누스 황

제의 뒤를 이어 등극한 안토니우스 피우스 치세를 역사가들은 로마인이 가장 행복했던 시대라고 평가한다. 서기 2세기의 로마인들도 안토니우스 황제 시대의 특징으로 '질서 있는 평온'(tranquilitas ordinis)을 꼽았다. 이 시대는 국경 밖에 살면서 침략할 기회를 노리는 야만족과의 전쟁도 거의 일어나지 않았다. 브리타니아와 북아프리카에서 소규모 전투가 몇 번 있었을 뿐이었다.

아우렐리우스 시대가 황제 안토니우스의 시대처럼 평화가 지속되었다면, 아무런 문제가 없었을 것이다. 마르쿠스 아우렐리우스 황제가 등극한 후 맨 먼저 닥쳐온 것은 흉년이었다. 그리고 비가 많이 내려 테베 강이 범람했다. 마르쿠스 아우렐리우스는 황제 안토니우스가 제국의 국고에 남긴 27억 세스테르티우스나 되는 엄청난 재물을 민중의 복지를 위해 아낌없이 쏟아부었다. 빈민들에게는 곡물을 더 많이 나눠 주고, 시민들이 즐길 수 있는 경기를 자주 열었다. 또한 밀린 세금을 공제해 주었을 뿐만 아니라, 로마제국에 대한 속국들의 채무와 공물을 변제해 주었다. 하드리아누스와 안토니우스 피우스 시대에는 전쟁이 없었다. 그러나 마르쿠스 아우렐리우스는 자신의 생애 대부분을 전쟁터에서 싸우거나, 전염병 퇴치와 타락된 윤리 회복에 고심하며 보내야 했다. 누구보다도 전쟁과는 거리가 먼 기질을 가진 그가 평화롭게 이어진 그 반세기를 끝내고 재위 기간 대부분을 전쟁을 수행하며 보내야 했던 것이다. "하드리아누스와 안토니우스 피우스 황제는 군사력을 과시하는 것만으로 충분했지만, 마르쿠스 안토니우스 황제는 파르티아인들과 게르만족에게 군사력을 직접 사용해야만 했다."[19]

---

18) 『로마전쟁』 케이트 길리버 등, 김홍래 옮김, 2010, 플래닛미디어. 336쪽.

19) 『로마제국 쇠망사』 에드워드 기번, 윤수인·김희용 옮김, 민음사, 2008. 10쪽.

마르쿠스가 왕위에 오른 직후, 하드리아누스와 안토니우스의 통치 아래 이루어 놓은 평화가 깨지기 시작했다. 영국 지역에서는 통제하기 어려운 폭동과 소요가 일어났고, 독일 쪽에서는 야만족들이 로마가 관할하던 영토를 침범했다. 동방에서는 파르티아의 국왕인 볼라스게스 3세가 시리아를 침공했다. 파르티아 군대가 아르메니아를 공격하여 로마의 1개 군단을 궤멸시켰고, 시리아 속주를 침공했던 것이다. 동부전선을 평정하기 위해 루키우스 베루스가 로마를 떠나 오리엔트로 출발한 것은 162년 초여름이었다. 그는 파르티아 제국의 정벌에는 전혀 관심이 없었다. 급기야 그의 부사령관인 아비디우스 카시우스가 로마로부터 군대통수권을 위임받아 단숨에 파르테르인들을 섬멸하고 메소포타미아에 속주를 부활시켰다. 161년 파르티아 왕의 아르메니아 침공으로 시작된 파르티아 전쟁은 166년 막을 내린다. 그해 10월, 로마에서는 귀국한 루키우스를 맞아 파르티아 전쟁의 승리를 축하는 개선식이 거행되었다. 그로부터 얼마 지나지 않아 로마에는 페스트가 나돌기 시작했다. 루키우스의 군대가 동방원정에서 영예와 더불어 전염병을 가지고 왔던 것이다. 로마에서만 하루 동안 2만 명이나 되는 시민들이 목숨을 잃었다. 유럽 대륙의 절반이 이 끔찍한 역병으로 엄청난 손상을 입었다. 마르쿠스는 수소 100마리를 신들에게 재물로 드렸다. 마침내 페스트는 물러났지만 이번에는 가뭄과 기아로 인하여 수많은 농촌과 도시가 폐허로 변했다. 식량은 모자라고 운송 수단 역시 마비상태에 빠졌다. 설상가상으로 이탈리아의 여러 강이 범람하는 바람에 창고에 저장해 두었던 곡물이 대부분 유실되고 말았다. 로마제국의 국민들은 전쟁과 전염병에 시달려 극도로 고심하고 있었다. 아울러 군사력도 약해졌다.

도나우 강 상류의 여러 부족들이 가하는 위협은 훨씬 더 심각했다. 이곳에서는 발트 해로부터 남쪽으로 흑해와 도나우 강을 향해 이주 중이던 고트(Goths)족의 압력을 받아 마르코마니(Marcomanni), 콰디(Quadi), 사르마트(Sarmat) 부족의 침입이 끊이지 않았기 때문에 마르쿠스는 그들을 저지하면서 여생을 보내야만 했다. 168년 봄이 오자 48세인 마르쿠스와 38세인 루키우스는 도나우 강 전선으로 가기 위해 수도를 떠났다. 마르쿠스는 난생 처음으로 본국 이탈리아를 떠나 전쟁에 참가하였다. 도나우 강의 국경지대가 위태로워졌다. 변방의 야만인들이 알프스 산맥을 넘어 로마 군단을 섬멸하고 베로나까지 진격했다. 마르쿠스는 직접 군사를 이끌고 침입자들을 격퇴했다. 정신적인 긴장과 고통 때문에 위장병에 걸린 그는 하루 한 끼 이상은 음식을 먹지 못했다. 1년 뒤인 169년, 아우렐리우스는 갈리아 지방에서 에게 해협에 이르는 국경지대에 새로운 방어망을 구축하고는 다시 로마로 돌아왔다. 라인 강 북부지역과 벨기에 영토에서 또다시 소요상태가 발생했다. 얼마 뒤에는 아프리카에서 스페인으로 쳐들어온 무어인들이 마르쿠스의 고향을 초토화시켰다. 로마제국의 역사 이래 처음으로 랑고바르더인들이 라인 지역을 침범했다.

서기 169년 루키우스가 죽었으며, 171년 마르쿠스는 도나우 강 전선에서 50세 생일을 맞았다. 마르쿠스는 그곳에 있는 동안 명상록을 쓰면서 고독과 유랑의 시간을 달랬다. 명상록은 그 자신의 철학일기였다. 그의 영혼은 여러 가지 수난과 전쟁에 시달려 지쳐 있었다. 이 시기에 썼다는 명상록에는 군사적인 문제가 전혀 언급되지 않고 있지만 그 암울했던 시절의 흔적이 짙게 배어 있다. "거미는 파리 한 마리를 잡아도 의기양양해진다. 어떤 사람은 불쌍한 토끼 한 마리를 잡고 자랑스러워하는가 하면, 그물로 작은 물고기 한 마리를 잡고도 자랑스러워한다. 또 어떤 사람은 멧돼지를 잡고 자랑스러워하고, 또 어떤 사람은 곰을 잡고 자랑스러워하고, 또 어떤 사람은 사르마티아 사람을 잡아 놓고 자랑스러워한다. 이런 사고방식을 굳이 따져 본다면 그들 역시 도둑이나 진배없지 않은가?"[20]

　게르만족들이 제국에 도전했다. 마르쿠스가 게르마니아 전쟁에 본격적으로 전력을 투입한 시기만 따지자면 172년부터 174년 말까지 계속된 제1차, 178년부터 179년 말까지 계속된 제2차로 나뉜다. 175년부터 177년까지 3년 동안은 전쟁을 중단할 수밖에 없었다. 172년 마르쿠스는 게르마니아 전쟁에 본격적으로 전력을 투입하였다. 그는 마르코만족들을 물리치고 국경의 야만족들을 보헤미아 지역까지 쫓아냈다. 그리고 카르파치아 산맥을 제국의 국경선으로 정했다. 그의 원정이 끝날 즈음 예기치 못한 돌발 사태가 벌어졌다. 175년은 마르쿠스가 지난해에 강화를 맺은 아지게스족을 내세워 사르마티아족과 전면 대결을 시작한 해였다. 몸소 도나우 강을 건너 전쟁터 후방에 진을 치고 있던 마르쿠스에게 시리아의 총독 가이우스 아비디우스 카시우스가 도전했다. 파르테르 제국과의 전쟁에서 승리를 거둔 아비디우스 카시우스는 동방에 주둔한 로마 군단의 총사령관으로 있었다. 마르쿠스가 병사했다는 소식을 받은 카시우스는 이집트를 장악한 다음 마르쿠스가 죽었다는 소문을 퍼뜨렸다. 그리고 나서 자신이 제국의 황제라고 선언했다. 마르쿠스는 전쟁 중에 있던 사르마티아와 강화를 맺었다. 로마는 사르마티아뿐만 아니라, 마르코만족, 콰디족, 야

---

20) 명상록, X 10.

지게스족 등 도나우 강 북쪽의 야만족과 이미 강화를 맺었다. 그런데 마르쿠스가 동쪽으로 떠나기 전에 문제가 해결되었다. 카시우스가 자신의 부하인 백인대장에게 피살되었기 때문이었다. 마르쿠스는 자신을 부정하고 우정을 배신한 카시우스를 용서할 작정이었다. 카시우스의 목이 그의 앞으로 보내졌을 때, 그는 오히려 자비로써 용서해 줄 기회를 놓친 것에 슬퍼했다. 이제는 오리엔트로 갈 필요가 없어졌지만 그는 가기로 하였다.

동방으로의 원정 기간 동안에 그와 동행했던 그의 아내 파우스티나[21]가 죽었다. 황제는 1년 동안 동방에 머물렀다. 그리고 친위병도 대동하지 않은 채 혼자서 자유롭게 시내를 돌아다녔다. 그는 이집트, 시리아를 순방하고, 그리스로 배를 타고 갔다. 그곳은 하드리아누스 황제가 50년 전에 문화의 중심지로 재건한 곳이었다. 그는 열 곳에 학교를 세우기도 하고, 예전에 그를 가르쳤던 스승들의 강의를 듣기도 했다. 이집트에서는 중동의 여러 군주들을 접견하고 또한 평화 유지를 확인하였다. 그런 일이 없는 날에는 로마제국의 최고 학부이자 연구기관인 '무세이온'을 방문하여 학자들의 강의를 듣고 심포지움에 참석했다. 176년 마르쿠스는 마침내 로마에 입성했다. 55세의 마르쿠스에게는 7년 만의 귀국이었다. 원로원은 그를 제국의 수호자로 칭송하고 그의 위업을 기렸다. 그는 열다섯 난 아들 코모두스와 함께 개선행진을 벌였다. 그리고 코모두스를 로마의 공동 집정관으로 임명

---

21) "안토니우스 피우스 황제의 딸이자 마르쿠스의 아내였던 파우스티나는 그 미모뿐 아니라 화려한 연애편력으로도 유명했다. 이 철학자 황제의 엄숙하고 고지식한 성격으로는 그녀의 자유분방한 기질이나 변화를 추구하는 무한한 열정(이런 성격은 하층 계급에서는 인간적인 매력으로 느껴지기도 하지만을 다스릴 수 없었다." 에드워드 기번, 『로마제국 쇠망사』 윤수인·김희용 옮김, 민음사, 2008, 93-94쪽.

했다. 180년 3월 17일 마르쿠스가 돌연한 죽음(페스트 때문이었다고 한다)을 당하기까지 3년 동안 그의 아들은 마르쿠스로부터 통치술을 배우게 되었다.

178년 게르마니아 2차 원정이 시작되었다. 게르마니아 2차 원정에 앞서 그는 3일 동안 로마 시민들에게 철학 강연을 했다. 그리스와 아시아의 도시에서도 이미 대중 강연을 한 적이 있었다. 로마군은 179년 봄에 대공세를 시작하기로 하였다. 마르쿠스 황제가 쓰러진 것은 전투개시를 눈앞에 두고 있던 180년 3월 초였다. 약과 식음을 전폐한 지 나흘째인 3월 17일 황제 마르쿠스는 눈을 감았다. 그가 영면할 당시 나이는 59세, 황제 위에 오른 지 18년 만이었다. 마르쿠스가 죽은 해에 25세 안팎이었고 그 직후에 로마로 이주한 디오 카시우스는 나중에 쓴 역사서에서 마르쿠스 아우렐리우스에 대해 이렇게 말하고 있다. "그의 진지한 생활방식과 강한 책임감을 생각하면, 좀 더 행복한 세월을 보냈어도 좋았을 것이다. 하지만 실제로는 전혀 그렇지 못했다. 우선 그 자신이 건강을 타고나지 못했기 때문이다. 둘째로는 그가 제위에 있는 동안 거의 줄곧 어려운 문제들이 연달아 그를 덮쳤기 때문이다……. 황제로서 그가 직면한 문제는 모두 어려운 과제뿐이었다. 그래도 마르쿠스 아우렐리우스는 병약한 몸으로 59세까지 버틸 수 있었듯이 로마제국의 목숨을 연장하는 데에도 성공했다."[22]

마르쿠스의 죽음과 함께 그의 친아들인 코모두스(Commodus, AD 180~192년 재위)가 황위를 계승하면서 양자가 황위를 계승하는 전통은 끊어지게 되었다. 코모두스는 건장한 체격의 젊은이이었다. 자식

---

22) 『로마인 이야기 II 종말의 시작』 니노오 나나미, 김석희 옮김, 한길사, 2003, 246쪽.

사랑에 눈이 먼 아버지 마르쿠스는 이 아들에게서 로마의 미래를 보았다. 그래서 그는 양자를 후계자로 내세우는 로마의 전통을 깨고, 세습 군주제를 부활시키려 했다. 지금까지 원칙과 철학을 존중하는 이성적인 인간이었던 마르쿠스는 이제는 로마 군단의 열병식에서도 코모두스를 앞에 내세워 그를 왕권의 계승자로 부각시키기 위해 노력하는 어리석음을 보이기 시작했다. 기번의『로마제국 쇠망사』를 기다릴 필요도 없이 로마시대부터 이미 코모두스에 대한 평가는 최악이었다. 그의 황제 취임은 로마제국의 재앙이었다고 단정한 역사가는 한둘이 아니다. 코모두스는 '제국의 재앙'이라고 비판받았다. "아들의 극악무도한 악덕은 아버지의 뛰어난 미덕을 손상시켰다. 마르쿠스 황제는 못된 아들에 대한 편애 때문에 수백만 국민들의 행복을 희생시켰거나 공화국 내에서 후계자를 물색하지 않고 가족에게로 세습시켰다는 비난을 받는다."[23]

5. 명예의 부정적 측면

스토아학파는 키니코스학파처럼 자족의 이상을 주창했다. 이에 의하면, 명예와 불명예, 쾌락과 고통, 부와 빈곤, 건강과 질병, 삶과 죽음마저도 관심을 쏟을 것이 못 된다. "명성을 추구하는 사람들의 마음속을 들여다보고, 그들이 어떤 인간이며, 그들이 피하는 것이 무엇이며, 그들이 추구하는 것들이 어떤 것들인지 살펴보라. 그리고 모래

---

23) 에드워드 기번,『로마제국 쇠망사』윤수인 · 김희용 옮김, 민음사, 2008, 94쪽.

가 더미를 이루고 쌓이면 먼저 있던 모래 더미를 덮어 가려 버리듯이 삶에 있어서도 앞서 벌어진 일들은 뒤에 일어나는 일들에 의해 이미 가려진다는 사실을 생각하라."[24] 이런 것들은 오직 인간의 상상력과 선입견에 의해 가치 있다든지 가치 없다든지 생각될 뿐이다. 스토아 철학자의 행복이 '그의 능력 안에' 있어야 한다면, 그러한 행복은 실현할 수 없는 결과를 이루는 데 의존할 수 없다. 그러나 스토아 철학자의 능력 안에, 즉 이성적인 사람으로서의 성향 안에 어떤 것이 있다. 자연의 규정에 따르면, 사람은 그의 능력 안에 있는 것을 통해서만 행복을 얻을 수 있고 또한 얻어야 한다. 이것은 유일하게 좋은 것인 탁월함을 통해서 행복을 얻을 수 있고 행복을 얻어야 한다는 뜻이다. 탁월함은 '모순 없이 이성적인 성향'[25]이며, 그러한 것의 가치는 자연적 이로움과 종류가 다른 것이다. 자연적 이로움은 어떤 사람이 그것을 만나야만 취할 수 있는 것이지만, 탁월함은 그가 상황에 관계없이 선택할 수 있는 것이다. "명예를 사랑하는 사람들은 타인이 이룩한 바를 자신의 미덕으로 간주하며, 쾌락을 사랑하는 사람은 자신의 감각을 미덕으로 생각하지만, 이성을 지닌 사람은 자신의 행동을 미덕으로 삼는다."[26]

내면적 행복이 윤리적 판단이나 운명의 변화에 영향을 받을 수 없도록 행위하는 삶의 방식을 그들은 옹호했다. 그렇게 함으로써만 자유를 얻을 수 있다. 사실 우리들 자신 속에는 합리적인 요소 이외에 비합리적이거나 통제되기 힘든 충동, 즉 파토스(제논은 쾌, 고통, 공

---

24) 『명상록』 VII 34.

25) SVF, I 202.

26) 『명상록』 VI 51.

포, 불안 등 네 가지를 지적하였다)를 갖고 있으며, 사실 스토아학파의 덕은 본질적으로 이러한 파토스들과의 싸움인 것이다. "아마도 육신에 얽힌 일들이 아직 그대를 구속할 것이다. 그래도 역시 이렇게 생각하라. 마음이 일단 육체를 초월하여 자신의 힘을 발견하게 되면 육체의 호흡이 순조롭게 움직이든 격렬히 움직이든 이에 개의치 않게 된다는 것과, 동시에 고통과 쾌락에 대해 이미 그대가 들었고 동의했던 모든 사실들을 기억하라. 그리고 이에 괴로움을 멈추고 침묵하라."27) 파토스는 통제되거나 조정되어서는 안 되고, 근절되어야 한다. 우리는 이러한 파토스에서 해방된 상태, 즉 아파티아(apathie)를 획득하여야 한다.

스토아학파에 의하면 충동(impetus)은 원래 감각적인 영혼에 속하는 바의 것이다. 그러나 충동에 있어서는 육체, 감성 및 이성이 함께 작용한다. 인간은 신체로부터, 즉 감각을 통해서 표상들을 받아들이며, 이 표상들은 자동적 자발적으로 충동을 불러일으킨다. 그래서 충동은 수동적인 것이며, 자극받은 바의 것이며, 격정이나 정열이다. 지나친 충동이 격정이다. 충동의 정도가 지나치게 된다는 것은 그 충동이 이성이 따르지 못하거나, 이성이 그것을 지배하지 못하는 데에 그 원인이 있다. 제논은 감정이 판단에 따라 생기는 것이라 보고, 크리시프는 감정을 판단과 동일시하고 있다. 지나친 경우 충동이 정념이 된다. 그리고 충동이 지나친 사례는 심장운동에서 드러난다.

마르쿠스는 격정을 치유하기 위해 두 가지 사실을 제시한다. "그 하나는, 사물은 외적인 존재이며 움직일 수가 없으므로 영혼에 영향

---

27) 『명상록』 Ⅳ 3.

을 미치지 아니하고, 우리가 겪는 마음의 동요는 내부에 있는 관념에 의해서만 생겨난다는 것이다. 두 번째는, 그대가 보는 모든 사물은 순식간에 변하고 이미 존재치 않게 된다는 사실이다. 이 같은 변화를 그대는 얼마나 많이 목격해 왔는가. 그것은 끊임없이 마음에 새겨 두도록 하라. 우주는 변화이며, 삶은 관념이다."[28] 그러므로 마르쿠스는 격정을 치유하기 위한 방법으로 우리들이 진정한 사태를 밝혀내기 위해 거짓된 표상들을 지워 버려야 한다고 말한다.[29] 이렇게 해서 우리들의 마음은 다시 평온해진다.

그러나 아마 영생에 대한 욕망이 우리를 괴롭힐 것이다. 우리는 현존하고 있는 사물이나 모든 것이 얼마나 빨리 망각되는가를 보아야 하며 그리고 양축으로 펼쳐진 막막한 무한한 시간의 혼돈과, 칭찬의 공허함과 칭찬을 던지는 자들이 얼마나 변하기 쉽고 얼마나 공정치 못한가를, 그리고 그 찬사가 미치는 공간이 얼마나 좁은지를 보아야 한다. "찬사를 늘어놓는 자와 그 찬사를 듣는 자도, 그리고 기억하는 자와 기억되는 자도 잠깐의 세월을 살아갈 뿐이다. 그리고 이 모두가 세계의 한 모퉁이에서 이루어지며, 이런 한 구석에서조차 모두가 견해를 같이하지 못한다. 아니, 자기 자신과도 하나가 되지 못한다. 그리고 지구는 하나의 점에 불과한 것이다."[30]

사후의 명성에 집요하게 매달리는 자는, 그들이 기억하는 모든 사람들 역시 자기와 마찬가지로 얼마 안 가서 죽을 것이며 또한 그들의 후손들 역시 곧 사라져, 아무 의미도 없이 칭송하고 사라지는 그 계

---

28) 『명상록』 IV 3.
29) 『명상록』 VII 29.
30) 『명상록』 VIII 21.

승의 도중에 마침내 그 전체의 기억이 소멸하고 만다는 것을 깊이 깨닫지 못한다. 설령 그것을 기억해 줄 사람들이 불멸하고 또 그 기억이 불멸하다고 가정해 본들 그것이 우리에게 과연 어떤 의미가 있겠는가? 인간의 삶의 시간은 짧고 또한 각자가 생활하는 땅 위의 장소역시 좁기만 하다. 가장 오래 남는 사후의 명성 역시 짧기는 마찬가지이다. "그대는 곧, 순식간에 재가 되고 해골이 될 것이다. 그리고 남는 것은 이름뿐, 아니 그 이름조차도 남지 않을 것이다. 비록 이름이남는다 해도 그것은 소리와 되울림에 지나지 않는다. 현세에서 매우소중히 여기는 사물들은 공허하고 부패하기 쉽고 무가치하다."31)

6. 명예의 긍정적인 의미의 가능성

스토아 도덕론의 기초적 원리는 자연에 따른 생활이다. 스토아주의적 저서들 속에 공통적으로 표명되어 있는 생활원칙은 '자연에 따라서 살아라'이다. 여기서 자연이라는 것은 물질적인 세계를 말하는것이 아니다. 그것은 일체의 만물 안에 일관하여 흐르고 있는 우주의목적을 가리키는 말이다. 그것은 섭리라 불러도 좋을 것이며, 신이라불러도 된다. 앤소니 A. 롱은 스토아주의에서 '자연'(physis, natura)의용어를 사용하는 예를 5가지 들고 있다.32) (1) 모든 사물들을 형성하고 만드는 힘 또는 원리, (2) 세계를 하나로 묶고 그러한 세계에 정합성을 부여하고 통일성을 주는 힘 또는 원리, (3) 스스로 움직이고 생

---

31) 『명상록』 V 33.
32) 『헬레니즘 철학』 앤소니 A. 롱, 이경직 옮김, 2000, 서광사, 272쪽.

성력 있는 호흡(또는 솜씨 좋은 불), (4) 필연과 운명, (5) 신, 섭리, 장인, 옳은 이성.

자연은 안정과 변화를 일으키는 물리적 힘일 뿐만 아니라 뛰어난 합리성을 부여받은 것이기도 하다. 세계를 결합시키는 것은 더할 수 없이 높은 이성적 존재인 신인데, 그는 필연적으로 좋은 목적을 향하도록 모든 사건을 이끈다. 세계의 영혼과 세계의 정신, 자연과 신이라는 용어는 모두 하나이자 동일한 것을 가리키며, 창조하고 있는 '솜씨 좋은 불'을 가리킨다. 자연에 따른 삶만이 행복에 기여할 수 있는 가치를 지닌다. 이러한 논거에서 이성적 존재에는 합리적인 것만이 가치를 지닌다. 인간에게는 덕만이 선이다. 그 이유는 행복은 오직 덕에 의해서만 이루어질 수 있기 때문이다. 따라서 행복은 어떤 다른 요소에 의해서도 영향받지 않는다. 또한 유일한 악은 사악함이다. 모든 다른 요소들은 인간의 행복과 무관하다. 즉 명예는 선한 것도 아니며, 악도 아니다. 그는 쾌락을 최고선으로 추구하지 않았고, 쾌락이 자체의 가치를 지닌다는 것을 인정하지 않았다. 따라서 그는 유덕한 인간의 진정한 행복은 혼란에서 벗어난 자유라든가, 정신적인 안정, 그리고 내적인 독립성 등에서 찾았다. 덕만이 인간에게 좋은 것이며, 그것을 획득하려는 것이 그 자신의 본성의 일반적 법칙이다. 스토아 학파에 있어서 이러한 법칙과 거기에 따르는 의무[33]는 그 이전의 도덕주의자들보다 훨씬 탁월하였다. "나는 내가 해야 할 의무를 수행한다. 그리고 다른 사물들 때문에 마음을 괴롭히지는 않는다. 왜냐하면, 그런 것들은 생명이 없는 것들이거나, 이성이 없는 것들이거나, 아니

---

33) "스토아주의에는 의무(Pflicht)와 의지(Wille)에 정확히 상응하는 것이 없는데, 그러한 개념은 칸트의 기본 개념이다." 『헬레니즘 철학』 앤소니 A. 롱, 이경직 옮김, 서광사, 2000, 366쪽.

면 자기들의 길도 모르고 막연히 방황하는 것들이기 때문이다."[34]

스토아 철학에서 선한 사람이란 오로지 이성적인 사람을 말한다. 플라톤과 아리스토텔레스가 본 선한 사람이란 정열이나 정욕을 이성으로써 지배하는 사람인 데 비하여, 스토아 철학자들이 생각한 선한 사람은 온갖 정열을 근절해 버리고 오로지 이성적인 숙고에 의해 행동하는 사람이었다. "하나하나의 행위에 있어 삶에 질서를 부여하는 것은 그대의 의무이다. 그리고 그 행동이 모두 의무를 완수한다면 그것으로 만족해야 한다. 어느 누구도 각 행위가 그 의무를 완수하지 못하도록 그대를 방해하지는 못한다."[35] 그런데 이성이 충동을 지배하여 우리들 영혼의 운동이 질서를 가지고, 또 인간이 대우주의 모상인 소우주로 되어 대우주와 마찬가지로 이성의 지배를 받을 때, 우리는 의지를 갖추게 된다. 스토아 철학자들은 이성으로 파악될 수 있을 뿐 아니라 이성적이기도 한 우주의 원리를 제시한다는 점에서 에피쿠로스주의 철학자와 달랐다. 그리스 철학의 전통에서 보면 예외로 부각된 것은 에피쿠로스주의 철학자이다.

자연에 관한 스토아 철학은 개인이 우주적 방향에서 자기 동일성을 찾도록 해 주는데, 이것은 인간의 관계를 무시하기는커녕 이성에 따르는 삶에서 그러한 관계를 신뢰하도록 만든다. 인생은 짧다. 이 지상생활에서 거두어들일 수 있는 유일한 수확은, 겸허하게 섬기는 태도와 공공을 위한 사회적 행위뿐이다. 우리가 진정 노력을 기울여야 할 것은 생각을 올바르게 하고, 행동은 공공의 이익과 사회 규범에 맞게 하며, 거짓 없는 말을 할 것이며, 일어나는 모든 일들을 동일한

---

34) 『명상록』 Ⅵ 22.

35) 『명상록』 Ⅷ 32.

근본원리에서 나오는 필연적인 것으로 흔쾌히 받아들이는 성정을 갖추어야 한다. "인간은 언제나 다음의 두 가지 규칙을 따를 마음의 준비를 해 두지 않으면 안 된다. 그 하나는 지배적이며 입법적인 능력을 가진 기능인 이성이 인류의 이익을 위해 행하라고 알려 주는 것만을 행할 것. 또 한 가지는, 그대의 미망을 풀어 주고 그대의 억견을 제거해 주는 사람이 주변에 있으면 주저 말고 자신의 의견을 바꾸어야 한다는 것이다. 그러나 그 같은 의견 변경은, 정의와 공공의 이익을 위한 것이라는 어떤 확신으로부터 나오는 것이어야 한다. 쾌감이나 어떤 명예를 준다는 이유에서 변경해서는 안 되는 것이다."[36]

철학자일 뿐만 아니라 황제의 역할을 수행했던 그에게는, 국가를 이성적으로 통치하고 국민들이 현실적으로 행복하게 살아갈 수 있도록 도모해야 할 의무가 있었다. 즉 그에게 있어서 세속의 통치 목적은 모든 백성들을 평등하게 대하고 그들에게 실제적인 이익을 가져다주는 것이었다. 마르쿠스 아우렐리우스 황제의 미덕은 보다 엄격하고 근면한 수련에서 비롯되었다. 그의 미덕은 수많은 학자를 만나고 수많은 강의들을 인내심 있게 듣고 밤늦게까지 공부해서 얻은 결실이었다. 그는 12세에 스토아학파의 엄격한 윤리를 받아들였는데, 그것은 그에게 육체를 정신에, 열정을 이성에 복종시켜야 하며 미덕은 오직 선이요, 악덕은 오직 악일 뿐이고, 외면적인 것은 무의미하다고 가르쳤다.

우주를 이성적으로 설명할 수 있으며, 우주 자체가 이성적으로 질서 지어진 구조라고 그는 확신했다. 인간 본성의 본질에 있어서 인간

---

36) 『명상록』 Ⅳ 12.

개인은 우주적 의미의 자연에 속하는 성질을 함께 지닌다. 그리고 우주적 자연은 존재하는 것을 모두 포함하기 때문에, 정확하고 포괄적인 의미에서 볼 때 인간 개개인은 세계의 한 부분이다. 그러므로 우주의 사건과 인간의 행위는 서로 전혀 다른 두 가지 질서가 아니다. 즉 우주적 자연 또는 신(스토아주의에서는 같은 것을 지칭한다)과 사람은 존재의 본질이 이성적 존재라는 점에서 서로 연결된다. 그러므로 인간의 합리성이 자연과 기꺼이 일치하려고 할 때 그러한 합리성이 탁월하다는 것이 보장된다.

전체로서의 우주는 완전하지만, 부분의 관점만 고려하는 경우 우주의 완전성은 부자유스러운 일부 사물과 양립할 수 있는데, 심지어는 그러한 일부 사물이 필요하다. 마르쿠스 아우렐리우스는 다음과 같이 표현한다. "일어나는 일이 거칠게 보일지라도 그것은 우주의 건강에 그리고 제우스의 행복과 안녕에 기여하기 때문에, 그러한 일을 모두 반겨라. 이러한 일이 전체에 이롭지 않았다면, 제우스는 인간에게 이러한 일을 가져오지 않았을 것이기 때문이다."[37] 전체의 관점에서 볼 때 사람에게 닥치는 일은 사람 자신에게나 전체에게 전혀 불이익을 주지 않는다. 자연에 따르지 않는 것을 부분의 관점에서 볼 때 불이익을 주는 것이라고 부를 수 있다. 나쁜 것은 자연과 반대되는 것이다. 자연은 모든 부분을 조직해서 전체 속에 조화가 있게 한다. 마르쿠스 아우렐리우스가 이러한 생각에 담긴 심리학적인 의미와 윤리적 의미를 계속 일깨우는데, 어떠한 일이 오더라도 그들의 삶이 어떤 웅대한 우주 구도에 공헌한다는 믿음 속에서 많은 사람이 큰 만족

_____

37) 『명상록』 V 8.

을 찾았던 것은 사실이다. "전체에 이로운 것이라면 부분에게도 해롭지 않다. 전체는 그에게 이롭지 않은 것을 지니지 않기 때문이다. …… 내가 그러한 전체의 부분이라는 점을 기억하는 한, 나는 어떤 일이 일어나도 크게 만족할 것이다."[38]

통치자의 입장에서 볼 때 자연 질서에 순응하는 이성적인 삶은, 백성에게 무한히 덕을 베풀고 공공의 이익을 추구하면서도 스스로는 재물이나 육욕 같은 향락에 무관심할 때에만 가능하다. 이를 위해서 필요한 것은 먼저 통치자 스스로 스토아의 네 가지 덕목인 지식(scientia), 정의(justitia), 용기(fortitudo), 인내(temperantia)를 두루 갖추는 일이다. 이처럼 아우렐리우스는 주어진 운명에 순명하여 사회 안에서 자신에게 합당한 역할을 수행하되 모든 것을 자연의 질서에 맞추고자 하였다. "보편적이며 정치적인 삶에 어울린다고 하는 의미에서의 참된 합리적 영혼을 존중하는 사람은 그 밖에 다른 어느 것도 존중하지 않는다. 그리고 그는 무엇보다도 자기 영혼을 이성과 사회생활에 적합할 수 있는 상태와 활동으로 가꾸고 유지해 간다. 또한 그는 자기 자신과 같은 종류에 속하는 사람들과 함께 이 목적을 추구하며 협동해 간다."[39] 우리 인간들은 모두 보편적인 이성(koinos logos)에 관여하고 있기 때문에 모든 사람들이 서로 평등하며, 모두가 평등한 권리를 가지며, 따라서 이 보편적인 이성에 합당하게 행동하게 된다는 것이다. 마르쿠스는 거듭 인간답게 생각하고 인간답게 행동하라고 요구하고 있다.

---

38) 『명상록』 X 6.
39) 『명상록』 VI 14.

7. 결론

스토아 철학자는 플라톤주의 철학자인 크세노크라테스를 따라 철학을 크게 논리학, 자연학, 윤리라는 세 분야로 나누었다.[40] 2세기 스토아주의에서 무엇보다도 에픽테토스와 마르쿠스 아우렐리우스에게 중요했던 일은 스토아적 우주의 틀 안에서 이루어지는 윤리적 훈계이다. 그들은 자연학이나 논리학 또는 인식론의 내용에 관해서 구체적으로 거의 언급하지 않는다.[41] 그러나 우리가 주의해야 할 점은, 서로 구분되는 세 가지 연구 주제가 있다고 인정해서는 안 된다는 것이다. 논리학과 자연학에는 근본적으로 윤리적 함축이 있으며, 윤리 자체는 자연학과 논리학과 완전히 통합되어 있다. 디오게네스 라에르티오스에 따르면, 논리학과 자연학 그리고 윤리의 가르침을 연결하는 것이 관례였다.[42] 윤리학을 연구하려면 기본적으로 자연학과 논리학을 이해해야 한다.[43] 그러므로 논리학과 자연학 그리고 윤리의 소재는 하나인데, 서로 다르지만 서로 모순되지 않는 세 가지 관점에서 살펴볼 때 그러한 소재는 이성적 자연이다.

이성적 자연에 기초한 마르쿠스의 명예 개념에 대한 연구에서 우리가 기대할 수 있는 것은 에픽테토스가 미처 생각할 수 없었던 영역들에 대한 명예 개념의 적용일 것이다. 특히 오늘날 이와 같은 연구가 갖게 되는 의미는, 세계가 세계화의 추세에 따라 점차 하나가 되

---

40) R. D. Hicks(trans.), Diogenes Laertius' Lives of Eminent Philosophers, vol.12, Cambridge/London, Harvard Loeb Clssical Library, 1931, Ⅶ 39(이하에서는 D.L.로 약칭).

41) 스토아 철학자들은 윤리를 '정원의 열매'에 비유한다(SVF, Ⅱ 38).

42) D.L., Ⅶ 40.

43) D.L., Ⅶ 84 이하.

어 가는 시대에 우리가 세계시민으로 살고자 할 때 직면하는 여러 문제들에 대해 그 나름의 합리적인 대책을 제시해 줄 수 있다는 데 있을 것이다. 비록 세상의 혼란 속에서 먼저 도덕의 합리적인 원리들이 요구된다 하더라도, 그러한 요구는 단지 이성의 요구로서 머물러서는 안 되고, 그와 같은 이성적인 바탕에서 명예와 같은 이 세상의 긍정적인 가치를 적극적으로 포용할 것을 필요로 한다.

스토아에서 명예 개념은 일단은 부정적인 차원에서 접근할 수밖에 없으나, 그럼에도 불구하고 스토아 철학의 전개과정에서 도덕의 이성적인 원리들에 대한 탐구와 더불어 새로운 의미의 적극적인 명예 개념이 발생하였다고 볼 여지가 있다. 에픽테토스의 철학적 태도는 단지 우리의 권한 안에 있는 것들에 대해서만 만족하고 그렇지 않은 것들에 대해서는 초연한 것이다. 에픽테토스의 명예 개념에 대한 연구에 어떤 긍정적인 측면이 있다고 한다면 그것은 그의 도덕적 원리들을 그가 배제한 것들에 다시 적용시킬 때 어떤 새로운 결론이 도출될 수 있다는 점일 것이다. 그러나 더 나아가 아우렐리우스의 명예 개념에 대한 연구에서 기대할 수 있는 것은, 에픽테토스가 신분상 미처 생각할 수 없었던 사회적인 영역에 대한 명예 개념의 적용일 것이다. 오늘날 이와 같은 연구가 갖게 되는 의미는, 세계가 세계화의 추세에 따라 점차 하나가 되어 가는 시대에 우리가 세계시민으로 살고자 할 때 직면하는 여러 문제들에 대해 그 나름의 합리적인 대책을 제시해 줄 수 있다는 데 있을 것이다. 아우렐리우스의 명예 개념에 대한 연구는 통치자의 이상적인 모델을 제시한다는 점에서 철학적인, 윤리적인 가치를 함축하고 있다. 그리고 그의 명예사상은 자체로서 보편적 리더십 이론의 원형을 제시한다고 볼 수 있다.

참고문헌

마르쿠스 아우렐리우스, 김병호 옮김, 『명상록』, 집문당, 1995.
시오노 나나미, 김석희 옮김, 『로마인 이야기 Ⅱ - 종말의 시작』, 한길사, 2003.
에픽테토스, 김재홍 옮김, 『엥케이리디온』, 까치, 2003.
에드워드 기번, 윤수인 · 김희용 옮김, 『로마제국 쇠망사』, 민음사, 2008.
앤소니 A. 롱, 이경직 옮김, 『헬레니즘 철학』, 서광사, 2000.
케이트 길리버 등, 김홍래 옮김, 『로마전쟁』, 플래닛미디어, 2010.

Marc Aurel. *Selbstbetrachtungen Commentarii*. Deutsch. Übers. u. hrsg. v. Roland Nitsche, Zuerich, 1948.

Marc Aurel, *Wege zu sich selbst*, Übers. von C. Cleß. Mit einem Nachw. von Alexander Demandt, Muenchen, 2006.

Marcus Aurelius Antoninus, *Selbstbetrachtungen*, Wiesbaden, 2004.

Marcus Aurelius, *The meditations of the Emperor Marcus Aurelius Antonius*, translated by Francis Hutcheson and James Moor, Glasgow, 2008.

Algra, K., J. Barnes, J., Mansfeld, J., Schofield, M.(ed.), *Hellenistic Philosophy, Cambridge*, 1999.

Bobzien, S., *Determinism and Freedom in Stoic Philosophy*, Oxford, 1998.

Davidson, W., *The Stoic Creed*, Edinburgh, 1907.

Dietrich, A., *Philosophie der Stoa*, Gruenwald, 2006.

R. D. Hicks(trans.), *Diogenes Laertius' Lives of Eminent Philosophers*, vol 12, Cambridge/London, Harvard Loeb Clssical Library, 1931.

Inwood, B., Gerson, L. P., *Hellenistic Philosophy*, Hackett, 1997.

Kreucher, G., *Der Kaiser Marcus Aurelius Probus und seine Zeit*, Stuttgart, 2003.

Morford, M., *The Roman philosophers: from the time of Cato the Censor to the death of Marcus Aurelius*, London, 2002.

Rist, J. M., *Stoic Philosophy*, Cambridge, 1969.

Schmidt, Anton − Heinz, *Zwei ungleiche Kaiser*, Aigen, 2005.

Stoicorum veterum fragmenta, ed. H. von Armin. 4 Bde., Stuttgart, 1968.

제3부

현대 철학과 명예론

제7장 명예의 정치성과 현상학적 대안: '삶의 도덕적 권력'을 위한 고찰

송석랑

1. 들어가는 말: 정치적 삶의 텔로스

몽테뉴의 말대로 '명예'는 어쩌면 인간의 속성이 아닐지 모른다. 즉 "영광도 그렇지만 명예 역시 신에게만 속하는 것이기에 우리를 위해 그것을 찾는 것은 사리에 맞지 않는다. 내적으로 궁핍하며 불완전한 본성을 갖는 인간은 오히려 끊임없는 개선이 필요한 존재다."[1] 하지만 설령 명예의 속성을 갖지 못했다 하여도, 우리 인간은 그것을 추구할 수 있다. 본질의 결여를 메우는 자기 수정의 노력으로써 일부나마 겨우 손에 넣을 수 있는 외적 가능성으로서의 명예, 그것이 차라리 더 인간적이다.

마치 유토피아가 그러하듯 온전히 현실화시킬 수는 없을 것이지만 명예는 우리를 '더 나은 세상'으로 끌어갈 작용인이다. 그리고 그런 의미에서 명예는 '정치적' 특성이 있다. 예컨대 아리스토텔레스 같은

---

[1] M. E. de Montaigne, *Essays*, tr. J. M. Cohen, Penguin Group Inc., New York, 1993;『몽테뉴 수상록』, 손우성 옮김, 문예출판사, 2007, 서울, pp.12 - 13.

이들이 그렇게 생각했는데, 실제로 그는 명예를 '정치적 삶의 텔로스'[2]로 정의한다. 명예의 이 정치성은 '훌륭한 업적에서 유래한 좋은 평판의 징표'(sēmeion euergetikēs doxēs)[3]라는 그의 수사에 함축되어 있는데, 이 수사는 결국 '권력'과 '도덕성'이라는 정치의 '두 축'[4]에 명예가 달려 있음을 가리킨다. '정치(폴리스)의 목적은 우리의 좋은 삶'[5]이며 사회제도의 권력은 그 목적을 위해 존재한다. 그리고 그러한 권력에 가장 크게 기여할 자, 즉 공동의 선을 탁월하게 사유하고 수행할 '정치적 주체'에게 명예가 돌아간다. 물론, 그 '공동의 선'이라는 것이 끝내는 '목적의 한 과정'으로 남아 있을 수밖에 없다는 사실을 승인하면, 이때의 명예는 늘 어떤 시대의 한계 안에서 빛날 '정치적 주체'의 표훈이 될 것이다. 그 정치적 삶의 외부에서, 그러니까 사회의 권력과 무관한 개인의 영역에서 '변함없이 늘 현재에 작동할' 명예를 도모할 수는 없다. 이는 무엇보다도, 다시 아리스토텔레스에 기대어 말하자면, '우리는 언어를 갖고 있기에 정치적'[6]이라는 사실 때문에 그러하다. 우리 당대의 한 논자는 이에 대해 이렇게 부연한다. "오직 정치적인 연합에서만 우리는 언어라는 인간 고유의 특성을 발휘하는데, 그 까닭은 '정치'(폴리스) 내부에 있을 때만이 다른 사람들과

---

2) "telos tous politikou biou", Aristoteles, *Ethica Nicomacheau*, Oxford University Press, Oxford, 1982; 『니코마코스 윤리학』, 최명관 옮김, 도서출판 을유문화사, 서울, 1983(이하 *NE*), 1095b.

3) Aristoteles, *Ars Rhetorica*, ed. W. D. Ross, Clarendon Press, Oxford, 1959, 1361a.

4) 여기서의 '권력'은 '정치'(politics)와 '정치적인 것'[the political: 언어의 본성과 등가의 것으로서 '우리의 존재론적 조건을 결정하는 차원'(Y. Stavrakakis, *Lacan and the Political*, Routledge, London, 1999; 『라캉과 정치』, 이병주 옮김, 은행나무, 서울, 2006, p.181)] 모두에 작용하는 '사회적인 힘'을 뜻한다. 한편, 정치와 도덕성을 구분하는 마키아벨리와 같은 경우도 있지만, 이 경우도 달리 보면 기형의 윤리관, 즉 '힘의 논리'에 입각한 극단의 결과론적 도덕의 원칙이 존재한다.

5) Aristoteles, *The Politics*, ed./tr. E. Barker, Oxford University, 1946, 1280b.

6) 같은 책, 1253a.

함께 정의와 부정을 고민하고 좋은 삶의 본질을 생각할 수 있기에 그러하다. (……)우리는 정치 속에서 비로소 본성을 실현하게 된다. 고립된 상태에서는 언어능력과 도덕을 고민하는 능력을 개발할 수 없기에 만족감을 느끼지 못한다."[7] 따라서 언어를 사용하는 이상 우리의 삶은 정치성을 벗을 수 없을 것이며, 또한 언제까지나 유효할 '하나의 정치적 삶'이 없듯이 불멸의 명예란 것도 사실은 그 이념의 고결한 '교훈'성 또는 '미감'성에서만 그럴 수 있을 뿐이다.

명예는 따라서 시대성을 가진다. 하지만 그렇다고 이 말이 곧바로 '명예의 정치성'을 훼손할 '명예의 비(非)객관성'을 뜻하진 않는다. 이념의 고결한 '교훈'과 '미감'에 묶여 있는 한, 명예는 '상대적 객관성'을 취할 수가 있을 것이기 때문이다. 오히려 이 경우 정작 문제가 되는 것은 세인들을 경유해 나오게 될 '평판의 피상성과 퇴락'[8]이 초래할 명예의 주관주의적 상대성이다. 이는 '세속적인 명예'의 해소도 해소지만, '정치적 주체'의 인식과 실천을 위해서라도 하나의 진정한 토대, 즉 '본질의 명예'를 내릴 정치적 권력의 도덕적 '정당성'과 '보편성'을 말해 줄 근거가 필요한 이유가 된다. 은밀히 혹은 명백히 정치학적 고려의 철학적 요체로서 취해져 온 그 '근거'는, 우선 '통시태'적 관점에서 대체적으로 말하자면, '신(들)의 의도'와 '이성의 원리', 그리고 '삶의 의미'에 각각 맞갖을 '정의'(justice)들로서 나타난다.[9] 이

---

7) M. J. Sandel, *Justice: What's The Right Thing To Do?*, Penguin Books, New York, 2009: 『정의란 무엇인가』, 이창신 옮김, 김영사. 서울, 2010, pp.274-275(내용 중 일부를 문맥에 맞게 바꿔 인용). 그리고 같은 곳에서 이 인용문의 주장은 아리스토텔레스의 다음 말과 호응한다. 즉 "고립된 사람은, 즉 혼자서도 만족스러워 정치연합의 이익을 나눌 수 없거나 나눌 필요가 없는 사람은 국가사회의 일부가 아니며, 따라서 짐승 아니면 신이다." Aristoteles, *The Politics*, 1253a.

8) Aristoteles, *NE*, 1095b.

9) 이 임의적인 구분은 서양의 정신사적 맥락에서 언급된 것이다. 그러나 이 '통시태'적 근거들은 각각 '영웅주의'적, 소(小)시민적, 그리고 실존론적 국면을 함축한다는 점에서, 동양의 정신사적 관점에서

글은 이러한 근거들에 대한 사상사적인 추적 속에서 우리가 어떻게 '더 나은 정치적 힘' 내지 '보다 도덕적인 권력'에 상응할 명예를 추구해 왔었는지를 살펴본 후, 지금 현 단계에서 우리가 가질 수 있는 최선의 관점, 즉 명예의 정치학이 무엇인지를 제시하고자 한다.

2. 명예의 정치성(1): 영웅주의의 전형과 퇴조

정의는 정치의 지향점이다. '정치를 움직이는 것은 정의'라는 말로 다시 쓸 수 있을 이 명제에서의 '정의'는 일차적으로 인간의 자유와 행복을 존중하는 사태를 가리킨다. 하지만 '지금-여기'의 현실에서 흔히 생각되듯 그 사태가 '경제적 풍요'와 '사적 권리'를 존중하는 가치로서 여겨질 경우 '정의'의 의미는 크게 축소된다. 행복과 자유를 불러다 줄 좋은 삶이 무엇인지의 물음이 하나의 관점, 이를테면 '개인주의적 결과론'의 입장에서 해소되는 상황에 그칠 수 있기 때문이다. 좋은 삶은 신념의 문제다. 실제로 우리는 정의의 초점을 사회구성원 각자의 '경제적 행복'과 '인권이 실현된 자유'에 맞추는 '개인주의적 결과론'의 주장과 그 밖의 다른 것들에 맞추는 또 다른 주장들 모두에서 '올바른 사회가 기리고 장려할 생활방식은 어떤 것인지'에 관한 고유의 논리가 있음을 목도한다. 자유와 행복을 표방하는 것이 정의라는 말은 그르지 않을 것이지만, 더 중요한 궁극의 문제는 따라서 그 표방의 질적 가치를 평가해 줄 정의의 척도다.

___
도 진술 가능한 것일 수 있을 것이다.

한 논자의 진술대로 "정의를 고민하는 것은 곧 최선의 삶을 고민하는 것"[10]이라면, 이 척도는 그러한 고민 속에서 추론된 '정의의 도덕적 원칙'과 다르지 않다. 아리스토가 썼던 '정치의 목적은 좋은 삶'이라는 표현은 그러니까 "자유와 행복을 추구하되 '정의(justice)의 도덕적 원칙'에 따라 추구하려는 정의로운 권력이 정치"라는 진술과 내통한다. 이러한 정치는, 그 목적을 '좋은 삶'의 구현에 두고 있는 한, 자신의 목적에 부응하는 이들에게 명예의 포상을 수여하게 된다. 그러나 그렇게 수여된 포상의 '피상적 매혹'이나 '과시적 효용성'으로 인해 명예가 '정치적 삶의 텔로스'일 수 있는 것은 결코 아니다. 그것은 오히려 "선의 이치에 따라 행동하는 능력, 즉 개별적인 동시에 보편적인 선에 대한 '실천적 숙고로서의 지혜'(phronesis)의 정치성"[11]을 다음의 두 측면에서 도덕적인 미덕으로서 실천하는 '명예의 본질'로부터 유래한다. 즉 명예는 (1) 개인이 누릴 수 있는 좋은 삶의 필수조건이라 할 수 있는 정치공동체가 부여한 소명을 책임지는 행위, 그 바람직한 존재의 구실을 표상하는 한편, (2) 그러한 정치공동체가 요구하는 정치 주체의 모델을 호출하면서 '좋은 삶'의 동력으로서 작동한다. 이렇듯 '도덕적인 원칙'을 갖고 정의의 적들, 이를테면 거짓과 악 또는 부당함 등 불행과 억압의 숱한 기재들에 맞서 싸우는 정치적 권력에 기꺼이 투합한 우리 인간의 행위에 붙여질 것이 '명예'라면, 인류역사의 진보과정은 어떤 의미에서 '정치적 주체'의 인식 및 실천

---

10) M. J. Sandel, *Justice*, 앞의 책, pp.21-36.

11) Aristoteles, *NE*, 1139b-1142a. 여기서 아리스토텔레스는 이러한 실천적 지혜를 통해 인식된 선의 '개별·보편'성과 연관해 다음과 같이 이야기하고 있다. "개인의 선이란 가정, 나아가 국가를 떠나서는 존재할 수 없다. (……)실천적 지혜는, 비록 개별적인 것에 치중하긴 하지만, 또한 보편적인 것들에도 관계한다."

의 방식을 결정해 왔던 명예의 발전과정과 동일할 것이다. 정말로 그러할 경우, 우리는 이렇게 채문할 수 있다. 지금껏 우리는 어떤 '정의의 도덕적 원칙'에 매달린 정치적 권력의 명예를 추구해 왔는가? 아니, 정치의 그러한 권력과 도덕은 여하한 '자유와 행복' 혹은 '좋은 삶'을 통해 명예를 규정해 왔는가? 만일 명예에 대한 논의가 '새로운 정치적 가치의식과 윤리태도를 정립하는 인문학적 단초의 제공'이라는 시의성을 가져야 하는 것이라면, 우리는 '어떠한 명예가 보다 올바른 정치적 힘을 갖는 것인지' 혹은 '어떠한 정치가 보다 올바른 명예를 유도하는 것인지'에 대한 비판적 고찰을 가능하게 해 줄 이 물음들을 통해 그 요구와 소통할 논의의 한 국면에 이를 수 있게 될 것이다.

'명예'는 사회적 문맥 속에서 구성원들 모두에게 비교적 부담스러운 하나의 정치적 역할을 떠맡아 수행할 때 획득 가능한 것이다. 하지만 역사적으로 볼 때 그러한 역할에 부응할 정치적 주체는 무차별적인 존재가 아니었다. 예컨대, 물론 특별한 환경에선 지금도 여전히 같은 처지에 있을 것이지만, 어린이, 노예, 여성들, 소수자 등과 같은 정치적 타자들은 자발적으로 그러한 역할을 떠맡아 수행할 수 없었으며, 따라서 "한 집단의 다른 성원들을 향해서 암묵적으로 혹은 명시적으로 만들어진 '서약들'(commitments)을 지키는 성향 속에 내재된 명예"[12]를 적어도 그 '타자'성을 벗지 못하는 한 그들은 가질 수가 없었다. 그들에게 주어질 수동의 정치적 역할들과 관련된 서약들은 자발적으로 "자신의 정치적 역할을 떠맡아 수행할 수 있는 '대리인'(the Agent, 보통은 유능한 성인 남성)에게 양도"[13]되어야만 했다. 요컨대

---

12) E. Craig ed., *Routledge Encyclopedia Of Philosophy*, Routledge, London and New York, 1988 p.502.

13) 같은 책, p.503. 그러나 그대로 인용하지 않고 이 글의 문맥에 맞게 재구성했다.

'정치적 능력'은 명예를 소유하기 위해 갖추어야 할 필수의 조건이다. 이 능력은 명예를 부여하게 될 '정치적 권력'이 취하는 '정의의 도덕적 원칙'을 수행하기에 합당한 자들의 미덕이다. 이 정치학적 미덕은 우선은 타자의 대리인으로서의 '탁월한 능력'일 것이지만, 달리 보면 '정치적 권력'의 이념―좀 더 정확히 말하자면 '정의의 도덕적 원칙'―의 대리인으로서의 '탁월한 능력'일 것이다. 그러나 이처럼 '정의의 도덕적 원칙에 합당한 대리인'이라는 개념을 통해 명예를 이야기하는 것은 타고난 적합성이 아니라 실천적 선택의 문제로서 명예를 바라보는 근대 이후의 인간주의나 비(非)인간주의적 관점과는 언뜻 보기에 어울릴 것 같지 않아 보인다. 하지만 지금 이야기되었던 '정의에 대한 대리인의 합당성'은 예컨대 아리스토텔레스와 플라톤의 형이상학적 '목적론'(teleology)이나 '형상론'(doctrine of forms)[14]의 '운명론적 적합성'에서 추론될 대리인의 정치적 미덕에 수여될 명예뿐만 아니라 근대 이후의 법칙론이나 진화론적 또는 사변적 목적론, 결과론, 실존론, 해체론 등의 '자율적인 선택성'에서 추론 가능한 대리인의 정치적 미덕에 수여될 명예 모두를 가리킨다. 그렇다면 우리는 이렇게 말할 수 있다. '정치적 권력'의 대리인 내지 '정의의 도덕적 원칙'의 대리인 및 '타자'의 대리인 수는, 그 지배력이 견고히 실현된 것인 이상, 일치한다.

이는 다음의 두 사항, 즉 "(1) 정치적 능력을 실현할 대리인이 외연이 커질수록 '정치적 타자'가 줄어들고 급기야 모두가 모두를 대리하는, 하여 모두가 명예로운 삶을 누릴 수 있는 사회, (2) 그러한 대리인

---

14) W. K. C. Guthrie, *The Greek Philosophers, From Tales To Aristotle*, Harper & Row Publishers, New York, 1960 (이하 *GP*), pp.81–161; R. M. Hare, *Plato*, Oxford University Press, Oxford/New York, 1982, pp.58–68.

의 외연이 작아질수록 '정치적 타자'가 늘어나고, 마침내 소수의 특정 인들만이 명예를 소유할 수 있는 사회"가 양립 가능하다는 사실을 뜻 한다. "이성적이고 사회적인 존재인 인간이 자신과 타인에 의한 존중 과 평가의 결과로 얻게 되는 최고의 가치감정이 명예"라는 표현이 적 확한 것이라면, 물론 '비본질적인 명예'(즉 허황하고 변하기 쉬운 세 속적 명예)의 경박함[15]을 논외로 접어 두고 하는 말인데, 명예는 모 든 사람이 지향해야 할 대상일 것이다. 따라서 우리에게 필요한 것은 보다 많은 이들에게(아니, 할 수만 있다면 모든 이들에게) 개방된 명 예를 위해 더 나은 '정의의 도덕적 원칙'을 추구할 정치권력일 것이 다. 하지만 그럼에도 이러한 바람이 비교적 온전한 모습으로 실현된 것은 우리의 당대에 와서다. 이전 시대는 사정이 그렇지가 않았다는 말인데, 사실이지 어느 사회를 막론하고 역사의 초기 부분에서 출현 한 명예관은 위의 (1)과 (2) 가운데 후자의 극단에서였다. '영웅주의' 에 수반되어 나타났던 이 극단의 전형을 말한 이들 중 하나가 시인 호메로스다. 그의 시들에 따르면, 고대 그리스인들이 기렸던 "영광의 '명예'(*timē*)는 제우스로부터 나온다."[16] 물론, 이 명예를 결정해 주 는 실제의 주체가 사회공동체라는 사실을 고려하면, "'정치권력'의 '도덕적 원칙'이 제우스의 '디케'(dikē), 즉 신의 정의를 따르게 되기까 지의 정치적 갈등과 해소의 사건, 이를테면 '그러한 사회공동체의 건 립' 혹은 이미 그것 이전에 혹은 같은 시대에 건립된 어떤 이질의 사 회공동체에 대한 대립과 전복의 사건"이 '신으로부터 명예가 증여되 는 사건'에 앞서, 적어도 논리적으로는, 존재해야 될 것이다.

---

15) Marcus Aurelius, *Meditation*, trans. Maxwell Staniforth, penguin Group Inc, New York, 2004, pp.43 – 58 참조.

16) Homeros, *Iliad* Ⅱ권, XVII: 천병희 옮김, 단국대출판부, 서울, 1996, p.251.

그러한 사실을 감안할 경우, 여기에선 이렇게 써도 틀리지 않을 것이다. 즉 '신의 정의에 따른 도덕적 원칙'에 입각해 '좋은 삶'을 희구하게 된 사회공동체의 정치권력으로부터 명예가 나온다. 물론 이 원칙에 이의를 붙일 수도 있다. 예컨대 『그리스 종교의 다섯 단계』의 저자 뮤레이가 그랬다. "올림퍼스의 신들은 세계를 창조한 것이 아니라 정복했다. (······) 그들은 세금으로 살며, 세금을 내지 않는 사람이 있으면 벼락으로 친다. 정복으로 왕권을 손에 넣은 해적과 같은 그들은 싸우고 자축하며 노래를 부른다. 마시고 취하며, 자기들을 시중드는 '절름발이 장식공'[17]을 보고 요란스레 웃는다."[18] 그러나 이때는 아직 지성이 감정을 압도하는 '이성의 시대'가 아니라 '신화의 시대'였다. 이 시대를 살았던 그리스인들의 사유와 행위에 있어서 미덕의 기준은 '용기'(valour)의 가치였으며,[19] 이 기준은 "자신들의 감정을 객관적으로 관조하는 한편, 그 감정의 현란한 미에 이끌리면서도 냉정한 지성을 유지하는"[20] 이중의 태도 속에서 실행되었다. 그런 그들에게 신(제우스 혹은 그의 명을 따르는 신들)의 '휴브리스'(hubris)는 오히려 인간과 신을 잇는 유대의 끈이었다. 결여의 인간성과 충만의 신성 모두를 지닌 그들의 신은 미완의 삶 속에서 미완의 삶을 헤쳐 나가게 해 주는 최고의 이상형이었을 것이며, 그러한 신의 정의에 따

---

17) 전쟁의 신 아레스(Ares), 젊음의 신 헤베(Hebe)와 함께 제우스와 헤라 사이에서 출생한 불과 화산, 대장간의 신 헤파이스토스(Hephaestos)를 이른다. 그리스 - 로마 신화에 따르면, 이 신은 올림퍼스의 열두 신들 가운데 하나로서 신들의 빛나는 궁전과 무기 및 장구 등을 만들어 주는 신이었지만 불구의 몸을 갖고 있다. E. Hamilton, *Mythology: Timeless Tales Of God And Heroes*, A Time Warner Company, New York, 1969, pp.24 - 35.

18) G. Murray, *Five Stage of Greek Religion*, Dover Pub, New York, 2003, p.67.

19) W. K. C. Guthrie, *GP*, pp.8 - 10.

20) B. Russell, *History Of Western Philosophy And Its Connection With Political And Social Circumstances From The Earliest Times To The Present Day*, Simon & Schuster, New York/London, 1961: 『서양 철학사』<1권>, 최민홍 옮김, 도서출판 집문당, 서울, 1988(이하 *HP*), pp.60 - 63.

른 도덕적 원칙 또한 '좋은 삶'에 정위된 최선의 '정치적 권력'의 속
성이었을 것이다.

호메로스의 그리스인들에겐, 신의 정의에 따른 도덕적 원칙에 따
라 승인된 명예는 정치적 본성에 처한 인간의 소명을 다하며 '좋은
삶'에 기여할 정치적 주체의 표상이다. 문제는 오히려 그 표상의 영
웅주의적인 '운명'성, 즉 '숙운적인 적합성'에 있을 것이다. 이를테면
사회공동체의 정치권력이 부여한 아킬레우스의 명예도 어쨌든 호메
로스의 말대로 '제우스의 의도' 안에서였다. "만일 아킬레우스가 끝
내 참전하지 않고도 아카이아 인들이 트로이를 함락시킬 수 있었다
면 아킬레우스는 어떤 명예도 얻지 못했을 것이다. 그러나 결과적으
로 아킬레우스는 참전했으며 불멸의 명예를 얻었다는 것은 신의 뜻
이었다."21) 결과론적이고, 그만큼 운명론적인 진술이다. 그러나 그때
의 생각이 사실은 그랬으며, 또 그랬던 까닭에 신탁은 명예의 결정적
요인이 된다. 이 신탁은 그러나 인간 혼자의 힘으로 접할 수 있도록
'거기에 그대로' 가만히 있는 것은 아니다. 모든 것은 인간의 크고 작
은 일에 의아할 정도로 세세히 개입하여 간섭하는 제우스(와 신들)에
게 달렸다. 제우스가 내릴 신탁을 받도록 이미 정해진 자,22)─물론 형
극의 고난을 무릅쓰며 그가 이 숙운의 시간에 임할 사태를 거부하거
나 회피할 때도 있겠지만 이는 별도의 사안이다─그 '신의 대리인'의

---

21) 「노블레스 오블리주 부재현상에 대한 패러다임적 대안으로서 그리스─로마 사회의 명예(time/honor)
개념에 대한 연구계획서」(2009년도 기초연구지원 인문사회 공동연구: KRF─2009─32A─A00040:
p.27) 이 논문은 이 과제의 일환이다.

22) 호메로스가 시로써 그려 내고 있는 영웅들은 능력도 그렇지만 출생에 있어서도[트로이 전쟁 최고
의 전사 아킬레우스(Achilles) 역시 정의의 여신 테티스(Thetis)와 인간 펠레우스(Peleus) 사이에서 태
어났다] 신들에게 선택된 반신반인(半神半人)들이다. E. Hamilton, *Mythology: Timeless Tales Of God And
Heroes*, pp.331─336.

정치적 실천만이 명예를 얻을 수 있다. 이런 경우라면, 정치적 타자가 될 '피(被)대리'인들은 비록 신들과 교감하는 영웅들을 통해 고양될 사회의 삶에 감사와 긍지를 느낄 수 있다 해도, 정치적 의무도 책임도, 따라서 권리도 주장하기가 어렵다. 영웅주의가 맞는 이 난국을 벗어날 출구의 빗장은 인간(정치적 주체)의 자율성에 걸려 있는 '명예의 가능성'에 다름 아닐 것이다.

정치적 대리인의 외연을 확장할 그 빗장이 열리기 시작한 것은 그러나 근대에 와서다. 헤시오드와 소포클레스의 과도기를 경유해 플라톤과 아리스토텔레스부터 중세와 근대에 이르는 기간 동안 호메로스의 영웅주의적인 명예관은 모습을 바꿔 변주된다. 일단 플라톤 이후는 차치하고 먼저 헤시오드의 경우, "제우스를 비롯한 모든 신으로부터 휴브리스의 가변성을 제거한 뒤 그것 대신에 신들에게 도덕적 일관성을 부여"함으로써 신과 운명에 대한 호메로스의 개념을 변화시켰다. 물론, 이 '도덕적 질서'는 여전히 제우스로부터 나온 것이며, 그런 점에서 그의 생각은 "신들조차도 종속시키는 운명의 힘이 존재한다는 사실을 은연중에 보여 주면서, 모든 사람과 사물이 반드시 종속되어야 하는 자연의 엄격한 질서를 그려 내고자 했던 호메로스"의 일면에 연속한다.[23] 그럼에도 불구하고 이러한 그의 생각은 '이오니아 학파의 자연사물의 질서에 대한 탐구'라는 철학사적 전환점을 부르는 계기를 제공한 후, 우주를 통제하며 변화를 주재할 어떤 '비(非)인격적'인 원리의 힘을 통해 정치권력의 정의에 붙일 '도덕적 원칙'을, 따라서 '명예의 근원'을, 이야기했던 아테네의 '철학적 윤리의 시대'

---

[23] S. E. Stumpf, *A History of Philosophy*, McGraw Hill Inc., New York, 1975: 이광래 옮김, 『서양 철학사』, 종로출판, 서울, 1985, pp.9 - 10.

로 호메로스의 '신화적 도덕의 시대'를 이행시키는 기점이 된다. 하지만 이러한 이행의 징후를 아테네에 먼저 예고한 것은 전래의 그리스 신화를 또 달리 그려 낸 소포클레스의 시였다. 무엇보다도 비극의 시 ≪아이아스≫를 통해 그는 호메로스의 신들이 내린 '정의의 원칙', 즉 "소중한 사람들에게는 도움을 주고 적들에게는 해를 가하는" 우애와 승리의 원칙을 '설득의 힘'으로 대체하는 귀결에 이른다. 수치심 때문에 자살한 트로이 전쟁의 영웅 아이아스의 매장을 주장하는 또 다른 영웅 오디세우스[24]의 변론을 그 귀결의 우회로 삼았던 그의 이 시에서 결국 오디세우스의 주장이 관철된 것은 영웅시대의 지표였던 무력의 용맹(그러나 야만의 무력이 아니라 우호적 경쟁을 통해 사회를 발전시키는 능력을 배양했던 무력의 용맹)이 '이성'을 기반으로 하는 '설득의 논리'에 밀려나는 사건을 고지하는 일종의 은유였다. 소포클레스는 "호메로스의 신들이 불허했던 비(非)영웅적인 죽음"[25]을 선택한 아이아스를 통해, 이전의 '신화의 시대'가 표상했던 가치의 퇴조와 새로이 도래하는 가치, 즉 이성으로 표상될 '철학의 시대'를 신화로써

---

24) 트로이 전쟁이 끝난 후, 전사한 아킬레우스의 군장을 오디세우스가 갖도록 결정되자, 이에 분노를 느낀 아이아스는 아가멤논과 메넬라오스, 그리고 아킬레우스의 무기를 갖게 된 오디세우스를 죽이기 위해 그들이 있는 군영으로 가지만, 이를 인지한 여신 아테나가 내린 광기에 맞아 버린 아이아스는 일군의 양 떼를 자신을 막는 그리스 군대의 병사들로 착각, 양들을 닥치는 대로 죽인다. 이후 정신이 돌아와 수치심에 빠진 아이아스는 자신의 불명예를 씻을 유일한 길이라 판단, 트로이의 왕자 헥토르(Hector)에게 받은 칼로써 스스로 목숨을 끊는다. 아이아스가 자살한 후, 그의 시신에 대한 매장의 문제를 둘러싸고 의견이 분열된다. 하지만 특히 미케네의 왕 아트레우스의 두 아들인 아가멤논과 메넬라오스의 강경한 반대가 있었지만, 오디세우스의 설득으로 아이아스의 장례가 치러진다. Sophokles, *Die Tragödien*, Deutscher Tachenbuch Verlag, GmbH & Co. KG, München, 1977, pp.9–50; 임철규, 『그리스비극: 인간과 역사에 바치는 애도의 노래』, 한길사, 서울, 2007, (2부 「소포클레스」편 1장 ≪아이아스(Aias)≫) 참조.

25) 또한, 호메로스가 노래한 영웅의 시대는 일반적으로 '수치문화'의 시대로 규정된다. 영웅다운 죽음은 '수치 없는 삶'을 단적으로 나타낸다. 호메로스의 시를 통해 그려진 영웅들 역시 '죽음의 시간'을 모면할 수 없는 존재였으며, 이러한 사실을 그들도 물론 알고 있었다. 하지만 그들은 명예로운 죽음을 기꺼이 맞아들임으로써 불가피한 죽음의 시간성을 극복, 영광의 영원을 사는 쪽을 택하였다. 임철규, 앞의 책, 같은 곳.

앞서 이야기했다.

제우스의 '정의의 원칙'마저 초월한 곳에서 명예의 주체 혹은 정치의 주체를 달리 호출할 정치적 권력의 새 도덕성을 낳게 될 이 '이성'의 도래는 그의 또 다른 비극 시 ≪안티고네≫의 죽음26)에서도 암시된다. 안티고네의 죽음은 주로 '군주·실정'법과 '인륜·자연법', 그리고 '군주의 명예'와 '신으로부터 받은 명예' 사이의 대립 구조들 속에서 후자의 것들('인륜·자연법'과 '신으로부터 받은 명예')과 연관지어져 해석되고 있다. 그러나 현대의 철학자 하이데거는 인륜을 올림퍼스 신들의(결국은 이들의 왕인 제우스의) 정의에 따른 '군주·실정'법으로 다스리고자 했던 크레온 왕에 맞서 싸운 안티고네의 태도로써 '인간과 신들 사이의 투쟁'(der Streit zwischen den Menschen und den Göttern)을 언급한 후, 그녀의 이 투쟁을 지배하는 힘에 대해 이렇게 옮겨 적는다. 즉 "나에게 깨달음을 내려 준 것은 제우스가 아니었다. 그것은 내가 알도록 나를 전용하는 다른 어떤 것, 저 '교시하는 부림'(jener weisende Brauch)이었다."27) 물론 이로써 하이데거가 그녀의 죽음을 갖고 읽어 낸 힘, 즉 인간의 판단과 신마저 초월하는 그 '교시하는 부림'은 "누구도 그것이 어디로부터 나타나는지 주목한 적이 없는"28) 것, 말하자면 삶의 로고스에 상응할 '시간의 의미로서 현출하

---

26) 왕위를 놓고 형제와 다투다 조국 테베(Thebue)를 등지고 적의 편에 섰던 오빠 폴리네이케스(Polynices)의 시신에 대한 크레온(Creon) 왕의 매장금지령을 어기고 매장하기 위해 저항하다 그의 처형선고를 받고 의연히 자살한 안티고네의 죽음. Sophokles, *Die Tragödien*, pp.51–92.

27) M. Heidegger, *Unterwegs Zur Sprache*, Verlag Vittorio Klostermann G. m. b. H. Frankfurt am Main, 1959(전집 12권), p.207.

28) 같은 책, 같은 곳. "그것(교시하는 부림)은 어제오늘의 사건이 아니라 '그때그때마다'(je und je) 늘 '현출'(aufgehen)하지만, 누구도 그것이 어디로부터 유래해 나타나는지 주목하지 않아 왔다." 하이데거의 이 번역으로서의 해석은 ≪안티고네≫의 두 구절, 즉 앞서 인용된 시구(450행)에 이어 456~457행에 놓여 있는 구절들에 대한 것이다. 한편, 러셀은 '인간과 신을 초월'하는 호메로스의 힘에 대해 '제우스까지도 복종하는 어떤 숙명'(B. Russell, *HP*, p.49)으로 표현한다.

는 존재'일 것이다. 그러나 인간의 판단과 신 모두를 초월한 이 부림의 지배력에 짝하는 '삶의 로고스'나, 아이아스의 죽음으로써 이야기된 그 '설득의 논리'가 곧바로 영웅주의와 단절된 '정의의 도덕적 원칙'과 '명예의 자율적 선택성'을 정치권력과 주체에게 가져다주는 것은 아니다. 만일 그 '삶의 로고스'와 '설득의 논리'가 사실상 선택된 소수의 인간에게만 허용될 그런 것이라면, 설령 그것들이 하이데거의 '시간의 의미로서 출현하는 존재'나 이성 또는 비(非)이성주의자들의 '보편적인 사유의 원리'에 걸려 있는 것이라 하여도, 명예의 영웅주의는 변주 반복될 것이기 때문이다.

3. 명예의 정치성(2): 영웅주의의 변주와 지양

고대 그리스의 신화시대 이후, 호메로스의 신들을 대체할 토대(달리 말하자면, '정의를 추구하는 정치권력의 도덕적 원칙'의 근거)로서 제출된 일련의 '형이상학'적 리얼리티들은 현대의 초기에 이르기까지도 '영웅주의'적인 태도로부터 온전히 자유롭지 못했다. 단지 보거나 믿는 것이 아니라 지적 활동의 토대 위에서 어떤 신화학적인 언급 없이 '사물의 실재와 변화과정'을 탐구했던 자연철학자들의 성취를 딛고 구축된 것임에도 불구하고 그러한 리얼리티들, 이를테면, 고대의 '이데아'(Idea)와 '부동의 동자'(The Unmoved Mover), 그리고 이후 중세의 '절대의 창조주'(God)와 근대의 '주체'(Subject) 등은 정치권력이 내걸었던 '정의의 도덕적 원칙'의 근거들이 되어 결국 명예를 각별한 정치적 주체의 것으로 귀속시킨다.

'명예는 정치적 삶의 텔로스'[29]라는 아리스토텔레스의 명제가, 적어도 그 '본질론'적인 전제와 결론을 가리고 볼 경우, 여전히 타당하다면 명예는 좋은 정치적 주체에게 부여될 그런 것이다. 하지만 정치권력의 정의에 내포된 도덕적 원칙과 관련되어 있는 이상 '좋은 정치적 주체'는 '좋은 삶'이 그러하듯 하나의 어떤 신념으로 판단될 수밖에 없다. 그러니 이제, 더 이상 신화에서 유래할 것이 아니라면, 좋은 정치적 주체를 기리며 명예를 내려 줄 정치권력의 '정의의 도덕적 원칙'은 어디에서 유래하는가? 이 물음에 비추어 볼 때, 호메로스에서 전형을 보였던 명예의 영웅주의는 이후 근대에 이르기까지 '약화된 양상'으로 변주된다. 소크라테스는 이 변주의 시발이었다. 우리는 널리 알려진 그의 다음 진술에서 이러한 사실을 확인할 단서를 잡을 수 있다. "명예로운 죽음은 불명예스러운 삶보다 낫다." 이 같은 그의 태도는 명예를 얻기 위해 혹은 지키기 위해 죽음을 불사했던 호메로스의 히어로들, 예컨대 아킬레우스와 같은 자들의 태도만큼이나 영웅적이다. 그리고 실제로 그는 그들처럼 사회공동체의 정치권력이 지향해야 할 '정의의 도덕적 원칙'을 위해 적과 싸우다 기꺼이 전사했다.[30] 하지만 그와 그들이 복무하고 맞아들인 '싸움'과 '전사'가 비록 초인적 비범성을 띠긴 하지만 동일한 것은 아니었으며, 그런 만큼 획득한 명예의 질도 달랐다. 이를테면 "수치문화의 산물인 아킬레우스는 전

---

29) Aristoteles, *NE*, 1095b.

30) "소크라테스는 자신의 시대를 앞서 간 이유로 벌을 받았다." W. K. C. *Guthrie*, *GP*, p.78. 내려진 벌을 거부하지 않은 그의 행동은 일종의 '노블레스 오블리주'(Noblesse Oblige)를 뜻한다. 자신에게 '시민의 혜택들을 부여했던 정치공동체'(같은 책, p.79)가 '갖는 혹은 가져야 할' 정의(내지 이것에 따른 법률)에 해가 될 적들에 맞서 자신의 희생을 감수하며 저항하는 정치적 주체의 한 유형을 보여주기 때문이다. 물론 명예의 이러한 정치성이 현대적 의의를 가질 수 있는 것은 특권을 누리는 고대 그리스적 시민이 아니라 인간 모두에게 개방된 '고상한'(noble) 의무의 정신에서다.

사로서 복수에 나서야 한다는 호메로스의 규범에 순응함으로써 명성을 얻은 반면, 소크라테스는 자신의 도덕적 신념을 지키면서 영혼의 완벽한 미덕을 추구한 공로로 명예를 얻는다. (……) 그는 항복하지 않고 의도적으로 죽음을 선택함으로써 스스로 영웅의 반열에 들어섰다. 그러나 소크라테스는 내면의 삶, 즉 영적인 가치, 양심, 영혼을 바탕으로 한 또 다른 영웅이었다. 그는 본질적으로 그리스인들에게 더 위대해진 새로운 아킬레우스의 모습을 보여 주었다."[31] 이 새로운 영웅의 명예는 '내면의 삶'이 외적 행동으로 이행 혹은 실천된 정치적 주체에게 주어지는 것이 된다.

그러나 이때의 '내면'은 특별한 의미를 갖는데, 이는 다음과 같이 설명될 수 있는 소크라테스의 주지주의적인 관점 때문이다. 즉 "정의로운 행위들 각각에 들어 있는 시간과 상황의 우연성들로부터 추상적으로 추론된 것이 정의다."[32] 확고부동한 개념을 취하는 사유의 '정의'(definition) 능력(즉 '이성')으로부터 '정의'(justice)가 출현한다는 것을 뜻하는 이 말에 비추어 볼 때, 소크라테스에게 영웅의 명예를 가져다준 '내면의 삶'은 인간이성으로부터 유래할 '정의의 도덕적 원칙'에 따른 삶에 다름 아니다. 그리고 "인간 행위와 자연의 영역 모두에서 그 위력을 상실한 올림퍼스의 신들을 대체할 질서와 지속성의 요소"[33]가 신적인 세계이성이라면, 이제 명예는 신화적 신의 대리인이 아니라 그 세계이성의 대리인에게 증여될 선물이다. 물론 소크라테스가 '델포이의 신전'을 빈번히 찾았다 하여도, 이때의 신은 이성적

---

31) J. A. Colaiaco, *Socrates Against Athens*, Routledge, New York & London, 2001: 김승욱 옮김, 『소크라테스의 재판』, 작가정신, 서울, 2005, pp.368 – 377.

32) W. K. C. Guthrie, *GP*, p.77.

33) 같은 책, p.83.

삶을 위한 비인격적 원리 내지 우주론적 일자로서 흡사 '이신론'(deism) 적으로 변모한 '근대의 신'과도 같다. 변덕스러움이 사라진 올림퍼스 신의 잔여물, 즉 '세계의 이성'으로 명명될 그 엄격한 지성은 다음의 사실을 가리킨다. 즉 명예 수여자로서의 정치권력이 좇아야 할 '정의의 도덕적 원칙'의 축이 신에서 인간 쪽으로 옮겼다. 물론 이러한 사실이 '새로운 아킬레우스 소크라테스'에 함축된 영웅주의를 무화시킬 정도로 정치적 주체의 외연을 확장하는 사태를 뜻하진 않는다. 말이 인간 쪽으로 옮긴 것이지 사실은 그 능동성이 '신탁', 달리 말하면 "인간 이전에 생성되었고 인간이 사라진 후에도 존속하며 세계에 작용하는 힘으로서 '명명된 신'(be called god)의 가르침"[34]을 들을 수 있는 인간의 탁월한 초월 능력을 의미하기 때문이다. '신'(神)과 '선택된 소수의 인간'이 맺는 관계가 수동의 것에서 능동의 것으로 변했을 뿐, 그러한 능력에 접할 수 있는 '선천적 자질'(뛰어난 정신)을 소유한 자만이 세계이성의 대리인으로서 명예를 획득하며 정치적 주체로 존재할 수 있게 된다는 점에서, 명예는 호메로스의 시대와 비교해 볼 때, 주체의 처지가 수동의 자리에서 능동의 자리로 뒤바뀐('환위된') 채 영웅주의의 정치성을 반복한다. 하지만 그렇다고 이 반복이 거꾸로 '영웅주의의 단순한 전도'를 이야기하는 것은 아니다. 그것은 단지, 소크라테스 이후 이성이 인간 자신의 본질로 취해지는 한, 그리고 그것이 인간 자신의 능동적 의지와 연결 지어지는 한, 명예는 비록 그

---

34) 같은 책, pp.10-11. 이 신의 원리(原理)화는, 무로부터 우주의 사물을 새로이 창조하지는 않지만 혼돈의 형식 속에 선재하는 어떤 것을 질서 있게 배열하여 발생시킨 최고 존재라는 의미에서의 '우주의 제작 동인(動因)' 혹은 '인간 이성의 가능 근거로서의 탈(脫)인격적 신(demiurge)'을 이야기했던 플라톤과 '부동의 동자'(the unmoved mover)를 말했던 아리스토텔레스를 통해 고대 그리스 철학의 이신론적 세계관으로 이어진다. S. E. Stumpf, *A History of Philosophy*, p.84.

능동적 의지가 '이미 결정된 자질'이라는 제한에 걸려 있는 것이긴 하지만 이전의 시대에 비해 보다 많은 사람들에게 개방된다는 사실을 말할 뿐이다. 이러한 사실은 이제 명예가 영웅의 전유물이 아님을 뜻한다. 단지 세계이성의 이상적 대리인으로서 더 큰 명예를 획득하는 자로서 존재하게 될 그는 주변의 정치적 주체들 속에서 그들의 정점을 표상하며 명예의 '약화된 영웅주의'를 가리킨다.

명예의 운명론을 달리 함축하고 있는 이 같은 '영웅주의의 변주'는 '각별히 선별된 사람들'(hoi prokrithentes) 혹은 '금을 섞어 만든 인간들'35)이 '더 큰' 명예를 누려야 한다고 주장했던 플라톤의 이상주의적 국가관과, "외적인 선들 가운데 제일 큰 것, 즉 신들에게 우리가 돌리는 것으로서의 명예는 가장 고귀한 행위에 주어지는 보상이며 (……) 이러한 명예는 중용의 덕에서 유래하는 '긍지'(megalopsychia)를 소유한 사람, 그리고 바로 그러한 까닭에 '가치 있는 혹은 큰일에 합당한' 사람에게 '더 크게' 수여된다"36)고 생각했던 아리스토텔레스의 목적론적 세계관에서 구체적으로 나타난다. '더 큰' 혹은 '보다 온전한' 명예는 '쇠가 섞인 인간들'37)이나 '주인의 지배를 받는 편이 좋은 타고난 노예들'38)과 달리 각별한 이성(세계이성에 보다 적확히 상응할 인간이성)의 능력을 이미 갖고 출생한, 그리고 그 능력이 (교육을 통해) 발현된, 정치적 주체의 것이다. 때로는 무자비하고 비논리적이고 감정적이기까지 한 신들의 정의에 호출되었던 옛 그리스의 용맹

---

35) Plato, *Republic*(*Collected Dialogues of Plato*, ed. Hamilton & H. Cairns, Princeton University Press, New Jersey, 1982), 3권 415b & 7권, 537b-c.

36) Aristoteles, *NE*, 1123b-1124a.

37) Plato, *Republic*, 앞의 책, 415b.

38) Aristoteles, *The Politics*, 앞의 책, 1254b.

한 영웅들은 이제 세계이성의 원리에 응해 사회 정의의 도덕적 원칙을 설립하고 수호하는 존재들로 바뀐다. 그러나 그렇다 하여도, 명예에 어쩔 수 없이 요구되는 탁월함이 세계이성에 '적합한' 각별한 시민의 덕목(인간이성)으로 변질되었을 뿐, 전사의 능력을 남달리 수행할 소수의 신인(神人)을 이야기했던 호메로스의 경우에서처럼 대리인의 자격이 분명히 한정되는, 그리고 '그중 더 뛰어난 시민'(영웅)의 우월성을 '운명론적으로 승인'하는, 이러한 명예관은 이전의 영웅주의를 변주하며 약화시키긴 했지만 다음의 우려를 낳게 된다. 즉 "적합성이라는 개념은 의심스러울 뿐 아니라 위험하기까지 하다. 과연 누가 내게 적합한 또는 내 본성에 어울리는 역할을 단정할 수 있는가? 사회적 역할을 스스로 선택할 수 없다면, 내 의지와는 무관한 역할을 떠맡기 쉽다. 만약 권력을 쥔 사람이 특정 집단에 종속적 역할이 적합하다고 판단한다면, 적합성이란 개념은 쉽사리 노예제로 귀결될 수도 있다."39) 문제는, 정치권력이 추구해야 할 정의의 도덕적 원칙의 새 근거, 즉 '자율적인 선택성이 더해진 능동의 인간이성'을 찾아 세우며 명예를 그러한 인간이성의 대리인과 묶어 낼 논리다.

중세를 거친 후, 근대에 이르러 비로소 추구된 이 논리는 예컨대 플라톤과 아리스토텔레스에게서 나타난 고대의 객관적 이신론이 말하는 '원리(原理)화된 신'(혹은 세계이성)을 인간주의에 입각한 (1) 주관적 '이신론' 또는 이것의 변종이라 할 수 있는 '범신론'(pantheism)으로 변형하거나, 아니면 (2) '무신론'(atheism)의 원리로 대체하는 두 간선(幹線) 위에서 이루어졌다.40) 데카르트 이후 유물론과 (합리론과 경

---

39) M. J. Sandel, *Justice*, 앞의 책, p.281.
40) 여기에서 '객관적'과 '주관적'이라는 말은 주관주의나 객관주의와 짝하는 것이 아니라 인간의 내

험론을 포함하는) 관념론의 양립구도 위에서 펼쳐진 그 논리에 따르면 인간이성은 더 이상 '원리'화된 신(세계이성)에 종속하지 않는다. 오히려 후자조차 전자에 의해 드러나 규정되거나 또는 부정된다. 이러한 사실은 명예의 정치성에 요구되는 조건이라 했던 '정의의 도덕적 원칙'이－물론, 진리 및 다른 모든 가치의 경우도 그렇겠지만－인간이성의 독립적인 프리즘을 통해 판단된 뒤에야 그 진실성 내지 확실성을 갖는다는 것을 의미한다. 따라서 근대의 경우, 명예의 정치성에 필요한 '정의의 도덕적 원칙'은 인간이성으로부터 유래하되, 인간에 앞서 외부에 존재해 온 '인간 이상의'(more than human)[41] 세계이성에 의지(依支)한 인간이성이 아니라, 그것('정의의 도덕적 원칙')을 스스로 형성하는 '자율적인 인간이성'으로부터 유래한다.[42] 스스로 생각하고 '결정·실천'하며, 나아가 세계의 어떤 신적 원리(내지 '세계이성')까지도 정당화할 수 있는 이 인간이성은 '정의의 도덕적 원칙'에 대한 최종심급을 '존재'(외적 리얼리티)에서 '사유'(내적 리얼리티)로 이행시킨 '주체'(subject)의 철학을 환유(cogito ergo sum)한다. 근대의 이 철학은 일차적으로는 '중세 유신론의 비합리적 계시' 아래에 놓인 인간이성의 타율성[43]을 극복했다는 철학사적 의의를 갖지만,

---

부와 외부와 짝하는 개념으로 사용된 것이다. 한편 예컨대 스피노자나 헤겔 등에서 읽히는 근대의 계몽주의적 범신론은 신의 '우주창조나 섭리' 등 사안들을 두고 좁은 혹은 엄밀한 의미에서의 이신론과 이견을 보이지만, '이성적(합리적)인 신관'이라는 측면에 초점을 맞추어 고려할 경우, 넓은 의미의 이신론으로 분류 가능하다.

41) W. K. C. Guthrie, *GP*, p.10.

42) 근대의 철학자들에게 '신'이 논급되거나(예컨대 데카르트나 칸트) '신적인 세계이성'이 논급될 경우(예컨대 헤겔)가 있다 해도, 이는 인간이성의 확실성이나 그 확실성의 역사적 성취과정을 주장하는 '논리적 요청'의 귀결로서 존재한다.

43) "인간들의 칭찬보다도 신의 진리를 기뻐할 것"을 역설하였던 한 교부의 말(St. Augustine, *Confessions*, ed. G. Clark, Cambridge University Press, cambridge, 1998: 『고백』, 김희보 옮김, 종로서적, 1989, p.277)에 비추어 볼 때 중세의 경우 '세속의 피살성과 퇴락을 초월하는 본질적 명예'의 정치성은 '신정론'(theodicy)적인 기독교적 정의관에 입각한 정치권력에 상응할 것이 된다. 그리고 이때의 정치권

동시에 헤시오드적인 상상력이 유입되어 빚은 수동성으로 인해 '외적 리얼리티'에 대한 '종속'(타율)의 측면을 다 제거하지 못했던 소크라테스 이후 고대철학의 능동적 인본주의를 온전히 '독립'(자율)적인 것으로 발전시켰다는 의의를 동시에 함축한다.

요컨대, 인간은 스스로 진리를 판단하고 자신에게 부여한 '법칙'(여기에서는 '정의의 도덕적 원칙')에 지배받는다는 칸트의 견해나 "인간은 선천적으로 자유롭고 평등하고 독립적이며, 어느 누구도 이 상태를 벗어나 자신의 합의 없이 다른 정치권력에 예속될 수 없다"[44]는 로크의 말로써 압축할 수 있는 근대 주체의 철학적 위상은 결국, '정의의 도덕적 원칙'을 추구하는 정치권력에 기여함으로써 명예를 얻게 될 존재가 '자율성과 선택성을 갖는 인간이성'의 정치적 대리인이라는 사실을 고지한다. 특별한 인간에게 전유될 것이 아니라 '모든 이'에게 개방된 것이 정말로 근대의 명예라면, 언어의 본질을 수행하는 이상 정치성으로부터 자유로울 수 없는 까닭에 명예지향의 숙운에 묶인 정치적 삶을 내치지 못할 우리에게 그러한 명예는 인간해방의 온전한 기재(동력)가 될 수 있을 듯도 싶다. 그러나 모든 이에게 개방된 채 정치적 타자를 없애며 명예의 영웅주의를 극복할 요체인 듯 보이는 그 '자유와 평등', 그리고 '독립'의 이념은 따지고 보면 사실

력은 호메로스의 신탁된 명령의 정의관과 소크라테스 이후 정립된 고대 그리스의 철학적 정의관에 상응할 정치권력과는 달리, 신화적 휴브리스와 원리적 비인격성이 모두 제거된 동시에 인간의 이성과 신의 계시라는 두 계기["자연이성이 끝나는 곳에 신의 계시가 있다"(아퀴나스)] 속에서 현현하는 절대적 인격신의 빛으로부터 '정의의 도덕적 원칙'의 정당성을 얻게 된다. 이러한 사실은 결국 각별한 신앙심과 이성을 통해 신의 정의를 대리하는 정치적 주체에게 명예가 돌아갈 수 있다는 점에서 중세의 명예관이 소크라테스 이후 고대 그리스에서 철학적으로 주장된 '환위된 영웅주의'의 신학적 버전임을 가리킨다.

44) J. Locke, "Second Treatise of Government", sec. 95, Two Treatises of Government, ed. Peter Laslett, Cambridge University Press, Cambridge, 1988: M. J. Sandel, Justice, 앞의 책, p.300.

은 '특정한 한계' 내에서 그러할 뿐이다. '주체의 영역'으로 바꿔 쓸 수 있는 그 한계는 운명론적 세계라기보다는 오히려 '이성이 자기 확실성 속에서 스스로 규정한' 이성의 세계라고 말해지는 것이 더 옳다. 만일 문화적 조건 및 자연적 재능의 차이 등으로 인해 그 세계에 진입하지 않거나 못할 경우, 비록 개인과 사회 그리고 역사에 대한 역사주의적 '계몽'의 프로젝트가 있다 하더라도, 자유와 평등과 독립성은 인간의 가능성이되 비현실적인 '논리적 가능성'에 그치고 만다. 설령 교육을 통해 '주체의 영역'(인간이성의 세계)으로 진입할 수 있는 경우라 해도 인성 내지 능력의 차이로 인하여 결국 명예를 지향하는 정치적 주체의 사유와 실천이 질적 차이를 보이게 되는 것은 근대의 철학에서도 소크라테스 이후의 고대 그리스 철학에서와 다르지 않다. 전자에서도 명예가 수여될 정치적 주체는 사실상 한정되며, '그중 보다 뛰어난 주체'(영웅)의 우월성 또한 비(非)운명론적 논리로써 달리 승인된다.

정말로 그러한 것이라면, 우리는 다음과 같이 쓸 수 있다. 종래에 유포된 명예의 영웅주의를 '더욱 약화'시키는 또 다른 변주의 수준(정확히 말하자면 추상적인 '논리적 가능성'의 차원)에서 한층 더 '명예의 주체'의 외연을 확장(달리 말하자면 '명예의 타자'의 외연을 축소)하는 일정의 성취를 이루었음에도 불구하고, 자기 확실성의 폐쇄성으로 인하여 사실은 타자에 대한 '억압'과 '차별'과 '종속화'의 이면을 처음부터 함축할 수밖에 없었다는 점에서, 근대의 정치적 주체가 인간이성의 대리인으로서 취하게 될 명예는 아무래도 미흡한 '정치적 삶의 텔로스'다. 그럼에도, 명예의 정치성이 인간이성과 결코 단절할 수 없는 것이라면, 필요한 것은 '인간이성이되, 근대의 것을 능가하는 인간이성'의 대리인에게 수여될 명예를 가능하게 해 줄 탈근대의 이성일 것이다. 이 요구의 충족을 위해선 무엇보다도 근대이성의 진상, 즉 "소포클레스의 ≪아이아스≫ 이래 '신의 섭리'(divine providence)에 딸려 있는 종속의 처지로부터 점차 풀려남으로써 결국은-'호메로스'(신화적 신앙)와 '소크라테스 이후의 고대철학'(이신론적 이성)을 신학적으로 지양했던 중세(中世)의 반동에도 불구하고-근대에 이르러 확립된 인본주의 주체의 '동일화 논리'"를 극복해야 한다. 자신과 다른 이질의 것들 혹은 자기 안팎의 타자를 강제로 복속시키거나 '배제·축출'하는 배타적 본성을 갖는 것이 '동일화의 논리'라는 점을 고려할 때, 인본주의 인간이성의 대리인에게 돌아갈 명예는 타자에 폭력을 가하는 정치권력의 도구일 수 있기 때문이다. 하지만 그 극복이 '철학의 역사성'을 피할 수 없는 것[45]이라면, 근대의 귀결에 대한 지양적 수용이 있어야 할 것인데, 이를 위해선 '주체의 자율성과 외연의 확장이라는 긍정성'과 함께 '타자에 대한 억압과 차별과 종속화라는 부정성'을 서로 달리 함축하는 이성 주체의 영웅적 요소들에 대한 고려가 선행되어야 할 것이다. 그 긍정성과 부정성이 빚는 근대의 양면은 누구보다도 헤겔과 마르크스의 역사주의적 주체 형상에서 뚜렷하게 나타난다.

신화적인 신의 대리인도, '세계에 작용하는 힘과 지배력'[46] 내지 '세계로 나가지 않지만 세계가 그리로 나가야만 하는 존재'[47]로 '원

---

45) "현대 유럽철학은 철학의 역사성을 인지함으로써 형성된 도전과 응전을 통해 규정된다." R. Bernasconi, *The Question of Language in Heidegger's History of Being*, Humanities Press, London, 1985 p.7.

46) W. K. C. Guthrie, *GP*, p.11("a god was meant first(……) Any power, any force we see at work in the world.")

47) 같은 책, p.140("God does not go out to the, but the world cannot help going out to him"). 특히 아리스토텔레스의 세계관에서 나타나는 이러한 신은 어디에서나 동일하게 근원적인 '가능태'(*dynamis*)를

리'화된 신('세계이성')의 대리인도, 신학적인 신의 대리인도 아닌 '자율적 인간이성'의 대리인으로서의 근대의 영웅은, 당연한 말이겠지만, 아주 인간적인 면모를 갖는다. 하지만 이때의 '인간적 면모'는 '초월적인 신앙의 종말' 국면에서 부단히 움직이는 세계의 '모든 우연적 사건'을 홀로 떠맡는 영웅의 처지를 가리킨다는 점에서 '비극적인' 것이 된다.[48] 예컨대 헤겔의 경우에서 이 비극적 존재는 '세계사적 개인들'(die welthistorischen Individuen)[49]이 되는데, 이 내용에 대해 현대의 한 평자는 이렇게 옮기고 있다. "그들은 세계의 모든 사람들처럼 특정의 날짜와 법 그리고 관습 아래에서 태어났지만, 그러한 체계들이 어떤 미래도 갖고 있지 않은 사태(혼돈)를 누구보다 앞서 깨닫는 가운데, 행복을 포기하고 자신들의 행위와 (이 행위의) 모범을 통해 후대에 그들 시대의 가치를 평가받게 될 도덕을 창출하는 자들로서 (……) '외적 세계'에 타격을 가해 깨뜨리는 '내적 정신' 속에서 자신들의 목적과 소명을 길어 올리는 까닭에 영웅으로 불린다. 그들은 무엇이 필요한지를 생각하고 인지하며 어느 순간 자신들의 세계와 시대에 대한 진리를 깨닫는 사람들이며 (……) 이 때문에, 한 시대의 영웅들은 '현자들'(les sages)로 불려야 한다."[50] 이처럼 헤겔의 영웅이 자신의 행복을 버리고 자신의 삶에 혼돈을 끌어들이는 한편, '이미 확정된 질서'(l'ordre établi)를 문제 삼았던 것은 '역사를 구원'(sauver l'histoire)하고 '또 다른 질서의 생성'하기 위해서였다.[51] '신의 대리인'

현실화하려는 욕구의 대상으로서 작용하며 세계를 움직이게 하는 사물의 원리가 된다.

48) M. Merleau-Ponty, *Sens et Non-Sens*, Nagel, Paris, 1948(이하 SN), p.324.

49) 이 '세계사적 개인'에 대해 헤겔은 다음처럼 말한다. 즉 "세인들의 인정을 구하지 않고 오히려 그들을 멸시한다는 비난을 받기도 하는 그는 세속적인 인정을 경멸함으로써 자신의 명예를 높이는 인물이다." G. W. F. Hegel, *Die Vernunft In Der Geschichte*, Verlg von Felix Meiner, Hamburg, 1955, p.104.

50) M. Merleau-Ponty, *SN*, pp.324-325(괄호 안은 필자).

이 아니라, 비록 그에게 이신론적인 믿음이 있다 하더라도, 오히려 신 (절대의 세계정신)의 역할을 스스로 떠맡아 실현하는 인간의 합리적 사유운동에서 '진리의 질서'와 '역사의 미래'를 찾았다는 점에서 헤 겔의 영웅은 '인본주의 인간이성'(주체)의 극단을 보여 준다. 정치권 력이 지향해야 할 정의의 도덕적 원칙을 "우선은 홀로 (……) '역사가 요구하는 것'(ce que l'histoire veut)을 수행"[52]하는 시간을 통해 정립할 정치적 주체로서의 영웅에게 먼저 온전한 명예가 주어질 것이지만, 이후 이를테면 ≪의식의 경험에 관한 학≫이 가리키는 "정신적 '도 야'(die Bildung)로써 각성"[53]되어 그 주체의 시대이념을 좇아 편입된 정치적 주체들에게도 명예는, 비록 기여의 정도에 따른 차이가 수반 된다 하더라도, 주어질 것이다.

하지만 문제는 헤겔이 '명예를 얻게 될 정치적 대리인'의 그러한 외연 확장을 고상한 꿈에 가두는 주체, 즉 "자신의 성취를 위해 모든 사물을 조정하고 또 그것의 명확한 수단을 일러 줄 '세계의 천재'(un génie d'Univers)"[54]로서의 영웅을 이야기한다는 사실이다. 왜냐하면 이러한 사실로부터 "우연, 혼돈, 실패, 불확실성 등과 같은 타자의 범 주들을 '복속' 혹은 '배제·축출'의 논리로써 잘라 버리는 형이상학 적 관념의 주관성으로 떨어질 것인 까닭에 사실 파악의 진실성을 크 게 훼손당한 인간이성"에 상응할 주체에 '정치적 삶의 텔로스'가 맡 겨지는 사건이 발생하기 때문이다. 그러한 헤겔을 통해 결국 우리는

---

51) 같은 책, p.325.

52) 같은 책, p.324 & p.330.

53) G. W. F. Hegel, *Phänomenology des Geistes*, Verlag von Felix Meiner, Hamburg, 1952, pp.11 – 12.

54) M. Merleau-Ponty, *SN,* p.326.

'고대 그리스 철학의 인본주의적 자율성의 요소가 강화됨으로써 온전히 인간화된 영웅'이라 할 수 있는 '근대 이성 주체의 이상적 전형'에 대한 다음의 두 사실, 즉 "근대 이성 주체의 그 이상적 전형은 (1) 우리에게 최소한 논리적으론 평등한 가능태로서 작동하는 가운데 인간이성의 대리인으로서의 정치적 주체의 영역을 '개방·확장'하며 '명예의 영웅주의'를 이전의 것에 비해 한층 더 약화시키는 한편, (2) 주체의 질(완성도)을 평가하는 척도로서, 그리고 역사적 '진리의 자기 확실성'(self evident truth)[55]에 기초한 타자지배의 주체를 표상하며 억압과 차별과 배제의 기준으로서 작용한다"는 사실들을 확인한 셈인데, 이는 근대철학의 가능성을 전도된 이성 주체의 자리에서 달리 실험하며 헤겔의 한계('형이상학적 관념의 추상성')를 깨려 했던 '마르크스의 역사주의적 유물론'의 변증법적 혹은 '실천'(Praxis)적 이성에서도 동일하게 나타난다. 비록 이성 주체의 '동일성'에 균열을 가할 해체론적 타율의 논리를 내포하고 있는 것이라 하더라도 그 전도된 주체의 '실천적 이성'은, 적어도 종래의 정통 마르크스주의 이념의 시각에서 보면, 여전히 타자에게 위압적인 것이었다. 부연하자면, 이 경우 그 '실천적 이성'의 주체는 다음의 사실, 즉 "역사 내에는 결코 우연이란 존재하지 않으며, 따라서 역사적 사건들 또한 서로 다른 별개의 낯선 상황들의 종합을 통해 발생하는 것이 아니라 오히려 '명료한 체계'를 형성하는 가운데 '합리적인 전개'를 나타낸다"[56]는 사실을 승인한다.

---

55) F. Copleston, S. J, *A History of Philosophy, Vol. IV, Descartes to Leibniz*, The Newman Press, Maryland, 1961, p.69.

56) M. Merleau-Ponty, *SN*, p.211.

헤겔처럼 '역사를 구원'하기 위하여, 그러나 외적 세계의 혼돈을 깨뜨리며 '고양된 정신의 왕국'을 지향하는 것이 아니라 외적 세계의 법칙적 질서 속에서 예정된 '미래의 유물론적 사회'(la société matérialiste)[57]의 건설을 위하여 행동할 마르크스의 '실천적 이성'의 주체는 헤겔의 이신론적 관념성마저 벗어났다는 점에서 흡사 지상으로 내려온 프로메테우스와도 같은 영웅의 면모를 갖는다. 정치적 주체의 전형이 될 그 주체에게 부여될 명예는 때문에 '사회적 구체성에 뿌리를 둔'(실천적인) 이성으로부터 유래할 '정의의 도덕적 원칙'에서 그 정당성을 취하게 된다. 그리고 그 사회적 구체성의 현실성만큼이나 명예의 획득 가능성도 보다 실질적일 수 있을 것이다. 하지만 그렇다 하여도, 이때 역시 명예를 추구하는 정치적 주체에게 요구될 '실천적 이성'이 모든 사람에게 개방되거나 모든 사람을 통해 역사화되는 것은 아니다. 이는 결국 마르크스가 헤겔의 궁지를 달리 반복한다는 말인데, 이러한 말은 무엇보다도 다음의 두 진술, 즉 (1) 그 '미래의 유물론적 사회'는 따지고 보면 자신의 타자를 사상시킨 실천적 이성 주체가 만들어 낸 '명료한 체계'의 산물로서 '또 다른 형이상학적 관념의 주관성'(당파적 계급성)을 가리킨다는 것, (2) 또한 그 사회가 사실은 '실천적 이성을 실행하는 자유'의 '있을 법한 담보물'(la garantie probable) 이상도 이하도 아니기에 정치적 주체의 "분명한 '희생 동기'가 될 수 없다"는 것[58]으로써 논증될 수 있다. 근대의 양극에서 펼쳐진 '관념론과 유물

---

57) 같은 책, p.326.

58) 같은 책, p.327. 부연하자면, 이러한 진술은 정치 주체의 일원이나 전형(영웅)이 되기 위해선 '실천적 이성' 외부에서 그것의 타자로서 존재하는 우리의 인간적 상황들, 예컨대 개인의 사랑과 소망 그리고 행복 등 작지만 소중한 실존의 계기와 의미들을 단념하거나 그러한 것들을 앗아 갈 죽음마저도 감수하는 초인간적인 희생의 시간이 필요하다는 것을 뜻한다.

론'의 전형들(헤겔과 마르크스)에 대한 이러한 고찰을 통해 우리는 이제 이렇게 이야기할 수 있다. 즉 인본주의 주체의 '동일화 논리'와 이에 따른 명예의 정치학적 의미를 '지양·극복'하는 일은 그러므로 헤겔과 마르크스에 모두, 그러나 다른 양태로, 내포된 '능동의 자율성'과 '배타의 폭력성' 중 후자(배타의 폭력성)의 두 양태를 부정하는 가운데 전자(능동의 자율성)의 두 양태를 비판적으로 수렴해 지양하는 변증의 논리를 통해 모색 가능하다. 근대의 인본주의에 함축된 명예의 정치학적 의미를 극복하기 위한 이 탈(脫)근대적 모색의 관건은 헤겔과 마르크스의 이성주의적인 영웅주의를 능가할 주체다. 이때 그 주체는 능동의 자율성을 갖되 '타자'성을 띠는 것, 즉 동일성의 논리를 차이성의 논리로써 극복한 새로운 주체일 것이다. 이 주체에게 우선 필요한 것은 동일성의 논리를 부정하는 것이지만, 이 부정의 날이 윤리의 '형이상학적 객관성 자체'에까지 미칠 경우 우리는 '기형의 차이성'을 맞게 된다. 이는 근대의 또 다른 철학, 즉 세계의 리얼리티를 불가지론적인 "'외부의 기체'(내지 '물자체') 또는 '내부의 정신 실체'"로 간주하거나, 종국엔 그 리얼리티의 존재를 부정함으로써 보편성의 철학(형이상학)적 근거를 상실한 흄의 회의주의로 귀착되었던 경험론이 일찍이 우리에게 알려 준 교훈이다.[59]

---

59) 외적 실체를 부정했던 버클리의 경우, 그는 '신의 정신'(the Mind)이라는 내적 정신실체를 끌어들임으로써 불가지론의 처지를 벗어나려 했지만, 유한한 인간이 무한한 신을 '경험'(지각)할 수 없다는 문제에 걸려 결국 그 처지를 벗어나지 못한다. 한편, 칸트 역시 경험론의 '물자체' 개념을 수용했지만, 그럼에도 불구하고 그는 "현상세계와 본체세계의 구분을 통해 '미래의 형이상학'[이론형이상학(자연형이상학)과 실천형이상학]을 정립하였다."(Max Müller, *Existenzphilosophie im geistigen Leben der Gegenwart*, F. H. Kerle Verg, Heidelberg, 1964: 『실존철학과 형이상학의 위기』, 박찬국 옮김, 서광사, 서울, 1988. pp.210–211) 비록 비판적 태도 위에서 정립된 까닭으로 인해 '미래의 형이상학'이 세계의 리얼리티로 파고들 초월과 객체에 대한 인식을 결여하고 있는 한계에 처해 있다 하더라도, 칸트는 그것의 '선험적 주관'으로 인해 회의주의와 단절한다. 그의 문제는 오히려 헤겔에게서 마찬가지로 그 주관에 내재된 동일성의 면모에 있다.

4. 결론: 삶의 도덕적 권력들

　정확히 말하자면, 불가지론적으로든 회의주의적으로든 결국 세계의 리얼리티에 관해서 피력한다는 점에서 근대의 경험론은 '형이상학을 부정하는 형이상학'으로 표현될 수 있다. 그러나 물론 이 역설의 형이상학이 '차이성의 논리 위에서 주장될 새로운 형이상학'일 수 없다. 이성 주체의 확실성을 부정한다는 측면에만 국한해 보면 근대의 경험론은 분명 차이성의 논리와 다르지 않아 보인다. 하지만 조금 더 살펴볼 경우, 세계의 리얼리티를 간과하거나 부인하며 그것을 개별 주체들의 주관주의적 인식('내적 경험'의 '감각과 반성')으로 환원하는 관념론의 본질이 이내 드러난다. 이 본질 속에서 근대의 경험론은 동일성의 논리를 '주관주의적 관념론'의 수준에서 달리 빚게 되는데, 이는 그 안에 여전히 존재하는 주체와 타자의 대립구도 때문이다. 그러한 대립구도를 안고 있는 한, 근대의 경험론은 주관주의적 인식의 요체인 '감각과 반성'(혹은 만일 그렇게 부를 수 있는 것이라면, '귀납적 이성')으로 변질된 인본주의 주체의 이성을 통하여 타자에 대해 은밀히 혹은 명백히 폭력을 행사하는 배타적인 태도로부터 자유로울 수가 없다. 오히려 이때의 동일성은 주관주의적 논리로 인하여, 형이상학적 객관성을 이야기하는 철학들의 경우에서와는 달리, 주체들을 대립과 반목의 상황으로 내몰 수도 있다. 이 경우 비록 다수가 공감하는 상식의 도덕이나 그러한 도덕에 승인된 하나의 정치권력으로써 주체들의 갈등을 정비할 합리적 윤리의 방도가 있었다 하더라도, '결과론' 아래에서 묵인될 '불순한 힘의 정의'와 '배타의 폭력성'을 그 방도가 다 지울 수 있는 것은 아니다.[60]

어떤 의미에서, 그러한 주관주의적 이성은 헤겔에게서 완성되고 마르크스에게서 전용된 '인간이성의 형이상학적 동일성'이라는 근대 인본주의의 철학적 상상력을 근대인본주의 철학 스스로가 걷어 냄으로써 드러난 '주체'의 맨얼굴이라 할 수 있다. 그리고 이와 동일한 관점에서 보면, 결과론적인 논리와 내통하며 은연중에 개입될 그 '힘의 정의'를 고려하고 하는 말인데, 위에서 '귀납적'이라 했던 그 '경험론적 이성'의 윤리는 마치 홉스에서처럼 '권력을 향한 지칠 줄 모르는 욕망'[61]을 자연적인 본성으로 받아들인 근대의 주체가 자신의 생존에 유효한 사회적 계약 혹은 합의를 위해 고안한—그러나 그런 만큼 실용적인—'도덕의 가면'처럼 보인다.[62] 이러한 귀결을 부를 이성('욕망의 도구')의 대리인이 정치적 주체의 본질이라면, 그리고 그와 같은 이성에서 유래할 '정의의 도덕적 원칙'을 좇는 정치권력이 내려 줄 것이 명예라면, 영웅주의의 약화를 윤리의 상대화로써 겪게 된[63] '근

---

60) 공리주의 이후 현대 경험론은 이 문제에 대한 일련의 방안을 제출하고 있지만, 여전히 이 문제는 과제로 남아 있다. 이러한 국면은 따지고 보면 결국 근대 경험론 철학의 주관주의적 입장을 계승한 채 형이상학적 견해와 거리를 두는 '자유주의적 중립'의 태도에서 기인한다. 그러나 "실제로는 가능하지 않은 중립을 가장한 채 중요한 공적 문제들을 결정하는 행위는 반발과 분노를 일으킨다. 중요한 도덕의 문제에 개입하지 않는 정치는 시민의 삶을 메마르게 한다. 그런 정치는 편협하고 배타적인 도덕주의로 흐르기 십상이다." M. J. Sandel, *Justice*, 앞의 책, p.337. 그러나 이 경우 문제는 자유주의자들이 건드리기 꺼리는 형이상학적 견해가 허용될 경우 근본주의자들이 몰려든다는 사실이다. 따라서 우리에게 좋은 '정치적 삶의 텔로스로'서 작용할 명예를 위해 우선 필요한 것은 근대의 여러 철학들에 내재된 다수와 동일성의 윤리를 이겨 낼 탈근대의 논리다.

61) T. Hobbes, *Leviathan*, Dutton Press, New York, 1950, chap. xi, p.79.

62) 홉스에게서 명예는 그 본성상 권력의 과시와 같다. "명예와 불명예는 정의나 비정의와 무관하다. 명예는 힘, 즉 우리를 돕거나 해할 수 있는 어떤 사람의 우월성 내지 권력에 대한 승인이나 평판 이외의 것이 아니다. 우리의 존경을 받는 자는 따라서 우리를 해할 수도 도울 수도 있지만, 해하지 않는 사람이 된다. 명예는 칭찬이나 사랑이 아니라 '두려움'과 짝한다." L. Berns, *"Thomas Hobbes"*, ed., L. Strauss & J. Cropsey, *History Of Political Philosophy*, The University Of Chicago Press, Chicago and London, 1973, p.374.

63) 부연하자면, 합리화(합의)된 세속적인 힘의 논리에 따라 정치권력의 정의가 결정되고, 명예는 이러한 '힘의 정의'를 실현하는 정치 주체의 일원이나 전형(영웅)에게 먼저 주어질 것이다. 하지만 그 힘 역시 우리 인간의 가능성인 이상 여기서도 영웅의 영역은 개방성을 띠고 있으며, 따라서 논리적으로는 우리 모두 명예를 얻을 수 있다. 그러나 이 경우에도 그러한 가능성이 실제로 실현되기

대 경험론의 정치적 주체'의 명예 역시 올바른 '정치적 삶의 텔로스'
일 수 없을 것이다. 예컨대 허치슨이 근대 경험론의 입장에서 "명예
는 우리들의 도덕적으로 훌륭한 행위들에 관한 타인들의 의견"이라
고 피력한 후에 그 도덕성의 기준을 '인류의 복지 증진에 대한 기여
경향의 여부'에 두었지만,[64] 현대의 철학자 샌델의 말대로 "정의로운
사회는 단순히 공리를 극대화하거나 선택의 자유를 확보하는 것만으
로는 만들 수 없다. '좋은 삶의 의미'를 함께 고민하고, 으레 생기기
마련인 이견을 기꺼이 받아들이는 문화를 가꾸어야 한다. (……)정의
는 '올바른 분배'의 문제만은 아니다. '올바른 가치측정'의 문제이기
도 하다."[65] '올바른 가치측정의 문제'는 결국 형이상학적 판단의 문
제로 귀착한다. 따라서 정의를 추구하는 것이 정치권력의 본성이라면
그 본성을 구현하기 위해 정치권력은 '차이성의 논리를 따르는 전혀
다른 형이상학'에 입각한 객관적 '도덕의 원칙'을 따르고 있어야 한
다. 그럴 때 비로소 우리는 언어의 본성을 제대로 실현할 수 있는 정
치의 장에서 '삶의 텔로스'로서의 명예를 추구하며 사회를 발전시킬
수 있게 된다.

만일 정치권력이 정의롭지 못하다고 판단될 경우, 물론 그것에 순
응하거나 외면하지 않고 어떤 식으로든 그것과 맞서 싸우며 이겨 낼
올바른 삶의 태도를 고려하고 하는 말인데, 정치적 주체에겐 정치적
삶의 진정한 텔로스(명예)를 실현할 수 있게 해 줄 하나의 '가능한 정
치권력'을 위한 '희생적 실천'[66]이 필요하게 된다. 그러나 적어도 근

는 역시 쉽지 않다. 자연상태의 힘의 논리를 묵인하는 한, 강자와 약자라는 해소되지 않은 범주가
합의에 개입해 주체와 타자를 가를 것이기에 그러하다.

64) J. Ritter hg., *Historisches Wörterbuch Der Philosophie. Bd. 2*, Schawabe Verlag, Basel & Stuttgart, 1972, p.322.

65) M. J. Sandel, *Justice*, 앞의 책, pp.361 – 362.

대 이후의 자리에서 고려할 때, 그 희생적 실천의 정당성을 보증해 주는 것 역시 그 '전혀 다른 형이상학'이 가리킬 객관성에 상응하는 '정의의 도덕적 원칙'일 것이다. 그러한 형이상학에 누구보다 더 결정적인 단서를 제공한 이는 니체다. 그는 유물론과 함께 무신론의 자리에서, 그러나 유물론과는 달리 비합리주의적 주체를 통해 마르크스와 헤겔과 경험론이 보였던 철학의 한계들을 상당 부분 돌파하며 그들의 것을 넘어선 영웅, 즉 탈(脫)근대적인 영웅을 근대 안에서 이야기한다. 이를테면, 근대 안에서 근대를 초과하는 이 형국은 헤겔과 마르크스, 그리고 경험론에서도 찾을 수 있다.[67] 그러나 그들에게서 읽히는 탈근대의 기미들, 즉 '자기 확실성에 대한 회의 속에서 해체되는 주체성'(경험론), '사회적-역사적 프라시스 속에서 균열되는 주체성'(마르크스), '역사의 우연성 및 심리의 개별적 다양성으로 비(非)이성의 토대를 드러내는 주체성'(헤겔) 등이 가리키는 사태들은 '동일성 철학으로서의 형이상학'의 이성을 단순히 부정하거나 '이성의 창시자'(l'inventeur de cette Raison)[68]로서의 타자의 복귀를 예감하는 차원에서 그친다. 요컨대, 이것들 모두는 이성적인 것(주체)을 능가할 수

---

66) 여기서 '희생적 실천'은 미래의 가능한 정치권력이나 당대의 어떤 정치권력으로부터 명예를 얻을 수 있다는 점에서, 혁명적인 '정치적 삶의 텔로스'일 수 있다. 그러나 그럴 수 있으려면 희생적 실천이 좇는 정의의 이념이 충분히 전복적인 것이어야 한다. 개량, 진보, 반동 등에 짝하는 '정치적 삶의 텔로스'에 상응할 희생적 실천도 있을 것이기에 그러하다. 이때, 설령 혁명적 의의를 갖는다 하더라도 그 혁명성이 명예의 진정성을 보증해 주는 것은 아니다. 명예는, '좋은 삶'을 고민하는 정치에 걸려 있는 이상, 이념적일 수밖에 없을 것이기 때문이다.

67) 이러한 현상은 '코나투스'(conatus)라는 개념을 통해 몸에 대한 정신의 '순수·독립'성을 부인하며 근대 인본주의 이성의 자기 확실성과 대립했던 근대의 스피노자의 '평행론'(parallélisme)에서도 나타난다. G. Deleuze, *Spinoza*, Les Éditions de Minuit, Paris, 1981: 『스피노자의 철학』, 박기순 옮김, 민음사, 서울, 2002, pp.31-47. 이러한 사실은 그러나 예기치 않은 사건이 아니다. 탈근대 철학의 논리를 통해 보면 정도의 차이가 존재할 뿐 사실은 이전의 모든 철학들에서 찾아볼 수 있다. 이성은 그것이 어떤 것이든 간에 우리 실존의 것인 한, 삶의 육체성과 시간성을 흔적으로 묻힐 수밖에 없을 것이기 때문이다.

68) M. Merleau-Ponty, *SN*, pp.109-110.

없다는 점에서 근대의 '약화된 영웅주의'의 한계에 갇혀 있는 그런 것이었다. 그러나 이 말이 그들의 남긴 과제를 전부 다 해소한 니체를 뜻하는 것은 아니다. 근대의 한계에 갇혀 있기는 그도 마찬가지였다. 이 철학자에서도 탈근대의 기미들은 자신들을 지배하는 '근대구도' 아래에 놓여 있다.

그럼에도 불구하고 그에게는 무엇보다도 이전의 근대 철학자들이 보였던 탈근대의 계기들이 지양적으로 수용되는 양상으로 전통의 형이상학을 전복, '타자의 형이상학'을 가능케 해 주는 파격이 있다. 니체는 예컨대 헤겔과 마르크스 철학의 낙관주의적 합리성과 체계성의 이면에 숨어 있던 의식의 '비합리주의적 비극성과 불투명성 그리고 우연성'과 같은 삶의 계기들을 철학의 중심으로 끌어들여 동일성을 해체하는 한편, 경험론에서와는 달리 해체 이후에 직면한 불가지론적 상대주의의 회의적 귀결을 '창조적인 힘'을 향한 의지(die Wille zur Macht)라는 세계의 리얼리티로써 해소하며 차이성의 철학을 펼친다. 그가 추구했던 '힘에의 의지'는 비합리적 주체의 자율성을 주장한다는 점에서 '근대의 인본주의'뿐만 아니라 '고대의 이성철학' 및 '타율적 합리성(이성)과 비합리성(신앙)의 절충체인 중세의 철학' 모두를 포함한 전통의 형이상학을 전복하는 에너지이자, 그 전복의 자리에서 드러난 전통철학의 허무주의적 본질을 극복 가능하게 해 주는 '반복의 시간'(달리 말하자면 '영원한 자기 창조와 끝없는 자기 파괴')의 유동적 에너지로서 차이성철학의 요체가 된다.69) 이런 '힘에의 의지'가 세계의 리얼리티로서 작동하는 타자의 형이상학에는 회의주의를 부

---

69) G. Deleuze, *Nietzsche and Philosophy*, tr. H. Tomlinson, Athlone, London, 1983;『니체, 철학의 주사위』, 신범순 外 옮김, 인간사랑, 서울, 2001, pp.91-99.

르는 윤리의 상대성은 없다. 있다면 그것은 '창조와 파괴의 순환적 회귀'를 통해 부단히 거듭나는, 그러나 그 리얼리티의 구심력에 뿌리를 둔, 이성의 상대적 객관성일 것이다.

문제는 근대의 논리를 해체하며 니체가 펼친 이 '차이성의 형이상학'이 '전도된 동일성'의 철학이라는 사실이다. 이성 주체의 우위가 비합리적 의지주체의 우위로 뒤바뀐 이 여전한 관념론의 진상 속에서 타자는 다음 진술의 함축처럼 여전히 주체와 대립적으로 존재할 것이다. 즉 니체는 "다수의 희생을 요구하는, 폭력적이면서도 귀족적인 정치를 추구하고 동경했다. 물론 그런 사회적이고 정치적인 덕목과 짝을 이루는 개인적이고 인간적인 덕목이 있다. 그것은 끊임없이 자신을 혁신하고 자신을 극복하고 자신의 적을 사랑하는 덕목이다."70) 사실이 그러하다면, 니체에서 정치권력이 취하게 될 '정의의 도덕적 원칙'은 힘에 정향된 의지의 대리인들로서의 '귀족적인' 주체들, 즉 영웅에게만 명예를 허락하게 될 것이다. 실제로 '초인' 또는 '최고의 인간' 등으로 표현된 이 영웅은 '보다 강한 힘'을 소유한 정치 주체들로서 서로의 경쟁을 통해 "이미 이루어진 것이나 앞으로 이루어질 것 모두를 초월"71)하는 혁명적인 '정치적 삶의 텔로스'를 실현하며 부단히 정치권력을 재생산한다. 물론, 타자와 대립하는 '주체의 영역'에서 일어나는 이러한 차이성에는 전형적인 영웅의 형상에 동일화되는 것이 아니라, 이전의 영웅을 이겨 내며 전혀 다른 모습으로 탄생될 명예의 주체가 가리키는 타자성이 있다. '아직 영웅이 아닌 사람들'에게 명예의 외연을 개방한다는 뜻에서의 이 타자성은 그러나 '타자의 타

---

70) 김진석, 「'위대한 정치'는 아직도 가능한가?」, 『니체연구』 제11집, 한국 니체학회, 2007, p.81.

71) M. Merleau-Ponty, *SN*, p.325("(……)par-delà toute chose faite ou à faire").

자'성이 아니라, 오히려 동일성철학에서 '주체의 타자'에게 허용된 편입 가능성과 같은 것이다. 실제로, 니체는 근대의 '약화된 영웅주의'를 차이성의 논리로 반복하며 명예의 외연에 실질의 제한성을 가하고 있다. "약자, 평균적인 인간, 군중적인 인간, (속물적)최후의 인간 등과 대립할 뿐 아니라 더 우위에 있는 인간상"[72]인 그의 영웅이 비록 개인적인 자기 고양의 덕목을 통해 형성될 수 있는 타자의 가능성이라 할지라도, 그 형성이 '세계의 천재'나 '프로메테우스' 못지않게 '타자와 선명히 구별되는' 명민한 창조적 재능과 죽음을 무릅쓸 용기를 필요로 하는 주체의 면모라는 점에서, 이 가능성 역시 그 요구를 충족하지 못할 인간 쪽에서 볼 경우 사실은 논리적 가능성에 그치고 만다.

따지고 보면 니체의 형이상학이 말하는 리얼리티('힘에의 의지')가 여전히 타자에 대한 주체의 동일성을 '주체의 차이성' 이면에서 취하고 있다는 사실에서 기인한 이 같은 귀결은 우리의 '정치적 삶의 텔로스'를 새로이 결정해 줄 더 나은 '정의의 도덕적 원칙'의 근거를 정치권력으로 하여금 취하게 해 줄 수 있는 '탈(脫)근대의 온전한 논리'를 요구한다. 니체가 보인 '미완의 타자'성('주체의 영역에서 발생하는 타자의 타자'성)을 '타자의 영역에서 발생하는 타자의 타자'성으로 전환하는 일에 집중할 이 논리는 주체의 동일성을 제거하는 동시에 자율의 능동을 보존하는 역설의 논리가―들뢰즈의 표현을 갖고 말하자면, '인격주의적인 지시들을 제거'하는 비(非)인간주의 전략[73]이―될

---

72) 혹은 "우리는 인간의 위대성이라는 새로운 개념을 필요로 하게 된다. (……)우리는 이 위대성에 도달할 수 있는 능력이 있으나 우리 가운데 대부분 사람들은 그것으로부터 깊이 분리되어 있다."(F. Nietzsche, *Kritische Studienausgabe Bd..11*, München, 1980, p.519) 이상엽, 『니체의 이상적 인간상 연구』, 『니체연구』, 앞의 책, p.138(위의 인용문 중 괄호 안의 내용은 필자).

73) G. Deleuze, *Nietzsche and Philosophy*, 앞의 책, p.14.

것이다. 근대의 리얼리티(주체)를 전복한 니체의 지양적 귀결을 다시 지양함으로써 풀릴 그 역설의 화두를 우리는 이렇게 쓸 수 있다. 즉 타자의 대리인이었던 이성 주체처럼 '주체의 타자'를 대리하는 것이 아니라, 타자의 타자로서 타자를 대리할 주체는 어떤 것인가? 사실은 주체가 아닐 이 주체의 정당성과 의미에 대해 현대의 한 지성은 니체를 헤겔과 나란히 놓고 그들이 말하는 '주체의 전형'(영웅)을 비판하는 자리에서 다음과 같이 말한다. 그들의 영웅에게서 "모든 힘은 제압되어 버릴 것 자체이기 때문에 힘의 가치를 상실한다. 또한 영웅이 가로질러 온 죽음이라는 것도 결코 그를 사로잡지 못했던 까닭에 실제로는 죽음이 아니며, 그가 노예의 처지로 빠뜨린 '타자들'(les autres)은 이 타자들을 이미 그가 굴복시킬 수 있었기 때문에 그의 힘을 입증하는 증인일 수 없다. 요컨대, 그는 불가능한 것을 열망한다. (······) 진정한 영웅은 '주인'(주체, le maître)이 아니라 삶에 집착하고 노동으로써 결국엔 주인(주체)의 여지를 갖지 못하도록 세계를 변형하는 '노예'(타자, l'esclave)다."[74] 이 '진정한 영웅'은 타자와 대립하며 타자를 능가하는 특별한 존재가 아니다. 그것은 타자로서 타자를 대리하는 까닭에, 타자를 굴복시킬 수 없는 존재일 것이다. 하지만 그 주체 아닌 주체가 '정치적 삶의 텔로스'를 실현하기 위해 좇아야 할 정치권력의 정당성은 어떻게 가능할 것인가? 정치권력이 새로이 따라야 할 '정의의 도덕적 원칙'은 어떻게 '형이상학적 객관성'을 가질 수 있는 것인가?

'타자의 타자'로서 타자를 대리하는 주체가 현대의 '진정한 영웅'

---

74) M. Merleau-Ponty, *SN*, p.326.

이라면, 그의 정치적 삶의 텔로스를 가능하게 해 줄 정치권력이 갖게 될 '정의의 도덕적 원칙'은 타자의 차이성으로부터 유래할 것이다. 이는 세계의 리얼리티가 주체(근대)에서 타자[탈(脫)근대]로 역전된다는 것, 더 정확히 말하자면 '주체로서 타자가 되고 타자로서 주체가 되는' 그런 타자로 바뀐다는 것을 뜻한다. 이 경우 정치 주체가 처하게 될 윤리적 혼란이 문제로 제기될 것인데, 차이의 무질서가 빚을 '의미의 죽음'이 주체의 동일성이 제거된 자리에 "허무의 '탈정치성'(le transpolitique)을 함축한 백색의 외설"[75]로서 먼저 찾아들 것이기 때문이다. 그러나 후설의 현상학 이후 그의 길['사실 자체로'(zu den Sachen selbst)]을 따라 타자의 세계로 들어가 탈(脫)근대의 논리를 펼쳤던 현대의 많은 철학은 그 역전된 리얼리티(타자) 속에서 어떤 질서를 찾아낸다. 예컨대 메를로-퐁티의 것이 그랬는데, 그가 본 것은, <"'나'가 세계를 이해하는 일"을 "세계가 '나'를 이해하는 일"로 역전시키며 '나'의 주체가 세계와 하나 되게 섞인 몸으로서의 코기토 내지 '침묵의 로고스' 또는 '생활세계의 로고스'(le logos de Lebenswelt)>[76]의 질서였다. '삶의 로고스'로 호명될 수 있을 이 질서는 '주체의 타자'가 아니라 서로 구분되지 않는 '살의 구조'(주체 ⇄ 타자)를 갖는 존재론적 이성, 즉 주체로서 타자가 되고 타자로서 주체가 되는 그런 타자의 합리성이라 할 수 있다.[77] 니체가 남긴 동일성을 마저 지우며 펼쳐진

---

75) J. Baudrillard, Les stratégies fatales, Grasset, 1983, p.83(김상환, 『해체론 시대의 철학』, 문학과지성사, 1996, pp.449-455에서 재인용).

76) M. Merleau Ponty, Le Visible et l'Invisible, Gallimard, Paris, 1964, p.221. 그리고 송석랑, 『귀향의 시간, 유랑의 시간: 하이데거와 메를로 뽕띠의 존재론적 주체論의 토대』, 동서철학연구(제46호), 2007. pp.179-180.

77) 물론 탈근대의 형이상학들이 동일하게 전개된 것도, 그리고 모두 다 '근대의 동일성'을 완전히 다 벗어난 것도 아니다. 실제로 그것들 안에서 존재론적 또는 해체론적 논리로써 변주된 동일성의 다양한 흔적이, 논제로 취해지기도 한다. 메를로-퐁티의 경우도 그러한데, 하지만 그를 비롯한 많은

이 '타자의 형이상학'에서 이 세계의 리얼리티는 우리에게 주체의 관념적 표상이 아니라 타자로부터 유래하는 의미로 주어질 그런 것이지만, 그러나 그럼에도 불구하고 그것은 합리성을 띤 '차이의 의미'로서 이해된 후, 반성의 힘으로써 객관화된다.

정말로 우리의 좋은 삶을 지향하는 것이 정치권력이라면, 이제 그것은 그러한 '삶의 로고스'로부터 유래하는 '정의의 도덕적 원칙'을 가져야 한다. 그럴 경우, 명예는 정치권력이 추구하는 '정의의 도덕적 원칙'을 뛰어나게 수행하는 정치 주체, 즉 '삶의 로고스'의 대리인에게 수여될 것이다. 그러니까, 이때에도 명예는 무차별적으로 누구에게나 그냥 주어지는 것은 아니다. 따라서 현대의 진정한 "영웅은 (……) 인간 자신"[78]이라 했을 때, 이는 영웅주의의 영웅을 지시하는 것도 아니지만, 그렇다고 명예의 덕목인 '탁월성'을 부인하는 것도 아니다. 그것은 정치적 삶을 누릴 '자율의 선택성'을 '타자'(사물과 인간)에 매인 우리 모두에게 부여하며, 명예의 외연을 '약화된 영웅주의'의 한계 밖으로 확장하는 하나의 선언이다. 여전히 명예는 '전형의 정치 주체'에게 더 크게 돌아갈 것이다. 그리고 더 나은 세상을 위해 삶이 끊임없이 갈망하는 '정의의 도덕적 원칙'들이 부단히 생성되면서, 정치 주체의 희생을 요구하는 이념의 경쟁 또한 그치지 않을 것이다. '정치적 삶의 텔로스'가 함축하는 혁명성은 그러니까 여기에도 있다. 그러나 그렇다 하여도, 그 경쟁은 '동일성의 욕망을 위한 싸움' 혹은 '이념을 위한 이념의 싸움'이 아니다. 그것은 타자로서 타자를

이들의 그 흔적은 단순한 근대의 유물이 아니라 '근대로써 탈근대를 버티고 탈근대로써 근대를 버티려는' 전략으로 읽힌다는 점에서 한계 이상의 것이다. 어떤 면에서 그들의 이러한 양상은 현대 철학에게 주어진 주요한 생산적 기재들 중 하나일 것이다.

78) "Le héros, (……)c'est l'homme", M. Merleau-Ponty, *SN*, p.331.

대리함으로써 결국은 모두가 모두를 대리할 정치적 주체, 그 영웅 아
닌 영웅들이 우선은 자신의 '정치적 삶의 텔로스'를 위해, 하지만 결
국은 우리 모두의 행복을 위해 실존의 시간에 닿아 있는 '삶의 도덕
적 권력들'로써 벌이는 이념의 싸움일 것이다.

참고문헌

김상환,『해체론 시대의 철학』, 문학과 지성사, 서울, 1996.

김진석,「'위대한 정치'는 아직도 가능한가?」,『니체연구』(제11집), 한국니체학회, 2007.

송석랑,「귀향의 시간, 유랑의 시간: 하이데거와 메를로 뽕띠의 존재론적 주체論의 토대」,『동서철학연구』(제46호), 한국동서철학회, 2007.

이상엽,『니체의 이상적 인간상 연구』,『니체연구』(제11집), 2007.

임철규,『그리스비극: 인간과 역사에 바치는 애도의 노래』, 한길사, 서울, 2007.

Aristoteles, *Ethica Nicomacheau*, Oxford Univ Press, 1982:『니코마코스 윤리학』, 최명관 옮김, 을유문화사, 서울, 1983.

_____, *The Politics*, ed./ tr. E. Barker, Oxford Univ Press, 1946.

Aristoteles, *The Politics*, ed./ tr. E. Barker, Oxford Univ Press, 1946.

Augustine St., *Confessions*, ed. G. Clark, Cambridge Univ Press, 1998:『고백』, 김희보 옮김, 종을서적, 1989.

Aurelius Marcus, *Meditation*, trans. Maxwell Staniforth, Penguin Group Inc, New York, 2004.

Bernasconi R., *The Question of Language in Heidegger's History of Being*, Humanities Press, London, 1985.

Berns L., "Thomas Hobbes", ed., L. Strauss & J. Cropsey, History Of Political Philosophy, The University Of Chicago Press, Chicago/London, 1973.

Copleston F., S. J., *A History of Philosophy, Vol. IV, Descartes to Leibniz*, The Newman Press, Maryland, 1961.

Craig E. *Routledge Encyclopedia Of Philosophy*, Routledge, London and New York, 1988.

Deleuze G., *Spinoza*, Les Éditions de Minuit, Paris, 1981.

_____, *Nietzsche and Philosophy*, tr. H. Tomlinson, Athlone, London, 1983:『니체, 철학의 주사위』, 신범순 外 옮김, 인간사랑, 서울, 2001.

Guthrie W. K. C., *The Greek Philosophers, From Tales To Aristotle*, Harper & Row Publishers, New York, 1960.

Hamilton E., *Mythology: Timeless Tales Of God And Heroes*, A Time Warner Company, New York, 1969.

Hegel G. W. F., *Die Vernunft In Der Geschichte*, Verlag von Felix Meiner, Hamburg, 1955.

_____, *Phänomenology des Geistes*, Felix Meiner, Verlag von Hamburg, 1952

Heidegger M., *Uterweges Zur Sprache*, Verlag Vittorio Klostermann GmbH Frankfurt am Main, 1959.

Hobbes T., *Leviathan*, Dutton Press, New York, 1950.

Homeros, *Iliad*: 『일리아스』, 천병희 옮김, 단국대출판부, 서울, 1996.

Hume David, *Political Essays*, ed. K. Haakonssen, Cambridge Univ Press, 1994.

Merleau-Ponty M., *Sens et Non-Sens*, Nagel, Paris, 1948.

_____, *Le Visible et l'Invisible, Gallimars,* Paris, 1964.

Müller M., *Existenzphilosophie im geistigen Leben der Gegenwart*, F. H. Kerle Verg, Heidelberg, 1964.

Murray G., *Five Stage of Greek Religion*, Dover Pub, New York, 2003.

Plato, *Republic (Collected Dialogues of Plato,* ed. Hamilton & H. Cairns, Princeton Univ Press, New Jersey, 1982.

Ritter J. hg., *Historisches Wörterbuch Der Philosophie. Bd2*, Schawabe Verlag, Basel & Stuttgart, 1972.

Russell B., *History Of Western Philosophy*, Simon & Schuster, New York/London, 1961: 『서양 철학사』, 최민홍 옮김, 집문당, 서울, 1988.

Sandel M. J., *Justice: What's The Right Thing To Do?*, Penguin Books, New York, 2009: 『정의란 무엇인가』, 이창신 옮김, 김영사. 서울, 2010.

Sophokles, *Die Tragödien*, Deutscher Tachenbuch Verlag, GmbH & Co. KG, München, 1977.

Stavrakakis Y., *Lakan and the Political*, Routledge, London, 1999: 『라캉과 정치』, 이병주 옮김, 은행나무, 서울, 2006.

Stumpf S. E., *A History of Philosophy*, McGraw Hill Inc., New York, 1975: 이광래 옮김, 『서양 철학사』, 종로서적, 서울, 1985.

제8장 명예로운 기술은 가능한가?

김혜련

1. 들어가는 말

오늘날 사람들은 명예에 대해 거의 말하지 않는다. 그러나 어떤 의미에서 우리는 인류 문명의 어느 시대보다도 더 자주 명예에 대해 듣거나 말하고 있다고 볼 수 있다. 사생활 침해나 개인적인 모욕을 당할 때 사람들은 개인적인 '명예 훼손'을 내세우며 민감하게 반응한다. 많은 경우 그런 사건에는 첨단 기술 장치들이 관련된다. 가장 흔한 장치는 카메라나 녹음기이다. 현상적으로 쉽게 짚어 낼 수 있는 이 같은 사례들 외에 사회 구조나 제도에 배어 있는 습관이나 관행이 명예 문제와 연관되기도 한다. 국방의 의무에 저항하며 징집을 거부하는 특정 종교인 또는 군대에서 총기 사용을 거부하는 병사, 개인적인 손실을 감수하면서도 정보원을 밝히기를 거부하는 언론인의 경우가 그러하다. 이 같은 갈등적인 사회관계의 경우, 개인의 정체성 또는 자율성이 침해를 받을 때 그것은 결코 양보할 수 없는 개인적인 명예의 문제로 대두되는 반면, 사회 기여도가 높은 전문직 저명인사에게 수여하는 명예박사 학위나 순직한 공무원에게 사후에 명예훈장을 추서

하는 호의적인 맥락도 있다.

이 글에서 나는 명예 개념을 분석하고 기술 혁신의 문제와 연관 지으면서 명예의 중의적인 철학적 유의미성을 이끌어 내고자 한다. 그러므로 '명예'의 사전적 정의나 일상적인 의미와는 다소 불일치하는 점이 있을 것이다. 또한 '명예' 자체에 대한 이론적이거나 체계적인 이론을 구성하려고 시도하지 않을 것이다. 이 글의 일차적인 목적은 집단이나 개인이 명예 개념을 상이하게 이해하는 현상을 관찰하고, 그 관찰을 토대로 기술 혁신을 정당화하거나 매력적으로 만들기 위해 상이한 명예 개념들을 암묵적으로 차용하는 양상들을 분석하고 평가하는 데 있다. 기술 혁신과 연관되는 명예 개념은 물론 은유적 의미의 명예인데, 그것은 기술 혁신의 세부사항들을 결정하는 맥락에서 특정 개인의 명예를 염두에 두거나 문제시하는 것이 아니기 때문이다. 비슷한 사례를 들면, '명예 기계'(honor machine)라는 은유는 인간의 반복적인 고된 노동을 절약해 주는 연마기(鍊磨機) 같은 것을 가리킨다. 따라서 명예 기계는 통상적인 분류어가 아니라 은유적 또는 귀속적인 의미가 있는 잠정적인 범주를 가리킨다. 고대에 창안된 명예 개념은 많은 영역에서 은유적 상태로 남아 있는 반면, 오늘날 명예 은유는 그 어느 때보다 강력한 행위 매개체로 작용한다. 명예 은유는 특히 정치, 스포츠, 마케팅, 그리고 기술 영역의 무대 뒤에서 숨은 설득자로 기능한다. 이 논의를 통해 나는 도덕적으로 선하고 미적으로 즐거운 미래의 기술을 위해 자유 민주주의 사회의 건강한 명예 개념이 어떤 것일 수 있을지를 구상해 볼 것이다.

2. 명예 개념과 내적 부조화

1) 사회 규범으로서의 명예

개념으로서 '명예'를 이해하기 위해서는 한편으로 사회적으로 영예로운 것으로 간주되는 명예로운 실천 또는 명예 문화를 사회 현상으로서 관찰해야 하고, 다른 한편으로 타자의 시선이나 인식에 의존할 수도 있으나 반드시 의존하지 않을 수도 있는, 명예의 심리적 구성요소로서 내면의 심적 상태 또는 명예 감정의 특성을 인지해야 할 필요가 있다. 루스 베네딕트의 어법을 따라[1] 나는 명예를 계층 차이와 연관된 일종의 관계 개념으로 접근하고자 하는데, 대개의 경우 관계적 개념은 상대적 개념이기도 하지만 반드시 그러한 것은 아니다. 이 차이는 명예를 일정한 사회관계와 사회적 역할의 관점에서 보는가, 또는 명예의 비환원적인 내적 특질을 주체가 자신과의 관계에서 동일시하는 것으로 보는가에 따라 결정된다. 명예를 관계적 개념으로 이해하는 것이 그것을 상대적 개념으로 이해하는 것을 함축하지 않는다는 점은 3절에서 상술할 것이다. 지금으로는 명예가 관계적 개념으로서 주체와 타자의 관계, 그리고 주체와 주체 자신의 관계라는 두 가지 유형으로 나뉘는 것을 설명하는 것으로 충분할 것이다.

우선 사회적 가치로서의 명예는 지위에 따르는 평판이나 명망, 선망의 대상이 됨직한 괄목할 만한 업적, 탁월한 능력, 칭송받을 만한 행위 등에 의해 특정 인물이 사회적 가치나 정치적 덕목을 체현하는 것으로 간주되는 경우를 가리킨다. 명예의 이러한 외적 면모들은 한

---

1) 루스 베네딕트, 『칼과 국화』, 김윤식·오인식 옮김, 이광규 해설, 을유문화사, 1974(c2002), 33쪽.

사회의 구성원들이 공적으로 동일시하고 실천할 수 있는 규약이나 제도에 의해 결정된다. 그러므로 어떤 사회에서 명예로운 행위가 다른 사회에서는 불명예 또는 수치의 소치가 될 수 있다. 예를 들면, 치열한 전투 상황에서 패배가 거의 확실시될 때 죽기를 마다않고 끝까지 싸울 수도 있겠지만, 힘의 열세를 인정하고 적에게 항복할 수도 있다. 아마도 적이 누구인가에 따라 항복은 견딜 수 없는 수치나 굴욕이 될 것이다. 역사적 은원(恩怨)이 얽혀 있지 않은 채 단순히 적과 마주하고 있을 경우, 불필요한 희생을 늘이는 것보다 항복함으로써 상해를 줄이는 것이 더 낫다고 판단할 수도 있다.

그 반면에 자발적인 굴복이 명예가 아니라 수치나 굴욕 자체로 간주되는 사회 규범들이 있다. 예를 들면, 은유적으로 전투로 비유되곤 하는 스포츠에서 그와 같은 항복은 수치로 간주된다. 월드컵 경기에서 양 팀의 전력은 전문가들에 의해 실제 경기가 시작되기 전에 객관적으로 분석되고 평가된다. 실력 차이가 클 경우, 이기는 것이 경기의 목표라면 실제 시합은 굳이 할 필요가 없다고 말할 수도 있다. 그러나 스포츠에서는 지는 것이 불명예가 아니라 끝까지 최선을 다하지 않는 것이 불명예이며 수치가 된다. 그럼에도 스포츠 담론이 흔히 거의 군사 용어로 기술된다는 사실은 매우 아이러니하다. 왜냐하면 스포츠의 기본 논리는 분명히 힘겨루기 또는 경쟁의 논리인 것 같으면서도, 승리나 패배 자체보다 위용이나 자기 절제, 끝까지 팀을 저버리지 않는다는 의미의 충성심 같은 것을 더 높이 평가하는 것 같기 때문이다. 물론 이런 명예로운 자세에 대해 사회는 물질적으로나 제도적으로 특별히 보상하지 않는다. 그러나 우리는 대체로 명예로운 패배군의 존엄을 인정하며 그들을 예의를 갖춰 맞이한다.

이런 점에서 사회적 규범으로서의 명예가 어떤 심오한 부조화 또는 긴장을 내포하고 있음을 볼 수 있다. 나는 명예의 기원을 진화론적으로 밝힐 수 있을 것이라 믿지만, 이 글에서는 그렇게 추정할 수 있음을 언급하는 것으로 그칠 수밖에 없다. 상이한 사회가 나름대로 명예와 연관된 제도나 규범을 갖고 있는 것은 명예라는 사회적 가치를 이념화함으로써 인간 경쟁을 고무하고 적절히 제어하기 위해서이다.

사회구성원으로 하여금 개인적인 명예를 추구할 것을 요구하는 명시적인 법률은 없지만, 명예는 가장 기본적인 사회 규범들 중 하나로서 사회 발전의 원동력이 되는 동시에 개인적인 자기 절제뿐만 아니라 사회적 제어까지 실현하도록 이끈다. 자본주의가 보편화되면서 '돈이냐 명예냐'는 식의 대립적 관점이 표현되는 일이 잦다. 누가 어떤 것을 택하든지 그것이 칭찬이나 비난의 문제가 되지는 않는다. 그럼에도 행동 원리의 후보로 여전히 명예가 선택지로 남아 있다는 것 자체가 유의미한 것이다.

2) 적극적 명예와 소극적 명예

고대로부터 명예는 우선적으로 개인적인 문제였다. 앞에서 언급했듯이, 어떤 업적이나 탁월성에 의해 적극적으로 명예가 발생하거나 인지될 수 있다. 그 반면에, 이른바 명예 담론에는 소극적인 방식으로 명예를 지키거나 회복될 수 있는 길이 빈번히 언급된다. 그러므로 명예가 상실된 상태인 수치, 굴욕, 혐오, 불결, 불경건, 경멸 등 부정적인 속성들이 명예의 반대 개념으로 등장하고 그 개념들에 포섭되는 상태를 해소하는 절차가 제시된다. 즉 명예는 적극적으로 획득되기도 하지만 유실되지 않도록 소극적인 방식으로 지키는 것도 가능하다.

즉 수치를 당하지 않는 것이 명예를 지키는 길이 되기도 하는 것이다. 내가 아는 한, 명예와 관련된 문헌에서 적극적 명예와 소극적 명예를 명시적으로 구분한 사례는 별로 없다. 그러나 내가 관찰한바, 역사적 문헌에서 발견되는 명예 개념의 흥미로운 점은 어떤 개인이 명예를 상실했을 때 수치라는 부정적인 속성 또는 상태가 그 개인이 속한 가족이나 공동체에 전가될 수 있는 것처럼 그려져 있는 점이다.

불명예나 수치의 전이 가능성 문제는 차치하더라도, 우선적으로 명예는 개인적인 일이므로, 불명예가 발생할 경우 그로 인한 수치는 오점이나 죄로서 제거되어야 하고, 따라서 수치의 근원 또는 장소로서 인간 주체가 척결되어야 한다는 사고방식은 지금도 강하게 잔존한다. 구체적으로 명예 살인(honor killing)이 그 대표적인 경우이다. 가족에 의한 명예 살인을 고발하고 체계적으로 분석했던 라나 후세이니는 '명예 살인의 아이러니'에 대해 말하는데, 그녀가 아이러니하다고 본 것은 명예를 위해 시행된다고 하는 살인이 어떤 명예도 가질 수 없기 때문이다.[2] 서방 언론이 부정의한 테러 행위로 판단하는 자살 폭탄 행위도 그 뿌리는 명예 살인에 있다. 무분별한 폭력과 참사에 해당하는 폭력 행위가 특수한 종교적 믿음과 정치적 전략의 연합을 배경으로 공동체를 위한 개인의 신성한 희생으로써 재구성되는 것이다. 법률에 근거하지 않고 개인이 타자의 행위에 대해 물리적 형벌을 가하는 것은 헌법 중심 국가에서 금지되어 있지만, 초법률적인 명예 살인은 드물지 않게 지금도 도처에서 자행된다.[3]

---

2) Rana Husseini, *Murder in the Name of Honor*, One World Publications, Oxford, 2009, p.4.

3) 1994년에 중동에서 있었던 사건으로, 16세의 키파야는 친오빠에게 성폭행을 당했는데, 그로 인한 처녀성 상실이 가족의 명예를 더럽혔다는 이유로 키파야는 32세의 다른 오빠에게 죽음을 당했다. 명예 살인의 어떤 점이 명예를 회복하는 것인지 의문을 품지 않을 수 없다. 많은 경우, 명예 살인은

고대 종교의 제사에서 제사장은 동물의 머리에 손을 얹어 사람들의 죄를 전가하는 제스처를 보여 준다.[4] 그리고 죄가 전가된 동물은 죄인 대신 처벌받아 죽임을 당한다.[5] 죄를 전가하여 수치의 근원을 멸절하는 것이 핵심이었던 기독교의 십자가 사건은 오늘날 상징적인 예배 의식으로 전이되었다. 심지어 십자가가 아름다운 주얼리로 애용되는 것을 보면 명예 살인으로서의 십자가 사건은 추상적인 관념이나 이미지로 승화되었다고 보아야 할 것이다. 예수가 십자가 위에서 남긴 '이루었다'는 마지막 말의 의미가 과연 무엇인지를 진지하게 검토해 볼 필요가 있다. 그의 말은 죽음에 의해 무엇인가 가치 있고 중요한 일이 실현되었음을 암시하기 때문이다. 그것은 단순한 상징 행위를 넘어서는 것임이 분명한데, 왜냐하면 동물이든지 인간이든지 생명 있는 누군가가 죽어야만 수치와 굴욕으로부터 회복되는 것으로 보이기 때문이다.

이 절에서 내가 강조하려는 것은 탁월성이나 칭송받을 만한 어떤 적극적인 성질에 의해 발생하는 명예와 대조적으로, 소극적인 의미의 명예는 죽음이라는 극단적이고 폭력적인 사태를 잠재적으로 포함한다는 점이다. 다시 말해, 명예와 관련된 탁월성이나 칭송받을 만한 어

가족이나 친족에 의해 수행되고 하부문화의 규범은 암묵적으로 명예 살인의 정당성을 용인하고 있다. 법률상 명예 살인은 살인죄에 해당하기 때문에, 근래에 살인에 의해 명예가 회복되었다고 믿는 살인자들은 대개의 경우 경찰에 자수한다. 자수를 하든지 도주해 버리든지, 명예 살인은 근절되지 않고 있다. 그리고 상당수 피해자들은 여성이다.

1999년에 CNN은 요르단 교정 시설에 수감된 재소자들을 인터뷰한 내용을 토대로 명예 살인 다큐멘터리를 제작한 바 있다. Rana Husseini, 앞의 책, pp.9-12 참조.

4) 미 또는 선이라는 가치 범주에 속하는 다양한 속성들은 귀속적 속성으로 더 기본적인 행위에 의해 상위 행위로 간주된다(count as). 그 반면에 문자적 속성은 기본 행위에 의해 발생하는 속성이다. 행위와 속성 유형의 의미론적 분석에 대해 다음을 참조할 수 있다. Nicholas Wolterstorff, *Art in Action*, Wm. B. Eerdmans Publishing Co.: Grand Rapids, Mich, 1980, 1장.

5) "그는(제사를 청한 사람 본인) 번제물의 머리에 안수할지니 그를(제사를 청한 사람 본인) 위하여 기쁘게 받으심이 되어 그를 위하여 속죄가 될 것이라." (필자가 첨가한 것)『레위기』1장, 4절.

떤 속성은 칭송할 만한 탁월성이나 미덕의 행위와 달리 그것이 훼손되지 않도록 목숨을 걸고 지켜야만 하는 것이다. 바로 그 점에서 명예는 단순한 영예와 명성과 다르다. 명예는 개인이나 집단의 정체성의 뇌관 같은 것일 수 있는 것이다. 그런 의미에서 명예는 추상적이고 관념적인 정의의 원리나 도덕규범의 범위를 넘어선다.

명예를 정의의 법정에 호소하여 합법적인 절차에 의해 보전하거나 회복할 수 없는 문제로 접근하는 예로 결투 문화를 들 수 있다. 지금은 사라진 유럽 귀족의 문화 유물이지만, 결투 문화는 국왕의 권력에 대한 저항 세력을 견지하려 했던 귀족들이 개인의 명예를 증명하거나 회복하는 절차처럼 여겨졌다.[6] 러시아의 문호 푸시킨은 결투 애호가로 잘 알려져 있다. 마지막 결투에서 그는 연적을 찾아가 결투 신청을 했고 그로 인해 37세라는 젊은 나이에 목숨을 잃었다. 지금 우리 눈에는 무분별하고 비합리적인 행동으로 보일 뿐인 결투에 대해 급진적인 철학자인 제레미 벤담은 결투가 현실적 사회악을 바로잡는다고 믿었다. 그는 결투가 모욕이 명예에 각인시킨 오점을 완전히 지우는 것으로 보았다.[7] 결투 문화는 귀족 동료들의 평판에서 비롯된 것으로서 귀족 계층의 관습을 따라 공개적인 창피를 피하기 위해 싸우는 것이다. 19세기 프랑스 작가 쥘 아냥은 "결투는 우리 각각을 강하고 독립적인 힘으로 만든다"고 말했는데, 이때 '우리'는 귀족들을 가리킨다. 그는 이어서 "결투는 법이 정의라는 대의명분을 저버린 순간 그것을 보호한다. 결투는 법이 처벌하고, 경멸하고, 모욕할 수 없

---

6) 결투에 대한 이유로서의 개인적 명예에 대해 설명하고 있는 문헌으로 다음과 같은 것이 있다. 제임스 랜달, 『결투: 명예와 죽음의 역사』, 채계병 옮김, 이카루스미디어, 2008. 특히 106－111쪽, 343－368쪽 참조.

7) 제임스 랜달, 『결투: 명예와 죽음의 역사』, 2008, 369쪽.

는 것을 처벌하고 있다. …… 우리는 결투를 보존하고 있기 때문에 오늘날 문명화된 민족이다"[8]라고 주장하기도 했는데, 여기서 그가 말하는 '법'은 국왕의 법이다.

3) 명예–수치 문화와 죄의 문화

결투 문화를 언급하면서, 나는 그 문화를 꽃피우게 했던 맹아로서, 동료들 사이의 평판이 명예로 동일시되었던 현상을 지적했다. 평판이나 체면으로서의 명예는 내가 실제로 그릇된 행위를 했는지와 무관하게 동료 타자들이 나의 행위를 어떻게 생각하는가 하는 것이 관건이 된다. 루스 베네딕트는 이렇듯 타자들의 시선에 의해 주체가 수치를 당하고 그 결과로 명예를 잃는 것처럼 믿는 것이 관행화된 문화를 가리켜 명예–수치의 문화 또는 간략하게 수치의 문화로 명명한다. 베네딕트는 일본인의 명예 개념을 타자의 시선에 의존하는 것으로 보면서 그들의 문화를 수치의 문화로 불렀다. 그러므로 명예–수치 문화에서는 나의 원칙보다 다른 사람들의 믿음이 훨씬 더 강력하게 작동한다. 타자의 시선이 결정적이기 때문에 이 문화에서는 사회적으로 수치를 당하지 않지만 도덕적으로 비난받을 만한 행위나 상태가 유지될 수 있고, 주체들이 그 상태에 탐닉할 수 있는 가능성이 있다. 이른바 위선의 여지가 구조적으로 가능한 것이다. 명예–수치 문화는 명예가 관계적 개념인 동시에 상대적 개념으로 이해되는 경우에 해당한다. 왜냐하면 이 경우 명예는 주체와 타자의 관계에 관한 것이고 또한 타자의 인식이나 믿음에 의해 명예나 수치 여부가 결정되기 때

---

8) 제임스 랜달, 『결투: 명예와 죽음의 역사』, 2008, 343쪽.

문이다. 한마디로 타자들이 나의 행위를 수치스럽다고 보지 않는 한 나의 명예는 지켜진다. 이것은 행위의 좋음에 대한 결과주의 논리를 따르는 것인데, 즉 타자들이 도덕적으로 그릇된 것으로 인식하지 않는 한 어떤 행위도 그릇된 것이 아니므로 어떤 행위도 그 자체로 수치스러운 것은 없다.

그 반면에 명예의 기준은 그보다 훨씬 더 엄격한 것이 있을 수 있다. 나는 타자들의 인식과 무관하게 나 자신의 신봉 원리(commitment principle)[9]에 따라 행동할 수 있다. 일반적으로 신봉 원리는 행위의 결과에 대한 공리주의적 계산과 무관하게 주체가 자발적으로 선택하는 동기나 이유 또는 추구하는 가치에 따라 행동하는 행동 원칙과 연관된다. 신봉 원리는 흔히 행위이론이나 윤리학에서 동기주의 또는 의무론과 연관된다. 그러나 신봉 원리는 단순히 동기나 의무에 대한 존중심으로 환원될 수 없는 면모를 가진다. 신봉 원리로 기능할 수 있는 것이 특별한 도덕규범일 수도 있지만, 신봉 원리는 어떤 개인적 취향이나 스타일 또는 종교적 신념이나 미적 가치일 수도 있기 때문이다. 예를 들면, '거짓말하지 않기'는 신봉 원리라기보다 도덕규범에 가까운 반면, 채식주의자들의 행동 규칙은 단순히 도덕규범을 따르는 것이 아니라 동물에 생명에 대한 특별한 경외심을 포함한다. 평판이나 체면 또는 타자의 시선보다는 주체 자신이 자신의 도덕적 수준에 대해 느끼는 자부심이나 자아 영상과 밀착된 종류의 이러한 명예 개념은 생각보다 사람들의 행동에 깊은 영향을 미쳐 왔다. 예를 들면, 약자를 배려하는 식의 행동 원칙을 들 수 있다. 그런 행동 방식에 관

---

9) 나는 여기서 로버트 프랭크의 어휘를 그대로 따르고 있다. Rober Frank, *Passions Within Reason: The Strategic Role of the Emotions*, New York: W. W. Norton, 1988.

한 법률을 제정한다면, 그것은 사회의 도덕 수준이나 문화를 향상시키기보다 오히려 퇴보시키기 쉽다. 법률의 강제로 인해 사람들은 자발성을 잃을 것이기 때문이다. 두 번째 종류의 명예 개념의 핵심은 주체의 자발성과 자율성, 그리고 주체가 자신의 도덕적 수준에 대해 느끼는 미적 감수성에 있기 때문이다.

루스 베네딕트는 기독교에 뿌리를 둔 유럽 문화의 유산을 죄의식 문화로 보는데, 이것은 내가 앞에서 제시한 두 번째 종류의 명예 개념과 긴밀하게 연관된다. 심리학적으로 죄의식은 타자 중심적인 수치심보다 더 '고등한' 감정이고, 에릭슨의 모델에 따르면, 수치는 자아 성장의 2단계에 나타나지만, 죄의식은 3단계에 나타나는 것으로 알려져 있다. 나는 어떤 종류의 명예 개념이 다른 유형보다 더 우월한가 하는 것에 주목하기보다, 관계적 개념으로서 명예가 개인과 사회의 관계, 그리고 주체와 그 자신의 관계에 관여하는 양태에 주목해 보았다.

3. 명예 감정의 도덕적 비전

1) 명예의 심리적 면모

앞 절의 말미에 나는 명예 개념의 독특한 점이 주체와 주체 자신의 관계에서 발견되는 것을 지적했다. 그리고 그 관계에서 개인이 느끼는 모종의 감수성이나 감정이 중요한 역할을 한다는 것을 암시했다. 이 절에서는 그 주체가 자신과 갖는 개인적 관계로서의 명예의 토대를 이루는 감수성이나 감정을 도덕 심리학의 관점에서 분석하고자 한다.

일찍이 에릭 더즈는 고대 그리스인의 행동 규칙에 관한 논의에서 가장 강한 도덕적 힘은 신에 대한 두려움이 아니라 공적 평판(aidos), 즉 타자의 존경심이라고 말한 적이 있다.[10] 그의 호머 해석에 따르면, 호머적 인간의 최고의 선은 조용한 양심의 향유에 있지 않고 티메 (timē), 즉 공공의 명망을 얻는 데 있다. 나는 더즈의 해석에 대해 평가할 수 있는 입장에 있지 못하다. 나는 고대 전문가로서 그의 독해를 타당한 것으로 받아들이는 한편, 명예는 공공의 명망을 한쪽 끝으로 갖는 넓은 스펙트럼을 갖는 것으로 보아 더즈의 서술은 명예에 대한 이해에서 간과될 수 없는 그 한쪽 끝을 짚어 낸 것으로 본다. 루스 베네딕트는 명예의 넓은 스펙트럼을 명시적으로 인지하는 것으로 보이는데, 그녀는 명예가 "공적인 평판과 개인적 자기 존중이 결합되어 형성된 이상적이고 진짜 현실적인 명예라 할 수 있는 명예에 대한 감각이 존재하고 있다"라고 지적하고 있기 때문이다.[11] 다시 말해 명예는 타자의 믿음뿐만 아니라 주체 자신에 의해 스스로 부여할 수 있는 것이다. 이는 성찰적인 사람만이 스스로에게 부여할 수 있는 종류의 명예이다. 그것은 자기 절제, 의지, 일상적 욕망에 굴하지 않고 자신의 원칙을 지키는 능력이자 타인에 대한 존중, 그리고 더 나아가 자신이 어떤 행위자인가에 대해 경험할 수 있는 도덕적 감정을 포함한다. 실제로 수치나 명예심, 자존감, 자기 가치감 등은 대표적인 도덕감정들이며, 주체를 행위자로서 자발적으로 행동하도록 인도하는 자기 충족적인 가치 규범을 구성한다. 이런 종류의 특별한 가치 규범은 곧 도덕 감정 그 자체이다. 이 감정상태가 훼손될 때 주체의 내적 자아는 죽음을 경험할 수 있다. 기사도, 결투 문화, 그리고 칭송받을 만

---

10) Eric R. Dodds, *The Greeks and the Irrational*, University of California: Berkeley and Los Angeles, 1951, p.

11) 루스 베네딕트, 앞의 책, 368 – 369쪽.

한 숭고한 희생 등은 바로 그러한 내적인 삶의 이야기가 부분적으로 가시화된 것일 뿐이다.

아리스토텔레스는 명예를 감정의 범주에 속하는 것으로 분류하고, 단순한 감정(pathos)인 까닭에 명예가 진정한 칭송의 대상이 되기에 미흡하다고 보았다.[12] 칭송의 대상이 될 수 있는 것은 습성(hexis)이나 인격적 덕(virtue)으로 실현될 수 있는 어떤 능력(dynamis)이어야 하기 때문이다. 김요한은 아리스토텔레스의 명예 개념이 자아와 타자의 관계에 초점을 두고, 그 관계에서 균형을 이루려는 시도에서 자아 개념이 태동된 것으로 설명한다. 그런데 아리스토텔레스의 명예 개념에서 다소 혼란스러운 점은 명예의 담지자로서의 '자아 감정'을 거론하고 있는 점이다. 타인들로부터 수치를 당하지 않으려는 적극적인 자기 성찰이 명예의 첫걸음이다. 김요한이 지적하고 있는 것은 명예의 반대 개념인 수치 또는 불명예심을 '자신의 명예와 타인의 명예 사이에 존재하는 균형'[13]이라고 아리스토텔레스가 명시하고 있다는 사실이다. 그렇다면 감정으로 정의된 명예는 다른 감정들과 매우 상이한 구조를 갖는다는 것을 인지한 것인데, 그럼에도 아리스토텔레스가 명예 감정이 도덕 감정에 속한다는 사실을 인지하지 못한 것, 즉 명예가 주체 자신과 타자를 고려하는 특수한 종류의 감정이라는 사실이 함축하는 것을 밝히고 있지 않기 때문에 설명적 간격이 발생하는 것이다. 나는 이 설명적 간격이 감정에 대한 아리스토텔레스의 신체·생

---

12) 아리스토텔레스는 파토스를 '쾌와 불쾌와 연관된 신체의 상태'로 정의한다. 1378a19‒26. 이 외에도 『니코마코스윤리학』 1128b10‒15, 『에우데모스 윤리학』 1220b12‒20, 『수사학』 1383b11‒16 등에서 감정의 정의적 면모들에 대해 설명하고 있다.

13) 김요한, 「아리스토텔레스의 윤리학에 나타난 명예심과 불명예심 개념 분석」, 『범한철학』 제51호, 범한철학회, 2008, 194‒195쪽.

리적 정의, 그리고 그와 동시에 기능주의적인 감정의 정의에 기인하는 것으로 생각한다. 그리고 그가 생각하는 신체·생리적 상태는 매우 원초적인 수준의 동물 감정에 가깝다는 사실이 구체적인 이유가 된다고 생각한다. 아리스토텔레스의 설명에서 이론적 간격이 발생하는 또 다른 요소는 불명예심이나 수치를 느낄 수 있는 사람(aischyntēlos)은 칭송의 대상이 될 수 있다고 보고 있다는 점이다. 앞의 2절에서 살펴보았듯이, 명예 개념은 수치와 반대 개념이면서도 전적으로 적극적인 성질에 의해 성립되는 것이 아니라 수치나 굴욕의 해소에 의해 견지되기도 하는 복합 개념이다. 수치를 느낄 수 있는 사람이 느끼는 수치심은 단순한 신체·생리적 상태에 있는 것이 아니라, 이상적인 자아 이미지에 비추어 보는 자기 성찰에 의거한다.

오늘날 뇌신경학 연구에 따르면, 감정은 이른바 동물뇌라고 불리는 해마(hyppocampus)와 편도체(amygdala)로 이루어진 변연계(limbic system)에서 발생할 뿐만 아니라, 한층 더 정교한 체계를 갖는 대뇌피질 전두엽의 여러 곳에서 사고 작용과의 상호 작용을 통해 발생하기도 한다.[14] 수치심이나 명예심, 자존감 같은 도덕 감정들은 단순한 신체·생리적 상태가 아니라 인지적으로 매우 복잡한 2차 감정이다. 그러므로 명예를 감정으로 정의할 경우에도 감정 분류학의 체계에 따라 그 자체로 칭송받을 만한 도덕 감정의 사례들을 논리적 모순 없이도 상정할 수 있을 것이다.[15] 또한 아리스토텔레스는 감정을 행위 유도자로

---

14) 도덕 감정에 대한 뇌신경적 접근의 대표적인 예로 홀헤 몰과 동료들을 들 수 있다.
   Moll, Jorge, Oliviera-Souza, R., Eslinger, P. J., Bramati, I, Maurao-Miranda, J., & Angelo, P. et al., "The Neural Correlates of Moral Sensitivity: A Functional Magnetic Resonance Imaging Investigation of Basic and Moral Emotions", *Journal of Neuroscience* 22, 2002, pp.2730-2736.
   Moll, Jorge, et al., "The Neural Basis of Human Moral Cognition", *Nature Reviews Neuroscience* 6, 2005, pp.799-809.

보는 기능주의적 접근을 하고 있기 때문에, 그 자체로 칭송의 대상이
될 수 있는 내재적으로 가치 있는 감정의 가능성을 간과한 것이다.[16]
그러므로 습성이나 능력이 칭송의 대상이 될 수 있는 것과 유사한 이
유에서, 특정한 도덕 감정들은 그것을 느낄 수 있는 능력을 소유한
것 자체로 주체는 칭송의 대상이 될 수 있는 것이다.

　뉴밀레니엄이 시작된 이래, 철학계에서 발견할 수 있는 괄목할 만
한 변화는 연구 주제의 다양화와 구체화로 요약될 수 있다. 그 결과
전문 철학자들의 연구는 많은 경우 일상적인 경험들과 연관시켜 검
증도 할 수 있고 구체적인 사례들은 다시 이론 연구에 피드백되기도
한다. 도덕 감정의 경우가 바로 그러하다. 감정의 관점에서 명예에 접
근할 경우, 1990년대부터 대세를 이루기 시작한 인지주의 감정이론은
감정과 사고를 밀착시켜 분석하는 점에서 상당히 도움이 되기는 하
지만, 감정에 대한 아리스토텔레스의 기능주의적 이해에서 볼 수 있
듯이 인지주의 감정 이론들은 자칫 감정을 도구적으로만 이해하는
한계를 지닌다. 많은 경우 감정은 행위를 유도하는 강력한 동기로서
기능하는 반면, 감정 능력이나 감정 경험 자체가 가치를 지니는 비도
구주의적 유의미성을 관찰할 수도 있다. 감정으로서 명예는 도덕 감
정의 두 가지 측면을 모두 갖는다. 칭송받을 만한 행위로 인도하는

---

15) 실제로 아리스토텔레스가 '성찰 없는' 감정을 경계해야 한다고 말하는 대목에서 그가 감정을 사고
　나 반성과 연관시키고 있지 않은 것을 볼 수 있다. 『수사학』 1149a24 - 31.

16) 내재적으로 가치 있는 감정을 인지적 관점에서 관찰하고 분석한 연구들은 근래에 빈번히 볼 수 있
　다. 최초는 아니지만 영미권에서 도덕 감정을 본격적인 연구 주제로 삼은 이는 저스틴 오클리이다.
　Justin Oakley, Morality and the Emotions, Routeldge: London and New York, 1992.
　Keith Oatley, "The sentiments and beliefs of distributed cognition", in Emotions and Beliefs, 2000. 특히 ch
　5, pp.78 - 107 참조.
　기능주의적 감정 이해에 대한 대안적 입장을 시도한 국내 연구는 다음을 참조할 수 있다. 김혜련,
　「아리스토텔레스의 수사학에서 감정의 역할: 인지주의적 해석」, 『철학연구』 제76호, 고려대학교
　철학연구소, 2007, 43 - 66쪽.

기능을 수행할 수도 있는 반면, 감정으로서 명예는 그 자체가 목적이 되는 내재성을 갖는다. 사실 명예의 '명예성'은 기능적 측면이 아닌 '비실용성' 또는 '무보상성'에 있는 것으로 볼 수 있다. 그것은 마치 기부(charity, donation) 문화의 가치와도 비슷하다.

2) 정의 원리와 명예 원리

명예의 비도구적 면모를 분석한 빼어난 연구자로 샤론 크라우스를 들 수 있다. 그녀는 몽테스키외의 명예 개념을 분석하는 맥락에서, 그의 자유주의의 한 차원을 조명함으로써 현대 정치 이론에서 간과되어온 정치적 행위의 중요한 동기로서 명예에 주목한다. 명예는 고대의 특권 계층의 덕목으로 간주되었던 역사 때문에 표면적으로는 자유 민주주의의 시민적 덕으로 보기 어려운 것이 사실이다. 더욱이 개인을 합리적 이기주의자로 이해하는 자유 민주주의의 전제는 행위자의 내적 동기보다 자기 이익 추구라는 타산성을 행위 결정의 더 중요한 토대로 다루는 경향이 있다. 그럼에도 크라우스는 명예가 자기 이익 추구보다 개인이나 사회의 동기부여에 있어서 더 나은 결과를 낳을 수 있다고 주장한다. 많은 종류의 시민 덕(civil virtues)은 정의의 원리와 도덕규범에 부합하는 행동 패턴을 따르는 데 있는 반면, 칭송할 만한 용기 있는 행위와 희생은 개인의 자유를 존속시키기 위해서나 사회의 도덕 정치 수준을 향상시키는 데 결정적으로 필요하기 때문이다.

크라우스가 명시적으로 사용하는 대조법은 아니지만, 나는 그녀의 논의의 기본 축이 정의의 원리와 명예의 원리의 비교에 있다고 생각한다. 크라우스는 일반적으로 정의의 원리는 합리적인 선택에 의한 행위를 인도하고 행위의 합리성은 자유 시민 전체에게 권고되는 반면, 명예는 정의의 원리가 요구하지 않는 경계 너머에 있는, 어떤 영웅적인 용기나 자발적인 희생 같은 비합리적인 행위를 이끌어 낸다는 점을 비교하면서 논의를 시작한다. 단적으로 명예로운 행위는 전적으로 자발적이어야 하고 또한 정의의 이름으로 개인에게 요구할 수도 없는 것이다. 그러므로 명예는 극소수의 사람들이 보여 주는 모범적인 행위의 특성이지만, 그 모범은 칭송될 수는 있어도 모든 시민이 따라야 할, 그리고 따를 수 있는 것은 아니다. 예를 들면, 백혈병 환자의 골수 이식을 위해 아무런 보상 없이 기꺼이 자신의 골수를 기증하는 것 같은 행위 또는, 더 위험한 것으로, 화재 사건 처리를 돕기 위해 훈련과정을 거치는 자원봉사 소방수 같은 사람이 그러하다. 대다수의 시민들은 자원 봉사 소방수의 이름을 알지 못한다. 그런 경우 귀속시킬 수 있는 명예는 자원 봉사자 자신이 스스로에게 부여하는 명예이다. 기부 문화의 논리도 이와 비슷한데, 자본주의 사회의 근간을 이루는 사유 재산을 기꺼이 내어주는 행위는 명령이나 단순한 의무감에서 할 수 있는 행위가 아니다. 이렇게 자발적으로 선택되는 명예로운 행위는 개인을 고양시킬 뿐만 아니라 사회의 도덕 수준을 높이는 계기가 되곤 한다.

굳이 명예의 원리를 말하고자 한다면 그것은 전적인 자발성과 주체가 자신에 대해 갖는 야망(ambition)이라고 말할 수 있다. 여기서 말하는 야망은 명성을 얻고 부를 누리고자 하는 이기적인－물론 내가 염두에 두고 있는 이기심은 합리적인 행위자의 합리성 일부이다－야망과는 다르다. 사회적 견지에서 볼 때 명예는 권력과 다수의 횡포를 막고자 하는 정치적 동기에서 출발한다.[17] 자유 민주주의에서 권력은 다수의 손에 맡겨져 있고, 권력은 시대를 막론하고 부패하기 쉽다.

입헌 민주주의 사회에는 다수가 가진 권력에 한계를 그어야 할 필요가 상존한다. 그런데 이러한 종류의 방어는 형식적인 법률에 의존해 이루어지기 어렵다. 헌법의 형식성을 극복하기 위해 요구되는 것은 '능동적인 자유의 옹호'(spirited defense of freedom)이다. 이 능동성은 전적으로 개인적으로 자발적이며 고매한 어떤 목적의식을 필요로 하기 때문에 일반 시민의 덕목들에는 속하지 않는다. 그러한 이유로 크라우스가 몽테스키외에게서 차용하는 명예의 3가지 면모는 정의의 원리와 거리가 먼 특질들이다. 그것은 높은 야망(high ambition), 경외심(reverence)과 반성(reflexivity)의 연합, 그리고 편파성(partiality)이다.[18]

명예의 이 특징들은 보수주의 정치가였던 에드먼드 버크의 숭고 개념의 요소들과 중첩된다. 특히 버크는 야망이 없이는 개인과 사회의 수준을 높일 수 없다고 단언한다.[19] 도덕적이고 성실한 시민들은 사회의 도덕 수준이나 지적 수준을 안정화시킬 수는 있어도 한 단계 높이 끌어올릴 수는 없다. 명예의 세 가지 요소들 중 마지막 항목인 편파성은 다수가 지배하는 민주주의 사회가 포용하기 어려운 항목이다. 명예의 편파성은 명예로운 행위의 목표가 오로지 개인 주체 자신이기 때문이다. 명예에 대한 개인적인 야망이 사회 전체에 유익이 되는 긍정적인 부산물이 산출할 수 있기는 하지만, 근본적으로 명예는

---

17) Krause, Sharon, "The Politics of Distinction and Disobedience: Honor and the Defense of Liberty in Montesquieu", *Polity* Vol.31, No.3., 1999, p.469.

18) Krause, Sharon, 앞의 글, 1999, p.470.

19) 에드먼드 버크, 『미와 숭고의 근원을 찾아서』, 김혜련 옮김, 한길사, 2010. 16절과 17절에서 버크는 모방과 야망을 분석하면서 모방은 반복의 순환을 이끄는 반면, 야망의 감각은 다른 인간 동료들을 능가하고 다수로부터 구별되고자 하기 때문에 솔선수범과 위험을 내포한다고 말한다. 야망은 개인에게 고통을 초래할 수 있지만, 외적인 비천함에도 불구하고 자신의 탁월함에 대한 관념은 내적 위엄을 향유할 수 있게 한다. 자신의 탁월함과 구별에 대한 야망의 부대 효과로 사회의 발전이 가속화될 수 있다.

개인의 탁월성에 대한 야망에 기초하고, 고대사회에서는 특정한 계층의 존재 이유와 연관되는 편향성을 띠었다. 명예로운 행위가 타자에게 어떤 이익을 가져다줄 수 있다고 해도, 그 이익은 시민 전체를 위해 의도된 것이 아니다.[20] 명예로운 행위는 특수한 사회정치적 정체성에 근거하며 그것은 보편적 관점이 아니다. 그러나 명예가 전적으로 주관적인 것은 아니다. 시민 전체가 명예의 열매를 향유하는 경우에도 그것은 우연한 행운에 불과하다. 이러한 특징으로 인해 정의의 원리나 도덕규범은 일반 시민들을 위해 명예 규칙을 제정하거나 요구할 수 없다. 매우 명백한 사례를 든다면, 명예박사 학위를 수여하는 데 적용할 수 있는 규칙 같은 것은 존재하지 않는다. 수여하는 이유가 있기는 하지만 그 이유는 공공의 이익을 가져올 수 있는 기능적 가치나 합리적 근거에 의해 충분히 설명될 수 없는 특수한 면모를 갖는다.[21]

합리성과 자기 이익 추구를 비켜 가는 명예의 특이한 심리적 면모를 크라우스는 명예의 심미적 특성에서 찾는다. 그녀가 파악하는 명예로운 행위의 좋음과 아름다움은 몽테스키외의 입장에 기초한 것인데, 여기서 도덕적 좋음과 미적 아름다움의 근거는 옳은 이유(roght reason)에 의거하여 옳은 일(right thing)을 행하는 것으로 충분하다.[22] 명예가 판단하는 옳은 이유와 옳은 일은 자연법이나 도덕규범이 제정하는 것이 아니라 주체 자신이 자신의 도덕적 비전에 맞추어 판단하는 전적으로 주관적인 것이다. 그럼에도 불구하고 명예는 자의적인

---

20) Krause, Sharon, 앞의 글, 1999, p.87.

21) 칼린 바튼은『로마인의 명예』서문에서 "로마인들에게 중요한 것은 생명이고, 생명의 핵심은 명예였다"로 요약한다. '무엇이 로마인을 움직였는가?'라는 물음은 저서 전체를 관통하는 문제제기이다. Barton, Carlin A., *Roman Honor: The Fire in the Bones*, UC Press: Berkeley, LA. London, 2001, p. X.

22) Krause, Sharon, 앞의 글, 1999, p.482.

변덕의 산물은 아니다. 명예심이 수락하는 도덕적 비전은 인간성에 관한 역사적 진보에의 의지와 전통이 결합된 것이다. 명예가 전통과 역사를 갖는다는 사실은 명예가 자연의 산물이 아니라 인간의 발명품이라는 것을 함축한다. 정치적 관점에서 이것은 명예가 저항의 원천으로 기능할 수 있음을 시사한다. 저항은 항상 확립된 제도나 관행에 대한 것이기 때문이다. 물론 명예가 전적으로 자의적일 가능성도 배제할 수 없는데, 그것은 주체가 때로는 영광에의 환상에 함몰될 수도 있기 때문이다. 역설적이게도 명예는 개인적이면서도 사회적 승인을 얻지 못할 때 허상으로 끝날 수 있는 것이다.

명예의 자기 충족성, 즉 무보상성과 심미성을 더욱 분명히 보여 주기 위해 크라우스는 정의의 조건으로 데이비드 흄이 제시한 성실성(integrity) 또는 인격(character)이라는 '즉각적으로 동의할 만한' 조건(immediately agreeable condition)을 도입한다. 흄의 도덕 철학에서 성실성은 간접적으로 정의를 매력적으로 보이게 하고 책무감까지 느끼게 만드는 '광택'을 정의에 부여한다고 그녀는 주장한다.[23] 여기서 '광택'이라는 것은 명예의 심미성을 강조하기 위해 사용된 표현으로, 명예로운 행위가 사회의 이익에 기여하는 바가 없을 때조차, 그리고 계속 다른 사람들을 정의의 원리에 복종하게 만들 만큼 자기 이익과 공감이 충분하지 않을 때조차 그 심미성이 효력을 발휘하는 것을 가리킨다. 바로 그러한 광택에서 얻는 즐거움이 명예로운 행위를 수행하게 하는 강한 동기가 될 수 있는 것이다.[24]

---

23) Krause, Sharon, "Hume and the (False) Luster of Justice", *Political Theory* 32, no.5., 2004, pp.628-655.

24) 흄은 도덕적으로 옳은 행위를 인도하는 동기의 후보로 미적 관심과 욕망, 심지어 혐오감 같은 감정을 제시한다. "The inference and conclusions of the understanding" can "discover truths", "but where the truths which they discover are indifferent, and beget no desire or aversion, they can have no influence on

이 절의 논의를 정리하면, 주체를 도덕적으로 선하고 칭송할 만한 행위로 인도하는 원리는 크게 정의의 원리와 명예의 원리로 나뉠 수 있다. 정의의 원리는 근본적으로 합리성에 의거하여 절차와 수단과 결과의 조화를 모색하며, 정의로운 행위의 이익은 공동체 전체에게 돌아간다. 그 반면에 명예의 원리는 특정 개인이나 계층의 정체성을 주장하기 위한 것이며 행위의 이익은 전적으로 개인을 위해 그리고 개인의 판단에 의존한다. 그러므로 명예에서 도덕적 선과 미적 만족감은 일체를 이루며, 바로 그 연합의 향유 자체를 목적으로 삼는 까닭에 명예는 물질적인 보상을 구하지 않는다. 정체성에 대해 갖는 야망과 자발성의 결합에서 나오는 산물인 까닭에 명예는 환상으로 끝날 수 있는 가능성이 얼마든지 있다. 그러나 환상에 불과할지라도 명예는 개인을 고양시키고 사회로 하여금 높은 목적을 추구하도록 고취시킴으로써 궁극적으로 인간성의 진보를 가져오는 결정적인 계기가 될 수 있다.

4. 인간 노동과 명예로운 기술

앞 절에서 나는 명예의 자기 충족성과 편파성이라는 면모, 그리고 주관적인 감정의 향유가 명예를 추구하는 주체의 목적이 될 수 있음을 검토했다. 이 절에서는 명예에 대한 그러한 대안적 이해를 배경으로 이른바 '명예로운 기술'의 가능성을 인간 노동과 연관하여 살펴보

---

human behavior." Hume, David(1966), *An Enquiry concerning the principles of morals*(Lasalle, IL. Open Court, 1966, p.4. *A Treatise of Human Nature*(1968), ed. Selby–Bigge. (Oxford, UK. Clarendon, 1968), p.458 참조.

고자 한다.

대개의 경우, 문명과 문화의 진보는 인간의 노동을 감축시키는 한편 여가를 증가시켜 온 것으로 생각된다. 내가 제시하고자 하는 '명예로운 기술'이라는 어휘는 기술학 전문가들 사이에서도 사용된 예를 찾아볼 수 없는 신조어에 해당한다. 그러나 '명예 기계'(honor machine)라는 어휘는 상당히 오래전부터 사용되어 왔고 인터넷에서 검색도 가능하다. 그러므로 명예로운 기술 또는 간단히 '명예 기술'이라는 개념을 서술하기 전에 먼저 명예 기계에 대해 설명하는 편이 논의를 전개하는 데 유익할 것이다. 명예 기계라는 범주를 대표하는 기계는 선반 기계인데, 선반 기계류는 각종 금속 소재를 회전 운동을 시켜서 갈거나 파내거나 도려내는 데 쓰는 공작 기계를 가리킨다. 선반 기계는 우리말로 '갈이판'이나 '돌이판'으로 풀어쓸 수 있다.

그렇다면 선반 기계는 왜 명예 기계라고 불리게 되었을까? 적절한 학술 문헌을 찾지 못한 까닭에 나는 오직 추정할 수 있을 뿐이지만, 그리고 그 명칭이 붙게 된 것은 굳이 체계적인 설명이 필요 없을 정도로 명약관화하기 때문일 수도 있다. 그 이름이 붙여진 것은 반복적이고 전적으로 육체적인 단순 노동을 요구하는 작업들이 인간을 수치스럽게 만들 수 있는 상황에서 선반 기계가 인간의 노동을 대신하기 때문일 것이다. 단적으로 금속을 갈거나 파내거나 하는 작업을 하려면 인간은 기계처럼 되지 않을 수 없다. 더구나 그러한 육체노동은 단순한 육체적 힘을 필요로 한다. 다른 동물이 할 법한 일을 기계가 대신함으로써 인간의 명예가 회복되는 효과가 있는 것이다. 한국 가정에서는 얼마 전까지도 맷돌이 사용되었다. 기름을 둘러 잘 부친 녹두전을 먹는 사람이야 그런 것에 대해 생각할 리 없지만, 대가족 시대에 맷돌을 돌리는 아낙네의 모습을 상상해 보는 것은 이 맥락에서 도움이 될 것이다. 비 오듯이 흐르는 땀을 못 이기어 심지어 어떤 여인은 저고리를 벗어 던지고 맷돌을 돌리기도 했다.

오늘날 3D 업종이라 불리는 노동 유형들이 있다. 어렵고, 더럽고, 위험하기 때문에 붙여진 이름이다. 맷돌 돌리기나 철판을 가는 것 같은 단순 노동이 어렵다는 것은 그 일 자체가 어려워서가 아니라, 똑같은 일을 끝없이 반복하는 것은 사람으로서 하기 힘들다는 뜻이다. 어쨌거나 기계의 발명은 많은 인간 노동을 대체해 왔다. 특히 육체노동을 대신한다는 점에서 기계는 근본적으로 명예로운 측면을 갖는다고 볼 수 있다. 물론 그 말은 육체노동의 가치를 낮게 평가하는 것을 전제로 하지 않으면 무의미하다. 노동이 인간에게 수난에 해당하는 것처럼 가정해야 하는 것이다. 근대 이전의 사회 계급 또는 현대의 암묵적인 사회 계층의 구별도 부분적으로 육체노동의 평가절하에 바탕을 둔 것이다. 유럽의 귀족이나 한국의 양반은 생계를 위한 노동을 하지 않았고, 부분적인 이유일 테지만, 그 점은 명예로운 신분에 어울리는 것으로 간주되었다. 정치적 명예가 자율성과 자발성, 독립성을 근간으로 하는 것과는 달리, 생계 수단이나 직업 활동에서 육체노동을 누군가에게 대신하게 할 수 있는 것은 경제적 명예가 되는 셈이다. 이 지점에서 경제적 명예는 헤겔이 말한 바 있는 노예와 주인의 모순적 관계로 그 실상이 노정된다. 외견상 주인이 노예를 지배하지만, 실상 주인은 노예 없이는 살아갈 수 없는 의존적 존재가 되고 만다. 명예의 원천이 되었던 기계가 인간 사용자를 노예화시키는 현상도 그와 비슷하다.

명예와 연관하여 상황이 인간 사용자에게 더욱 불리해진 것은 기계가 단순히 인간의 노동을 대체할 뿐만 아니라 인간이 직접 할 수 없는 일까지 하기 시작했을 때부터였다. 제조업에서 사용되는 거대하고 복잡한 기계들을 열거할 필요도 없이, 거의 일상의 필수품이 된 컴퓨터나 자동차의 예를 드는 것으로 충분할 것이다. 우리가 아무리 빨리 걷거나 뛰어도 갈 수 없는 거리를 자동차는 단숨에 달려갈 수 있다. 아무리 머리가 좋은 사람이라도 해낼 수 없는 복잡한 계산을 컴퓨터는 순식간에 해낸다. 신속함과 편리함에 익숙해져서 이제 우리는 컴퓨터나 자동차 없이는 살기 어렵게 되었다. 슬로우 시티가 몇 군데 있고 올레길을 일부러 걸어 보기도 하지만 그럴 때도 어쩌다 고향집을 찾는 기분을 음미할 뿐이다. 명예 기계로서 컴퓨터나 자동차는 인간을 기계에 의존적으로 만들었다. 노동 절감의 필요 수준을 넘어 기계는 무노동을 욕망하게끔 만들고 있다. 직장 일을 참아 내는 이유가 휴가를 즐기기 위한 것이라는 설문 조사도 있다.

기계가 기술의 산물이고 보면 명예 기계의 명암을 검토하는 일은 명예의 관점에서 기술과 기술 혁신을 검토하는 일을 시급한 사안으로 만든다. '명예 기술'이라는 용어는 보편화된 용어도 아니고 전문 용어도 아니다. 그러나 내가 '명예 기술'이라는 개념을 구상해 보게 된 것은 기술 혁신을 주도해 온 이들이 의식적으로나 무의식적으로 우리 의식에 깊이 뿌리 내린 명예심을 자극하고 그것에 호소해 왔다는 통찰을 얻었기 때문이다. 근래에 아이폰을 개발하여 대중을 매혹시키기 시작한 스티브 잡스의 경우, 그 자신이 인정하듯이 그는 단순한 기술 개발보다 인간의 심리와 욕구에 대한 섬세한 연구를 기반으로 제품들을 설계하는 것으로 유명하다. 많은 사람들이 아이폰이나 아이팟 시리즈에 매혹되는 이유는 그 장치들이 편리함을 넘어 자율성의 환상과 명예, 그리고 타자의 선망의 대상이 되는 꿈을 실현해 주기 때문이다. 스티브 잡스 신드롬에서 우월감과 탁월성, 그리고 미적 스타일은 기술 혁신을 이끌어 내는 특징적인 면모로서 부각된다. 과연 아이폰이나 아이팟이 대중버스처럼 일반화되는 것이 애플사의 기업 목표일까? 앞에서 나는 명예를 관계적 개념으로 분석해 보았는데, 그것은 명예가 어떤 차별화를 근간으로 한다는 것을 함축한다. 더욱이 명예가 정의 같은 도덕적 선의 영역을 넘어 미적 속성으로서 그 자체로 음미되고 향유되는 환상성의 수준에까지 이를 수 있는 것으로 파악될 때, 사회적 선망이나 심미적 차원의 명예가 공동체 구성원 전체에게 공평하게 그 열매를 나누지 않으리라는 것은 쉽게 예상할 수 있다.

이른바 '명예 기술'의 밝고 즐거운 표면의 저변에는 종일토록 단순 작업을 해야 하는 노동자들이 존재한다. 디지털 명예 기계를 사용하는 사람은 단지 손가락을 튕길 뿐이지만 그 가볍고 산뜻한 경험을 위해 여전히 육체노동과 단순 작업은 누군가 해야 한다. 사막에 우뚝 선 거대한 버즈 할리파를 건축하는 과정에서 인간의 노동을 대체하는 거대한 장비들이 사용되는 것이 사실이다. 그러나 직접 손을 대는 것은 아니더라도 그 장비들을 반복적으로 작동시켜야 하는 새로운 종류의 단순 노동, 사고할 필요가 없는 우직한 충성심이 요구되고 근육이 사용될 필요가 없는 종류의 단순 노동이 요구된다. 그러므로 첨단 기술의 열매만을 보고 그것을 명예로운 기술이라 불러도 좋을지는 다시 생각해 볼 일이다. 명예 기술의 모순적 구조 뒤에서 우리는 새로운 종류의 관절통과 근육통을 경험하는 것이다.

명예 기술의 모순을 분석할 때 우리는 또 다른 난관에 봉착한다.

기술의 부산물을 해소하기 위해 슬로우 시티 같은 비기술적 대안을 택할 것인가? 숙련 노동자들의 명예를 회복하기 위해 기계 파괴를 시도했던 역사적 러다이즘(Luddism)의 재연이 과연 건설적인 대안이 될 수 있을 것인가? 그러한 선택이 비합리적인 동시에 무책임한 것은 명약관화한 일이다. 명예 기술이라는 개념을 하나의 시안으로 구상해 본 이 글을 마치면서 내가 이 시점에서 제안할 수 있는 것은 명예에 대한 섬세하고 다각적인 관점에서 기술 설계를 다양화하는 것이다. 특히 생명공학, 첨단 의료기술, 가전제품의 고급화에 적용되는 첨단 기술은 그 혜택을 누리는 계층이 처음부터 암묵적으로 기획되는 경향이 있다. 제니퍼 슬랙과 맥그리거 와이즈는 기술과 정체성의 관계를 분석하면서 기존의 기술정치의 세 가지 측면을 적시한다.[25] 첫째, 기술은 정체성에 따라 불평등하게 분배 또는 위임된다. 이것은 설계 단계부터 기술이 계층 구별을 전제하는 것을 가리킨다. 단순히 제품의 등급을 말하는 것이 아니라 그 등급의 차이가 계층의 차이와 맞물리는 것을 말한다. 둘째, 기술은 정체성에 따라 불평등하게 처방적이다. 기술은 사실의 문제로 그치는 것이 아니라 암묵적인 행동 규범을 산출한다. 셋째, 이른바 '정체성의 테크놀로지'는 개인들의 정체성을 배정 또는 재배정한다. 예를 들면, 펜트하우스나 고급 자동차는 기술 수준을 넘어 사회적 기호로서 기능하면서 사용자의 정체성을 결정한다. 그 결과 기술은 정체성을 창조 또는 변경할 뿐만 아니라 정체성의 개념 자체에 도전하는 교두보가 된다. 예를 들면, 인간으로서 존재하는 것이 무엇을 의미하는가 하는 문제와도 만나게 된다.

---

25) Jennifer Daryl Slack & J. Macgregor Wise, *Culture and Technology*, Peter Lang: New York, 2005, pp.149-151.

'기술을 설계한다'는 말은 논리적으로 이치에 맞지 않는 것처럼 들릴 수 있는데, 대개의 경우 설계 과정에 기술이 사용되기 때문이다. 그러나 내가 염두에 두고 있는 것은 우리가 현재 갖고 있는 기술들은 자연의 필연적 결과가 아니라 특정한 가치 이념에 바탕을 둔, 인간 결정의 결과라는 생각이다. 그리하여 '기술정치'(technological politics)라는 연구분야까지 생겨났는데, 이 분야의 선구자인 랭던 위너는 기술이 전적으로 사실의 문제가 아니라 가치의 문제임을 역설한다. 그는 기술이 지배하는 사회에 대해 비판하면서, 문제는 기술 혁신의 속도나 그것이 초래할 결과에 있는 것이 아니라, 인간의 삶에 자리 잡게 된 기술 발전의 가속화는 기술의 존재 바로 그 자체가 모든 형태의 근대적 사고와 활동을 효과적으로 규율하는 지배의 원천이 되었다는 점에 있다고 주장한다.[26]

그렇다면 혁신적인 기술이 본래적 목적을 위해 다시 방향을 선회하게 만들 길은 무엇인가? 내가 말하는 '본래적 목적'이란 다름 아니라 인간의 명예와 존엄성을 보전하는 것이다. 단순 노동의 반복으로 시간과 힘을 빼앗아 피폐한 상태가 되지 않게 되기 위해 사용할 수 있는 기술, 그리고 소수자들을 소외시키고 배제하지 않는 방식으로 기술 자체를 설계하는 일이 시급히 요청된다. 이 시점에서 내가 생각해 볼 수 있는 모범적인 사례는, 디자인계에서 주목받은 바 있는 '인간을 위한 디자인'이나 '유니버설 디자인'[27]의 경우처럼, 어느 계층

---

26) 랭던 위너, 『자율적 테크놀로지와 정치철학』, 강정인 옮김, 아카넷, 2000, 13 - 14쪽.

27) 디자인 제품이 인간을 위한 것임은 당연한 일이지만, 실제로 기업이나 디자이너의 관점에서 제품들이 생산되어 온 흐름을 지적하면서, 사용자의 필요와 요구와 필요를 우선적으로 설계 단계에서부터 고려할 것을 주창한 대표적인 인물로 빅터 파파넥을 들 수 있다. 빅터 파파넥, 『인간을 위한 디자인』(개정판), 현용순·조재경 옮김, 미진사, 2009 참조. 유니버설 디자인은 인지적으로나 체력적으로 정상적인 능력을 가진 사람들을 전형화시켜 그들을 위한 제품을 설계하는 관행을 깨뜨리

이나 집단도 배제하지 않는 방식으로 기술을 설계하는 것이다. 편의성, 진보, 효율성, 경제성이라는 발전 논리를 뒷받침하는 이념들을 극복할 수 있는 길은 기술을 통한 인간의 명예 회복이라는, 오래된 것이지만 참신한 가치 이념이다.

5. 결론

이 글에서 나는 고대사회의 특권층의 정체성과 행동 원리로 창안되었던 명예 개념을 검토하고 그 분석의 결과를 기술 혁신의 바람직한 동인으로서 인간의 명예와 존엄성과 연결시켜 보았다. 전기의 발명 같은 기술 혁신은 본디 전 인류의 복지를 위한 것이 아니었음에도 불구하고 이제 문명의 새로운 전환의 계기로 간주된다. 모든 기술 혁신의 결과가 그러한 행운을 누릴 수 있는 것은 아니다. 그와는 반대로, 알프레드 노벨의 TNT 발명은 건설적인 작업의 범위를 넘어 완전히 판이한 폭력과 살상의 기술로 발전했다. 그러한 결과에 대한 쓰라린 회한이 노벨상 제도를 만들게 된 계기가 되었을 것이다. 기술의 모든 결과를 누구도 예측할 수 없다는 것이 기술의 운명이라고 말할 수 있다. 왜냐하면 단순한 도구와는 달리 기계는 자기만의 자율적 시스템을 갖고 있으므로, 설계자가 예상한 것과는 다른 방식으로 기능할 수 있기 때문이다.

고 주변의 소수가 배제되지 않도록 배려하는 디자인 개념을 가리킨다. 배제적 디자인의 대표적인 경우로, 모든 사용자들이 오른손잡이일 것이라고 가정하거나 평균 키의 사람들을 염두에 두는 것인데, 이러한 일반화 경향은 다변화될 필요가 있다.

그렇다면 처음부터 차별성과 배제를 전제하는 기존의 기술 혁신 과정에 한계를 그을 수 있는 구체적인 전략이 필요해진다. 기술이론과 기술평론의 선구자인 루이스 멈퍼드는 대표적인 유토피아 서사들을 개괄하고 논평한 저서 『유토피아 이야기』의 서두에서 "유토피아가 없는 세계지도는 얼핏 볼 가치조차 없다"고 한 오스카 와일드의 아이러니한 말을 인용하고 있다.[28) 우리가 실현할 수 있는 지상 유토피아는 기술을 어떻게 발전시키고 사용하는가에 달려 있다. 그러나 기술이 인간을 지배하지 않기 위해 기술에 대한 도덕적 비전을 명료화해야 한다. 내가 이 글에서 제시하려고 한 '기술 유토피아'의 초석은 정의의 원리를 포함하면서도 그것을 넘어서는 인간의 명예와 존엄성에 대한 확고한 가치 인식이다. 기술 혁신에 관여하는 전문가들과 첨단 기술의 열매를 향유하는 사용자들 모두가 명예의 심오한 도덕적 차원에 대한 이해를 도모할 수 있는 방책이 필요한 것이다.

---

28) 루이스 멈퍼드, 『유토피아 이야기』, 박홍규 옮김, 텍스트, 2010, 5쪽.

참고문헌

김요한, 「아리스토텔레스의 윤리학에 나타난 명예심과 불명예심 개념 분석」, 『범한철학』 제51호, 범한철학회, 2008.

김익진, 「몰리에르 작품 속의 명예의 문제」, 『한국프랑스학논집』 제58호, 한국프랑스학회, 2007.

김혜련, 「아리스토텔레스의 수사학에서 감정의 역할: 인지주의적 해석」, 『철학연구』 제76호, 철학연구회, 2007.

구약성서, 『레위기』.

랜딘 위너, 강정인 옮김, 『자율적 테크놀로지와 정치철학』, 아카넷, 2000.

루스 베네딕트, 이광규 편저, 『칼과 국화』, 서울대학교출판부, 1985.

루이스 멈퍼드, 박홍규 옮김, 『유토피아 이야기』, 텍스트, 2010.

빅터 파파넥, 현용순·조재경 옮김, 『인간을 위한 디자인』(개정판), 미진사, 2009.

에드먼드 버크, 김혜련 옮김, 『미와 숭고의 근원을 찾아서』, 한길사, 2010.

제임스 랜달, 채계병 옮김, 『결투: 명예와 죽음의 역사』, 이카루스미디어, 2008.

Barton, Carlin A., *The Sorrows of the Ancient Romans*, Princeton UP, 1993.

Barton, Carlin A., *Roman Honor: The Fire in the Bones*, UC Press: Berkeley, LA. London, 2001.

Dodds, Eric R., *The Greeks and the Irrational*, University of California: Berkeley and Los Angeles, 1951, p.18.

Frank, Robert, *Passions Within Reason: The Strategic Role of the Emotions*, New York: W. W. Norton, 1988.

Husseini, Rana, *Murder in the Name of Honor*, One world Publications, Oxford, 2009.

Oakley, Justin, *Morality and the Emotions*, Routeldge: London and New York, 1992.

Oatley, Keith, "The sentiments and beliefs of distributed cognition", in *Emotions and Beliefs*, 2000.

Krause, Sharon, "The Politics of Distinction and Disobedience: Honor and the Defense of Liberty in Montesquieu", *Polity* Vol.31, No.3., 1999.

Krause, Sharon, "Hume and the (False) Luster of Justice", *Political Theory* 32, no.5., 2004.

Miller, William Ian, *The Anatomy of Disgust*, Cambridge: Harvard UP, 1997.

Moll, Jorge, Oliviera–Souza, R., Eslinger, P. J., Bramati, I, Maurao–Miranda, J., & Angelo, P. et al., "The Neural Correlates of Moral Sensitivity: A Functional Magnetic Resonance Imaging Investigation of Basic and Moral Emotions", *Journal of Neuroscience* 22, 2002.

Moll, Jorge, et al., "The Neural Basis of Human Moral Cognition", *Nature Reviews Neuroscience* 6, 2005.

Slack, Jennifer Daryl & J. Macgregor Wise, *Culture and Technology*, Peter Lang: New York, 2005.

Wolterstorff, Nicholas, *Art in Action: Toward A Christian Aesthetics*, Wm. B. Eerdmans Publishing Co.: Grand Rapids, Mich, 1980.

박규철 ─────────────────────────────
아세아연합신학대학교 교양학부 교수

김요한 ─────────────────────────────
전북대학교 철학과 교수

김은중 ─────────────────────────────
연세대학교 철학연구소 전문연구원

김혜련 ─────────────────────────────
연세대학교 철학연구소 전문연구원

송석랑 ─────────────────────────────
목원대학교 교양교육원 교수

서영식 ─────────────────────────────
충남대학교 자유전공학부 교수

임성철 ─────────────────────────────
경기대학교 교양학부 교수

최양석 ─────────────────────────────
연세대학교 철학연구소 전문연구원

명예란
무엇인가
H O N O R
서양철학이
전하는
명예관

초 판 인 쇄 | 2012년 12월 14일
초 판 발 행 | 2012년 12월 14일

지 은 이 | 박규철 외 7인
펴 낸 이 | 채종준
펴 낸 곳 | 한국학술정보㈜
주   소 | 경기도 파주시 문발동 파주출판문화정보산업단지 513-5
전   화 | 031) 908-3181(대표)
팩   스 | 031) 908-3189
홈 페 이 지 | http://ebook.kstudy.com
E - m a i l | 출판사업부 publish@kstudy.com
등   록 | 제일산-115호(2000. 6. 19)

ISBN   978-89-268-3915-7 03160 (Paper Book)
            978-89-268-3916-4 05160 (e-Book)

 한국학술정보(주)의 학술 분야 출판 브랜드입니다.